新 視 野
中華經典文庫

新 視 野
中華經典文庫

名譽主編 饒宗頤

導讀及譯注 張偉保

資治通鑑

中華書局

新視野中華經典文庫

資治通鑒

□
導讀及譯注
張偉保

□
出版
中華書局（香港）有限公司
香港北角英皇道 499 號北角工業大廈一樓 B
電話：(852) 2137 2338　傳真：(852) 2713 8202
電子郵件：info@chunghwabook.com.hk
網址：http://www.chunghwabook.com.hk

□
發行
香港聯合書刊物流有限公司
香港新界大埔汀麗路 36 號
中華商務印刷大廈 3 字樓
電話：(852) 2150 2100　傳真：(852) 2407 3062
電子郵件：info@suplogistics.com.hk

□
印刷
深圳中華商務安全印務股份有限公司
深圳市龍崗區平湖鎮萬福工業區

□
版次
2013 年 7 月初版
2019 年 6 月第 3 次印刷

□
規格
大 32 開（205 mm × 143 mm）

□
ISBN：978-988-8263-03-5

出版說明

為甚麼要閱讀經典？道理其實很簡單——經典正正是人類智慧的源泉、心靈的故鄉。也正是因此，在社會快速發展、急劇轉型，因而也容易令人躁動不安的年代，人們也就更需要接近經典、閱讀經典、品味經典。

邁入二十一世紀，隨着中國在世界上的地位不斷提高，影響不斷擴大，國際社會也越來越關注中國，並希望更多地了解中國、了解中國文化。另外，受全球化浪潮的衝擊，各國、各地區、各民族之間文化的交流、碰撞、融和，也都會空前地引人注目，這其中，中國文化無疑扮演着十分重要的角色。相應地，對於中國經典的閱讀自然也就有不斷擴大的潛在市場，值得重視及開發。

於是也就有了這套立足港臺、面向海外的「新視野中華經典文庫」的編寫與出版。希望通過本文庫的出版，繼續搭建古代經典與現代生活的橋樑，引領讀者摩挲經典，感受經典的魅力，進而提升自身品位，塑造美好人生。

本文庫收錄中國歷代經典名著近六十種，涵蓋哲學、文學、歷史、醫學、宗教等各個領域。編寫原則大致如下：

（一）精選原則。所選著作一定是相關領域最有影響、最具代表性、最值得閱讀的經典作品，包括中國第一部哲學元典、被尊為「羣經之首」的《周易》，儒家代表作《論語》、《孟子》，道家代表作《老子》、《莊子》，最早、最有代表性的兵書《孫子兵法》，最早、最系統完整的醫學典籍《黃帝內經》，大乘佛教和禪宗最重要的經典《金剛經》、《心經》、《六祖壇經》，中國第一部詩歌總集《詩經》，第一部紀傳體通史《史記》，第一部編年體通史《資治通鑒》，中國最古老的地理學著作《山海經》，中國古代最著名的遊記《徐霞客遊記》，等等，每一部都是了解中國思想文化不可不知、不可不讀的經典名著。而對於篇幅較大、內容較多的作品，則會精選其中最值得閱讀的篇章。使每一本都能保持適中的篇幅、適中的定價，讓普羅大眾都能買得起、讀得起。

（二）尤重導讀的功能。導讀包括對每一部經典的總體導讀、對所選篇章的分篇（節）導讀，以及對名段、金句的賞析與點評。導讀除介紹相關作品的作者、主要內容等基本情況外，尤強調取用廣闊的「新視野」，將這些經典放在全球範圍內、結合當下社會生活，深入挖掘其內容與思想的普世價值，及對現代社會、現實生活的深刻啟示與借鑒意義。通過這些富有新意的解讀與賞析，真正拉近古代經典與當代社會和當下生活的距離。

（三）通俗易讀的原則。簡明的注釋，直白的譯文，加上深入淺出的導讀與賞析，希望幫助更多的普通讀者讀懂經典，讀懂古人的思想，並能引發更多的思考，獲取更多的知識及更多的生活啟示。

（四）方便實用的原則。關注當下、貼近現實的導讀與賞析，相信有助於讀者「古為今用」、自我提升；卷尾附錄「名句索引」，更有助讀者檢索、重溫及隨時引用。

（五）立體互動，無限延伸。配合文庫的出版，開設專題網站，增加朗讀功能，將文庫進一步延展為有聲讀物，同時增強讀者、作者、出版者之間不受時空限制的自由隨性的交流互動，在使經典閱讀更具立體感、時代感之餘，亦能通過讀編互動，推動經典閱讀的深化與提升。

這些原則可以說都是從讀者的角度考慮並努力貫徹的，希望這一良苦用心最終亦能夠得到讀者的認可、進而達致經典普及的目的。

「弘揚中華文化」是中華書局的創局宗旨，二〇一二年又正值創局一百週年，「承百年基業，傳中華文明」，本局理當更加有所作為。本文庫的出版，既是對百年華誕的紀念與獻禮，也是在弘揚華夏文明之路上「傳承與開創」的標誌之一。

需要特別提到的是，國學大師饒宗頤先生慨然應允擔任本套文庫的名譽主編，除表明先生對本局出版工作的一貫支持外，更顯示先生對倡導經典閱讀、關心文化傳承的一片至誠。在此，我們要向饒公表示由衷的敬佩及誠摯的感謝。

倡導經典閱讀，普及經典文化，永遠都有做不完的工作。期待本文庫的出版，能夠帶給讀者不一樣的感覺。

中華書局編輯部

二〇一二年六月

目錄

前言

一部洋洋數百萬言的經典如何誕生？怎麼可能有人願意花費數十年的時間和精力去完成一部著作？這實在讓生活於快節奏時代的讀者疑惑、驚訝。事實上，世間很多巨大的文化工程，在開始時並不一定有完整的計劃和良好的條件。《資治通鑒》是一部卷帙浩繁的中國史學名著。但是，作者司馬光最初創作《資治通鑒》的構想，原來只是要提供一部貫通古今、可讀性強的歷史讀物，給讀者做人處事作參考。

魏晉南北朝以來，中國的歷史書籍可稱得上「汗牛充棟」，讀書人無法輕易汲取歷史知識，故此，司馬光希望對這個問題有所補救。經過前後近十年的努力，他終於獨力完成了上接《左傳》，下迄秦末的八卷本《通志》。其後，司馬光獲得君主的鼎力支持，終於再用了差不多二十年的時間來完成自楚漢相爭到宋朝建國前夕的一段歷史。然而，正因得到朝廷的贊助，這部書從原來為一般讀者服務變為專門為統治階層提供「有益治道」的史學「巨著」，一方面讓它成為譽滿史壇的作品，另一方面也導致它的內容極之厚重，必須花費極長時間才能通讀一遍。據司馬光自述，這部巨著只有他的一位官員朋友王益柔（字勝之）能夠通讀，其他的讀者總在閱讀不久後便放棄。因此，這部可讀性極高、充滿可供借鑒的經驗的著作卻難以覓得知音。

時至今天，要讀者通讀這部三百多萬字的巨著，已經極為困難；若還要兼看宋末胡三省精彩詳確的注解[1]，更是近乎不可能。據記載，為了解決這個難題，司馬光曾將全書刪撮為八十萬字的《通鑑舉要歷》，可惜這部精簡的著作沒有流傳下來。今天，我們要細讀全書，在時間上和精神上恐怕非一般讀者所能負擔。即使是專門從事中國歷史研究的學者，也未必有耐性去通讀全書。清代學者王鳴盛曾説：「此天地間必不可無之書，亦學者必不可不讀之書。」究竟這是一部「不可不讀」的經典，還是將之「束之高閣」，兩者能否調和，便要考考我們的讀者了。

古代帝王面對着數之不盡的奏章，通常都需要文學侍從將其要點撮寫，用黃紙貼在封面上供皇帝閱覽（例如在明代，這項工作由內閣大學士負責）。仿照這個方式，將一部精彩的經典著作給現今讀者做一點輔助，也是可以的。本書正是朝着這個方向來對《資治通鑑》加以處理。《通鑑》是一部編年史，如何從中獲得較為連貫的歷史經驗，絕不是一蹴而就的。南宋有位官員叫袁樞，他為了方便閱讀，將《通鑑》「區別門目，以類排纂。每事各詳起訖，自為標題，每篇各編年月，自為首尾」（《四庫全書總目提要》），共記了二百三十九事（另附錄六十六事）。這個作法，方便了一些讀者，後來也有不少學者加以仿效。今天常見的這類紀事本末體史書共有

1 注文字數與正文相近，在本書間中引用，稱為「古注」，以別於近人或筆者的注釋。

九種。袁樞的工作受到章學誠和梁啟超等大史學家的稱讚，認為是「化腐朽為神奇」的舉動。可是，由於袁樞此項工作只是為了自己讀《通鑒》時的方便，史識也不甚高明，故司馬光原著的優點並沒有完全保留下來，這是十分可惜的。所以，較嚴謹的讀者都寧願閱讀原書，而不去看袁氏的《通鑒紀事本末》。

此次，我們也並不打算重新將《通鑒》撮寫一遍[2]，而是按照司馬光的原意，以國家盛衰、生民休戚、善可為法、惡可為戒等四個要素為重心挑選篇目，幫助讀者了解歷史脈絡並把握《通鑒》特色。由於所選題材圍繞以上四個重點，故本書將戰國至五代合共一千三百六十二年的歷史，按照傳統習慣，劃分為戰國至秦、兩漢、三國兩晉南北朝和隋唐五代等四個歷史大段落。每個大段落先行撰寫一篇引論，以通述全段歷史發展趨勢，作為讀者閱讀各個課題的背景資料。每時段的選題數量不等，一方面是必須考慮時代的先後和本書的篇幅限制；另一方面也將四個標準貫穿全書，以供讀者參考，故難免有畸輕畸重、掛一漏萬的毛病。這方面的工作，前輩學人雖有不少可供參考的經驗，但仍需筆者仔細斟酌和修訂。

2 筆者認為我們其實另需一部貫通古今的歷史，因宋代以後的事情也需要補上，即包含宋、元、明、清以至整個二十世紀的歷史，按編年史的寫法而再加變通和精簡，以適應今天讀者的需要。或可稱此書為《中華通鑒》。

以下便讓筆者介紹司馬光的生平和一些關於編纂《資治通鑒》的資料，以加深讀者對《資治通鑒》的了解和閱讀本書的興趣。

一部經典的誕生
——《資治通鑑》導讀

張偉保

一、史家的絕唱：《資治通鑑》的編纂經過

（一）背景

司馬光（一〇一九——一〇八六年），字君實，陝州夏縣人。司馬光出生時，他的父親司馬池正擔任光州縣令，於是便取名「光」。年七歲，聞講《左氏春秋》，極為喜愛，從此便深嗜史學，手不釋卷。仁宗寶元元年（一〇三八年），司馬光舉進士甲第，歷任奉禮郎、大理評事，入為館閣校勘、天章閣待制兼侍講、知諫院等職。英宗治平三年（一〇六六年），司馬光撰成戰國迄秦八卷《通志》進呈，獲英宗皇帝的嘉許，特命設局續修。神宗即位，因其有益治道，故賜名《資治通鑑》。其後，王安石推行新法，司馬光竭力反對，強調祖宗之法不可變。復被命為樞密副使，堅辭不就。次年退居洛陽，以書局自隨，專心編纂《資治通鑑》，直至元豐七

年（一〇八四年）成書。哲宗嗣位，由高太皇太后聽政，召他入京主持國政，數月間盡罷新法。司馬光為相八個月病死，追封溫國公。傳世著作包括《司馬文正公集》、《資治通鑑》、《通鑑目錄》、《通鑑考異》、《稽古錄》、《涑水紀聞》、《潛虛》、《切韻指掌圖》、《太玄集注》等。

司馬光的《資治通鑑》兼具《左傳》和《史記》的優點，在中國史學上佔有非同一般的地位。而《通鑑》的編寫，雖也曾受帝王的鼎力襄助，卻無異是一本私家修撰的巨著。這種情況，與歷代官修史籍大相逕庭。民國史學史專家金毓黻教授曾經指出：「試考（司馬）光自言及劉恕所述，其蓄志修史，非一日矣。及承英宗之命，乃得實踐其言；且官修諸史，皆取稟監修，任編纂者往往擱筆相視，含毫不斷，而光之修《通鑑》則無是也。編纂之役，統由自任，上無監修之牽制，下無同輩之推諉，二劉（恕、攽）一范（祖禹），則悉取光旨，其任助役，有相濟之美，無意見之差，故撰人獨署光名，而他人不得與。雖云近於官修，而與向來之官修者異矣。」[1]因此，這部史書並不可以官書視之，其實是一部曠代巨著。即使後世不斷有續編和改寫，但直至今天，這部著作仍可稱為「前無古人，後無來者」的經典著作。

中國較早的敘事詳盡的編年體史學著作是《左傳》，它是魯國史官左丘明在孔子逝世後，因恐弟子們錯誤理解孔子編纂《春秋》的宗旨，遂利用史官的特殊角色，努力收集各國的歷史

1 金毓黻《中國史學史》，第一八二頁。

文獻，對《春秋》加上詳細的補充，終於完成了一部傑出的編年史——《左氏春秋》[2]。千餘年後，宋代歷史學家司馬光在年青時已經非常喜歡和熟習《左傳》，並立志要續寫一部自戰國至五代、繁簡適中的編年史。

原來，自魏晉南北朝以後，史部典籍急劇增加。下及宋代，隨着文化知識的日趨普及，歷史典籍仍不斷膨脹。面對汗牛充棟的史籍，任何勤奮的讀者，即使終其一身，也難以完全通讀一遍。特別是自班固《漢書》出現以後，無論是紀傳體的歷代「正史」，或按時間順序撰寫的編年史，絕大部分都是「斷代為史，無復相因之義」。即使貫通數代的《南北史》或《十六國春秋》等史籍，也都只是局限於一個較長的時段，再沒有出現如司馬遷《史記》般貫通古今的歷史巨著。

(二) 創作動機和前期工作

今天看來，《通鑒》的讀者並不僅僅是帝王，一般的讀書人讀《通鑒》也會大有收穫。在司馬光的心中，當時讀書人的歷史知識也極為貧乏。事實上，自南北朝以來，像《史記》一般貫串古今的著作已絕無僅有。同時，紀傳體正史在史事安排上，同一事件的記載往往過於分散，

2 按：又名《春秋左氏傳》，世人多稱之為《左傳》。

讓人難獲完整的印象。若要在其中總結出可以借鑒的經驗，十分困難。因此，一般的情況是只選讀「前四史」。對三國以後的歷史，學者往往茫然。部分人對唐史有較大的興趣，在當時已屬罕見。

對此，司馬光反覆思量，曾感慨地說：「《春秋》之後，《史記》至《五代史》，一千五百卷，諸生歷年莫能盡其篇第，畢世不暇舉其大略，厭煩趨易，行將泯絕。」因此，「常欲刪取其要，為編年一書」。要完成這部偉大著作，在人力和圖書資料兩方面必須具備良好的條件。為了實踐其宿願，力求打破斷代史的局限，以便讀者能夠更有效地「以史為鑒」，司馬光在四十多歲時撰寫了上起戰國，下迄五代的《歷年圖》，並在治平元年（一〇六四年）進獻宋英宗。這部書共有五卷，內容以大事年表形式展示，把中國千百年間的歷史變化加以簡明扼要的介紹。這是司馬光第一部歷史著作，也標誌着他的終身事業正式展開。在這個基礎上，司馬光開始撰寫了由周威烈王二十三年（前四〇三年）到秦朝滅亡的歷史，名為《通志》。這本著作事實上便是《資治通鑒》的前八卷。到了治平三年（一〇六六年），司馬光再向英宗進呈了《通志》八卷，並表示「自少以來，略涉羣史，竊見紀傳之體，文字繁多，雖以衡門專學之士往往讀之不能周浹。況於帝王，日有萬機，必欲遍知前世得失，誠為未易。竊不自揆，常欲上自戰國，下至五代，正史之外，旁採他書。凡國家之盛衰，繫生民之休戚，善可為法，惡可為戒，帝王所宜知者，略依《左氏春秋傳》體，編為一書，名曰《通志》」[3]，希望獲得英宗的支持。不久，英宗命司馬光設局於崇文院，自行選擇協修人員，進行其修史工作。稍後，神宗嗣位，司馬光多次為神宗講述《通志》，深得這位年青皇帝的稱許，認為司馬光這部書「有資治道」，特賜名為《資治通鑑》。他並預先寫了一個序文，命令待全書完成後收入書內。

現在看來，《通鑑》以編年史方式呈現繁複的史事，較紀傳體的史書有較多的優點。首先，以時間為序，史事先後本末較紀傳體史籍為清晰。司馬光又參用《左傳》多元化的敘事方法，故讀者較易掌握事件的發展脈絡。有學者就《通鑑》編排上特別指出：

> 本來有若干同一事情的材料，是分見於多處的，《資治通鑑》都依次把它們列在一起，而且有的相當集中。例如人所共知的「赤壁鏖戰」，這次戰役的記載，既有一些見於《後漢書·劉表傳》，又有好些散見於《三國志》的魏武帝紀，蜀先主傳，諸葛亮、關羽、張飛、趙雲以及孫權、周瑜、魯肅、張昭、黃蓋等傳，還有些雜見於其他著作。假如我們要了解這次戰役的本末，勢非遍讀上述的紀傳不可，而且就是都翻看過了，由於太亂太雜，也未必立刻能清清楚楚地知道它的詳細經過。但《資治通鑑》把這件傷腦筋的問題解決了，它不但把所有涉及「赤壁鏖戰」的記載都集中在一起，而且還加以剪裁、穿插、寫成一篇

3 陳光宗《中國史學史論叢》，第一八四、二一〇—二一二頁。

整潔而生動的故事，看起來既不覺得頭緒紛繁，也毫無厭煩之感。它這種功夫，對於讀者節省翻檢的時間，幫助是很大的。[4]

因此，當《通鑒》順利完成後，便立即成為史學著作的典範，受到歷代學者的共同讚許。

（三）撰寫分工情況

司馬光是一位偉大的史學家、政治家。今人評論其政治立場多偏於保守，深致不滿。但是，若論及其撰寫的《資治通鑒》，則幾乎是眾口一詞加以極度的稱許，以為是史家的極則。[5]我們通過他所撰寫的兩篇奏章和其助手劉恕的〈通鑒外紀引〉追述其早年言論為例，以考察司馬光對《資治通鑒》的創作歷程的自述。這類自述式資料對了解《資治通鑒》的價值有所幫助，十分接近「口述歷史」的本質。

最早出現關於《資治通鑒》的材料是劉恕的〈通鑒外紀引〉，它雖寫於元豐元年（一〇七八

4 聶崇岐《〈資治通鑒〉和胡注》，收於吳澤主編《中國史學史論集（二）》，上海人民出版社一九八〇年版，頁二八六。

5 對司馬光《資治通鑒》加以全面否定的著作，可以李則芬《泛論司馬光資治通鑒》（臺灣商務印書館一九八六年版）一書為代表。李氏主要不滿司馬光的政治觀點過於保守，引致不少弊端。

年），但其內容卻包含了宋仁宗嘉祐（一〇五六——一〇六三年）初年關於司馬光的一則談話。劉恕首先評論宋代讀書人疏於史學。他說：

> 司馬遷始撰本紀、年表、八書、世家、列傳之目，史臣相續，謂之正史。本朝去古益遠，書益煩雜。學者牽於屬文，專尚《西漢書》，博覽者乃及《史記》、《東漢書》。而近代士頗知《唐書》。自三國至隋，下逮五代，懵然莫識。承平日久，人愈怠墮。莊子文簡而義明，玄言虛誕而似理，功省易習，陋儒莫不尚之，史學寖微矣！

這段話可能是受到司馬光的影響，劉恕也自稱是「司馬公門生」。之後，他引述了一段司馬光的話，反映司馬光早在嘉祐初年已有志撰寫《通鑑》。司馬光對劉恕說：

> 春秋之後，迄今千餘年，《史記》至《五代史》，一千五百卷，諸生歷年莫能竟其篇第，畢世不暇舉其大略，厭煩趨易，行將泯絕。予欲託始於周威烈王命趙魏韓為諸侯，下訖（迄）五代，因丘明（《左傳》）編年之體，仿荀悅（《漢紀》）簡要之文，網羅眾說，成一家書。

這是有關司馬光準備編纂《通鑑》的一則珍貴資料。他的創作動機也很單純，是希望為讀書人提供一部長短合宜的史籍。過了差不多十年，即宋英宗治平三年（一〇六六年），司馬光

「以學士為英宗皇帝侍講」，遂以他初步完成的《通志》充當歷史教材，深受英宗的稱賞。隨即「詔修光編次《歷代君臣事蹟》」，仍謂光曰：卿自擇館閣英才共修之。」司馬光引薦了劉恕，並稱「專精史學……唯劉恕一人而已」。司馬光又說：「共修書凡數年，史事之紛錯難治者則諉之，光仰成而已。」[6]

事實上，司馬光能夠完成這項宏大的工程，當然非單憑個人的力量。英宗除了表示支持外，更提出讓司馬光「擇史館英才共修之」，以繼續進行有關的編纂工作。但司馬光卻婉拒了英宗，並選用自己認為合適的青年史家劉恕（字道原）、趙君錫作助手（按：因適值趙氏喪父，未能入館，故改任精於漢史的太常博士、國子監直講劉攽（字貢父）代替。）到了熙寧四年（一〇七一年），攽因出為泰州通判，司馬光又薦用知資州龍水縣范祖禹（字純甫）代之。據資料顯示，劉攽其後仍繼續參與《通鑑》長編的隋代以前部分。[7]

除劉恕外，兩漢部分主要由劉攽負責，二劉亦共同負責魏晉至隋代的長編工作，而唐代則由於史料繁多，由范祖禹總其成。由於范氏乃後來加入者，故司馬光曾寫信指導其工作，反映通鑑長編的編纂安排。司馬光《答范夢得》書說：

---

6 引文出自司馬光〈資治通鑑外紀序〉。按：司馬光的言論一方面反映其謙遜的態度，另一方面也說明劉恕對《通鑑》貢獻極大。

7 王盛恩《宋代官方史學研究》，第二七六——二七七頁。

附注（按：指叢目。）俱畢，請從（唐）高祖起兵修長編，至哀帝禪位而止。其起兵以前、禪位以後事，於今來所看書中見者，亦請令書吏別用草紙錄出，每一事中間空一行許，素紙[8]。隋以前者與貢父，梁以後者與道原，令各收入長編中。蓋緣二君更不看此書，若足下止修武德（唐高祖年號，六一八——六二六年）以後，天祐（唐哀帝年號，九〇四——九〇七年）以前，則此等事盡成遺棄也。二君所看書中有唐事亦當納足下處修入長編耳。

此書函詳細交待叢目和長編的具體編纂辦法，又寄去「貢父所作長編一冊」、「道原廣本兩卷」供祖禹參考。由此而言，此時三人的分工十分清晰。雖然三人是各有職分，其中以劉恕出力最多，全祖望作〈通鑑分修諸人考〉有云：「溫公平日服膺道原，其通部義例，多從道原商権；故分修雖止五代，而實係全局副手。」

其後，劉恕逝世，分工略有調整。司馬光之子康（字公休）曾對晁說之言：

> 《資治通鑑》之成書，蓋得人焉。史記、前後漢則劉貢甫（父），自三國歷七朝而隋則劉道原，唐訖五代則范純甫。此三公者，天下之豪英也。我公以純誠粹識、不懈晝夜，不時飲食，而久乃成就之。庶幾有益於天下國家之大治亂，不自辜所志也。[9]

8 原注：以備剪開粘綴故也。

9 晁說之《景迂生集》卷十七；轉引自王盛恩《宋代官方史學研究》，頁二七八。

（四）獨任刪削全書的大權

除了最早完成並送呈宋英宗的《通志》為司馬光獨力完成外，自楚漢相爭以後的部分，也均由其獨任刪削工作。在與宋次道的信中他曾指出：

> 某自到洛陽以來，專以修《資治通鑑》為事，僅了得晉、宋、齊、梁、陳、隋六代以來奏御。唐文字尤多，託范夢得（祖禹）將諸書依年月編次為草卷，每四丈截為一卷。自課三日刪一卷，有事故妨廢則追補。自前秋始刪，至今二百餘卷，至大歷末年耳。向後卷數又須倍此，共計不減六七百卷，更須三年，方可粗成編。又須細刪，所存不過數十卷而已。[10]

誠如孔子作《春秋》，「子夏之徒不能撰一言」。司馬光著《通鑑》也極相似，雖然長編由各助手負責，但最後的刪訂全由司馬光一人負全責。劉羲仲（劉恕之子）《通鑑問疑》曾說：

> 先人在局，止類事蹟，勒成長編，其是非予奪之際，一出君實筆削。[11]

全書的初稿（長編），基本上由各協修人員負責，再由司馬光總其成，包括「對於全書的

10 馬端臨《文獻通考》中華書局一九八六年版，卷一九三，第一六三四頁。

11 劉羲仲《通鑑問疑》；轉引自陳光崇《通鑑新論》，頁一五五。

體例、書法，以致史料的考訂，文章的剪裁」等方面。此外，更以「臣光言」對重大事件加以評論，讓其歷史觀貫串全書。（按：這是繼承了《左傳》的「君子曰」、《史記》的「太史公曰」的方式，突顯出作者難以替代的地位，亦即史遷所說的「成一家之言」。）這種作法，完全避免了前代官修史書「責任不明，互相推諉」的毛病。

除了受到宋英宗的支持外，《通鑑》的完成和流傳也是宋神宗賜予的恩寵。神宗在「治平四年（一〇六七年）十月初開經筵，（光）奉聖旨讀《資治通鑑》。其月九日，臣光初進讀，面賜御製序，令候書成日寫入。」這就是著名的《資治通鑑序》。〈序〉文說：

> 朕惟君子多識前言往行以畜其德，故能剛健篤實，輝光日新。……《詩》、《書》、《春秋》，皆所以明乎得失之迹，存王道之正，垂鑒戒於後世者也。……英考（按：宋英宗）留神載籍，萬機之下，未嘗廢卷。嘗命龍圖閣直學士司馬光論次歷代君臣事迹……起周威烈王，訖於五代……其所載明君、良臣，切摩治道，議論之精語，德刑之善制，天人相與之際，休咎庶證之原，威福盛衰之本，規模利害之效，良將之方略，循吏之條教，斷之以邪正，要之於治忽，辭令淵厚之體，箴諫深切之義，良謂備焉。……博而得其要，簡而周於事，是亦典刑之總會，冊牘之淵林矣。荀卿有言：「欲觀聖人之迹，則於其粲然者矣，後王是也。」……《詩》云：「商鑒不遠，在夏后之世。」故賜其書名曰《資治通鑑》，以著朕

之志焉耳。[12]

司馬光視神宗賜〈序〉為個人極大的榮譽，遂上〈謝賜資治通鑑序表〉，自述其早年立志修史的志趣，並獲得英宗皇帝的支持。他說：

> 臣性識駑鈍，學問空淺，偶自幼齡，粗涉羣史。嘗欲芟去蕪雜，發揮精雋，窮探治亂之迹，上助聖明之鑒。功大力薄，任重道悠，徒懷寸心，行將白首。伏遇先皇帝若稽古道，博采微言，俾摭舊聞，遂伸微志。尚方紙墨，分於奏御之餘；內閣圖書，從其假借之便。

未幾，英宗殁，神宗繼位。由於是奉詔編纂的作品，故司馬光隨即將經修訂的《通志》八卷[13]送呈御覽，再獲神宗稱贊，「命之進讀，而又序其本原，冠於篇秩」，對此書高度贊賞。神宗〈序〉讚此書「博而得其要，簡而周於事，典刑之總會，冊牘之淵林」。司馬光認為這種殊榮，即使「周之南、董，漢之遷、固，皆推高一時，播美千載。未有親屈帝文，特紆

---

12 按：序文據說是王珪的手筆。王珪，字禹玉，慶曆二年（一〇四二年）進士，曾任知制誥、參知政事等，外孫女為著名詞人李清照。

13 按：根據神宗序文內容，此八卷大概即為今本《資治通鑑》的首八卷。

宸翰，曲蒙獎飾，大振輝光。如臣樸樕小才，固非先賢之比；便蓄茂澤，獨專後世之榮。」事實上，《通鑒》因獲神宗親自賜序，後來才能避過新黨的攻擊和免於燬版之災。

二、貫串百代的巨著

今天看來，這部書的讀者並不僅僅是帝王，即使是一般的讀書人也需要《通鑒》。正如司馬光所說，《通鑒》這部上下千百年的巨著，一方面力求刪繁削簡、上下連貫，以讓人君在日理萬機之餘，也能夠廣泛閱讀歷史，並「以史為鑒」，豐富其治國經驗；另一方面，他更期望借用歷代史事，幫助帝王學習「致治之道」。其中，司馬光多次指出，治國之道不外以下三者：「曰任官；曰信賞；曰必罰」[14]。而德行為統治者所必須具備的素質，故提倡「人君之德三：曰仁；曰明；曰武」。通過不同的歷史經驗，以了解「治亂存亡安危之本源」。

由治平三年（一〇六六年）到元豐七年（一〇八四年）十二月，上起戰國，下迄五代，共

14 陳光崇《通鑒新論》，第一九二頁。

一千三百六十二年的巨著終於完成。在〈進書表〉中，司馬光詳細追述此部經歷二十多年[15]的作品的撰寫經過和內容重點。他說：

伏念臣性識愚魯，學術荒疏，凡百事為，皆出人下。獨於前史，粗嘗盡心，自幼至老，嗜之不厭。每患遷、固以來，文字繁多，自布衣之士，讀之不徧，況於人主，日有萬機，何暇周覽！臣常不自揆，欲刪削冗長，舉撮機要，專取關國家盛衰，繫生民休戚，善可為法，惡可為戒者，為編年一書。使先後有倫，精粗不雜，私家力薄，無由可成。伏遇英宗皇帝，資睿智之性，敷文明之治，思歷覽古事，用恢張大猷，爰詔下臣，俾之編集。臣夙昔所願，一朝獲伸，踴躍奉承，惟懼不稱。……不幸書未進御，先帝違棄羣臣。陛下紹膺大統，欽承先志，寵以冠序，錫（賜）之嘉名，每開經筵，常令進讀。臣雖頑愚，荷兩朝知待如此其厚，隕身喪元，未足報塞，苟智力所及，豈敢有遺！……以衰疾不任治劇，乞就冗官。……前後六任，仍聽以書局自隨，給之祿秩，不責職業。臣既無他事，得以研精極慮，窮竭所有，日力不足，繼之以夜。徧閱舊史，旁采小說，簡牘盈積，浩如煙

15 一般以治平三年到元豐七年（一〇六六—一〇八四年）為《資治通鑒》的編寫時期，共十九年。其實，若計算《通志》八卷初稿的編寫時間，本書寫作歷時二十多年，甚至可能在嘉祐（一〇五六—一〇六三年）初年已開始，即前後合約三十年。《通志》乃司馬光以一人之力去完成，故需時較久。

海，抉擿幽隱，校計毫釐。上起戰國，下終五代，凡一千三百六十二年，修成二百九十四卷。又略舉事目，年經國緯，以備檢尋，為《目錄》三十卷。又參考羣書，評其同異，俾歸一塗，為《考異》三十卷。合三百五十四卷，……臣今骸骨臒瘁，目視昏近，齒牙無幾，神識衰耗，目前所為，旋踵遺忘。臣之精力，盡於此書。伏望陛下……時賜省覽，鑒前世之興衰，考當今之得失，嘉善矜惡，取得捨非，足以懋稽古之盛德，躋無前之至治。俾四海羣生，咸蒙其福，則臣雖委骨九泉，志願永畢矣！謹奉表陳進以聞。臣光誠惶誠懼，頓首頓首。

他如實地說：「臣之精力，盡於此書。」這部堪與《史記》匹敵的《資治通鑒》終於完成了，所謂「雖委骨九泉，志願永畢矣。」古人著述，死生以之，觀兩司馬在完成其巨著後，均曾發出相似的聲音。《老子》所說「大器晚成，大音希聲」，大概正是這個道理。

三、高超的敘事方法和「以史為鑒」的歷史哲學

《通鑒》在流傳過程中，在敘事方面受到極高的推崇。《左傳》、《史記》、《漢紀》等史學名著善於敘事的優良傳統，在司馬光手中得到充分的發展，讓《通鑒》在某種程度上突破了編年體史書的限制。事實上，《通鑒》雖然是編年體裁，但「並不是把史事作流水賬式的記載；它往往用各種敘事的方法，把一件事的前因後果和背景材料，較為集中地予以敘述，從而使編年史的寫作達到了一個新的高度。」學者曾把司馬光的敘事方式歸納為四個方法：

i）提綱法：即「先提其綱而後原其詳」，後來朱熹《通鑒綱目》發展了這方法，創造了「大書為綱，分注為目」的綱目體。

ii）追敘法：此法仿自《左傳》，如〈隱公元年〉「鄭伯克段於鄢」即以此法追述鄭伯母子惡劣關係的前因為「寤生」。司馬光在追敘本事時，多用「初」、「先是」等筆法，追溯它的由來，使事件的始末一覽而知。

iii）連類法：為整合不同時間發生但又相關連的史事，逐一分敘恐太繁瑣，司馬光會仿效《左傳》、《漢紀》的連類敘事法，把同料的事和人連類有及，如關於建寧二年第二次黨獄後，連敘郭泰的免禍，張儉的逃亡，以至袁閎、申屠蟠的遁世，而又旁及汝南袁氏的富盛，為後來

袁紹、袁術起事張本。

vi）帶敘法：這是指人物而言。史書必載人物，但編年史多不載其邑里世系，學者頗費稽考。司馬光於行文中，多帶敘其邑里世系。例如，貞觀十年提及「命太僕少卿蕭銳運河南諸州糧入海」。蕭銳在此為初見，也不知名。司馬光順帶提及：「銳，瑀之子也。」原來他是唐初重臣蕭瑀的兒子，其家世和邑里便很清楚了。[16]

通過運用以上各種不同的敘事方法，「採紀傳之長，補編年之短」，使《通鑑》的敘事為後世史家的楷模。

當然，由於敘事基本以時間先後為序，故一些前後牽連數十載的重大史事，如武帝征伐匈奴、東漢宦官與外戚衝突事件等，往往難以獲得完整的印象。勿庸置疑，編年史也有一定的局限性，但與當時甚為流行的紀傳體史書相比較，其優點仍是十分明顯的。

國史大師錢穆先生曾在一通給嚴耕望師的信中論及《通鑑》，對人們認識此書的價值很有幫助。錢先生說：

古人治學，本無文史哲之分。如讀温公《通鑑》，於兩書[17]外多增入小說筆記，不

16 陳光崇《通鑑新論》，第一五二—一五三頁。

17 按：指《新唐書》和《舊唐書》。

僅有關史事，其間有甚深蘊蓄、屬於義理方面者。温公書實已文史哲三者兼顧。專論文與史，班不必不如馬；若論義理，則所差遠甚。穆教人治理學，須從年譜、詩文集入手，再及其語錄，則易於啟發也。悔翁詩能化，中年後極少理學氣味。陽明早年曾刻意吟詠，而中年以後反多理學氣。兩家高下，於斯可見。東萊《古史》，一見便是史；温公《通鑑》，史中兼融文哲。弟試從此兩義參入，學問必可更上一層。[18]

錢先生是史學界巨匠，這封信寫於一九七二年二月二十日。其時嚴先生已是譽滿天下的大師，年約五十七歲，兩年前已當選中央研究院院士。師徒二人論學，甚可觀。信中錢先生提及如何讀《通鑑》使學問能「更上一層」，真讓人感受到「學無止境」的真正意義，也是我們所說的「生命與學問」的結合。《通鑑》非一般史書，更不是一部資料書，看過這通書函，大家對《通鑑》的學術價值應更深思！

18 嚴耕望〈錢先生致作者書信手蹟選刊〉（六通之三），收於《錢賓四先生與我》，臺灣商務印書館二〇〇八年版。

四、《資治通鑒》的現代意義

中華民族正邁向全球化的今天，帝制早已結束，我們是否仍需要《通鑒》呢？這樣的一部經典，對我們今天是否仍具參考意義？這個課題，實在值得讀者深思。必須肯定的，是人類社會異常複雜。一個民族的發展，也必然受到歷史的制約。《通鑒》一書，以善於敍事為世所稱許，它的內容包含了極為豐富的經驗。無論從「多識前言往行」以作為日常行事的指南，或增加對本國民族的了解，《通鑒》的內容皆有高度的價值，值得現代讀者關注。

《通鑒》上起戰國，下迄五代，記載了一千三百六十二年的歷史，合共二百九十四卷[19]。中國疆域遼闊、人口眾多。在芸芸眾多的歷史事件中，它記了些甚麼？是否都需要我們有所把握？根據司馬光對歷史的獨特眼光，《通鑒》選擇史事基本上只關於以下四點：一、國家盛衰；二、生民休戚；三、善可為法；四、惡可為戒。符合這個標準的便記錄，不符合這個標準的便捨棄。由此而言，這部書對今天中學或以上文化水平的讀者仍然具有極大的價值。

19 另有《考異》三十卷，有單行本，而胡三省注本已將考異附入注中。兩者合共三百二十四卷。司馬光又有《目錄》三十卷，單行。《通鑒》約三百餘萬言，胡三省注亦近三百萬言。

專制時代既結束，人民便是國家的主人翁。以往限於統治階層的歷史知識，現在卻成為一個合格公民的基本常識。我們既要當家作主，對本國的歷史發展便需要有一定程度的了解。《通鑑》記載了「國家盛衰、生民休戚」的種種因由，對我們參與國家的建設發展、促進國家的繁榮安定、防止國家的衰敗滅亡，都有借鑑意義。至於在行事上，那些「善可為法、惡可為戒」的言行，當然也有足資借鏡和反省的地方。古書說：「君子多識前言往行以畜其德」，《通鑑》正可以幫助我們多識前言往行，以蓄積學問，培養識見，開闊胸襟。

五、本書的編撰目的及特點

這部小書，根據司馬光編纂《資治通鑑》的四個標準，精選了十二個重要歷史事件作為範例。選題數目雖少，如青年讀者能在忙碌的學習或工作生活中，擷取其中一些歷史經驗以開拓見聞、增益睿智，作為日常行事的借鑑，本書的出版目標即算達成。

按照本套叢書的體例，本書參照傳統習慣，劃分為四個歷史大段落。每個大段落先行撰寫一篇引論，以協助讀者概要地掌握全局，為閱讀各個選題提供基礎。然後，選定每篇的正文。

這個步驟需要兼顧編年體史書的特點，有一定的難度。在選定正文後，再整理出本篇的導讀、注釋、譯文、點評等部分。每篇的導讀，以説明選題的背景、內容和意義。注解方面，如讀者在閱讀原文有疑問時，筆者建議立即查看譯文，以便了解文意。同時，由於本書是以推廣經典閱讀為目標，故注解數量較少，目的只為輔助閱讀正文，不涉及複雜的考訂工作。其中只有一處例外，即「世民弒兄」一篇，因司馬光編撰時多採用經唐太宗篡改的史料，筆者參考近代學者的研究成果，做了一些補充説明。譯文以習古堂國學網《資治通鑑全譯》[20]為底本，主要是因為這個本子譯文行文比較流暢，十分合用。此外，也參考了一些國內已出版的全譯本，再加以刪潤、訂正而成。譯文以協助讀者理解正文為主，故行文力求簡潔。譯文雖前有所承，但由於是簡體字版，故在轉為繁體時常常出現錯訛、缺文等現象，故筆者在校對時花費了大量時間和精力。評點則以新世紀的視野去評價有關的歷史案例，期望能讓讀者不再囿於傳統的見解，進而能對以往歷史具有獨立思考和批判精神。

20 參見 http://www.xigutang.com/lishi/zztj/zztj.html

附：本書選題＊內容分類

I 國家盛衰	II 生民休戚	III 善可為法	IV 惡可為戒
長平之戰（一）	張騫鑿空（四）	陳平安漢（三）	秦皇暴政（二）
赤壁之戰（八）	充國屯田（六）	漢末清議（七）	巫蠱之禍（五）
割棄幽燕（十二）	北魏漢化（九）	劉晏改革（十一）	世民弒兄（十）

＊括號為本書選題編號

戰國至秦

引論一

上古時代的中國歷史，約可分為傳説時期和信史時期。據司馬光《稽古錄》，上古有太昊伏羲氏、炎帝神農氏、黃帝有熊氏、少昊金天氏、顓頊高陽氏、帝嚳帝辛氏、帝堯陶唐氏、帝舜有虞氏和夏后氏禹的夏朝，屬傳説時期。自商朝以降，由於甲骨文的發現，商朝的歷史文化有了可靠的文字證據，屬於信史時期。自商代到今天，大約已有三千六百多年之歷史。不過，傳説時期的歷史雖缺乏文字證據，但從考古發掘所得，中國約在七千年前已經進入新石器時代，產生了較先進的農耕文化。到了五千年前，開始懂得製造和使用青銅器具。如結合傳説和考古兩方面的材料來推算，可以確定在五千年前，中國已進入文明時代，有着較高的文化水平。當時的社會，應為「小國寡民」的酋邦時代。到了黃帝、堯、舜時期，政治制度逐漸演進，出現了「天下共主」，大概是部落聯盟的共主制度。隨着生產技術的進一步提高，當夏禹因平治洪水而確立其在部落的崇高地位後，政權由賢者禪讓變而為由禹的兒子啟所繼承，從此確立了父死子繼的「家天下」新政治秩序。這一世襲專制制度一直到辛亥革命推翻帝制、建立民國，才得以改變。

由夏朝開始的夏、商、周三代，合共約二千年歷史。其政治結構可以說是一脈相承的。三代的統治者分別為姒姓、子姓和姬姓，其王族直接統治的範圍稱為王畿，其餘的土地則分封給貴族和功臣。他們或稱為侯、甸、男、衞，或稱為公、侯、伯、子、男，都是一些分封的小國。屬於這個政治系統的便是諸夏，即是華夏文化集團，不屬於這個系統的，便被視為蠻、夷、戎、狄。北京師範大學李山老師曾引《左傳・閔公元年》說：

「戎狄豺狼，不可厭也。諸夏親暱，不可棄也。」……意思是夷狄和我們文化不同，在當時就是所謂的異族，是豺狼。他們的願望不能夠滿足……「諸夏親暱」，就是在黃河中下游兩岸、華北平原以及江漢一帶，西周分封了很多國家，有同姓、有異姓，但是，這些國家在一起生活，大家有着共同的文化，共同的信仰，共同的語言，共同的價值觀、生活觀，甚至情感都是一樣的，這就是一家人，這就是「親暱」，不可拋棄他們。[1]

三代的政權中心在黃河流域，因此當時這個地區的文化較為先進。而華夏小國的分佈則相

1 李山《李山講春秋五霸》，第三十八頁，江西人民出版社二〇一一年版。

當廣泛，可能已到達黃河上游和四川，並伸展到長江以南的廣闊地區了。同時，也有不少的文獻和考古證據顯示，已有一些小國輾轉從東北和南洋地區到來中原朝貢。因此，無論是「殷革夏命」或「武王伐紂」，都是統一的華夏政權的轉移。而自從西周滅亡、平王東遷之後，歷史逐漸進入列國紛爭的春秋戰國時代。這一階段，天下共主「天子」威權掃地，各諸侯先是圖強，而後爭霸，希望由自己來完成天下一統大業。

先是，春秋時期，以秦、晉、齊、楚為首的大國，都不斷兼併實力較弱的小國。史書上不斷出現弒君亡國的記載。以秦、楚兩個諸侯國為例，秦穆公曾經「併國二十，遂霸西戎」[2]，而楚國亦有「漢陽諸姬，楚實盡之」[3]的真實記錄。這些都說明強國在拓展領土時必然會大量兼併小國的政治現實。其中，齊桓公、晉文公憑藉中原大國的地位提出「尊王」、「攘夷」的口號，先後成為霸主。春秋後期，霸主之爭轉移到吳王夫差和越王句踐之間。吳國最初獲得全面勝利，而後卻以句踐復國滅吳告終。

自三家分晉、田氏篡齊之後，歷史進入戰國階段，周天子的政治地位更急劇下滑，國土日蹙，最後連一些二、三等小國也及不上。同時，列國爭雄的形勢卻日益白熱化，終於到了「橫

2 李斯〈諫逐客書〉。
3 《左傳・僖公二十八年》。

成則秦帝，從成則楚王」的嚴峻境地。而由於晉國被分為趙、魏、韓三國，實力大減，終於無法阻擋秦國的東侵。不過，秦國的優勢也不是短時期建立起來的。這就要說到各國為富國強兵而做的種種努力。

最先起來擢用人才、變法圖強的是魏國的魏文侯（前四四五—前三九六年在位）。他重用吳起，改革魏國軍制，使國力大增，不但西抗強秦，並且在戰爭中屢獲大勝，闢地越千里，成為戰國第一個崛起的國家。

後來，吳起受到政敵攻擊，投奔楚國。他獲得了楚悼王（前四〇一—前三八一年在位）的信任而成為楚國的最高級官員——令尹，遂積極協助楚國實行中央集權的變法，強力推行法制，改良風俗，實施精簡官員、削減貴族特權等新措施。吳起的變法大大強化了楚國的實力，但亦招致楚國貴族的怨恨，終於在楚悼王逝世後發生的一場兵變中被射殺，結束了其傳奇的一生。

現存《吳子兵法》僅六篇，包括〈圖國〉、〈料敵〉、〈治兵〉、〈論將〉、〈應變〉、〈勵士〉等。細閱這些篇章，讀者定會感受到吳起結合政治與軍事、反對窮兵黷武的高明見解。《史記．孫子吳起列傳》記載吳起為將的情況說：「起之為將，與士卒最下者同衣食。臥不設席，行不騎乘，親裹贏糧，與士卒分勞苦。」這種將領，當然會獲得士卒的拚死擁戴。《史記．孫子吳起列傳》又說：

與武侯浮西河而下，中流，顧而謂吳起曰：「美哉乎！山河之固，此魏國之寶也！」起對曰：「在德不在險。昔三苗氏左洞庭，右彭蠡，德義不修，禹滅之；夏桀之居，左河濟，右泰華，伊闕在其南，羊腸在其北，修政不仁，湯放之；殷紂之國，左龍門，右太行，常山在其北，大河經其南，修政不德，武王殺之。由此觀之，在德不在險。若君不修德，舟中之人盡為敵國也。」武侯曰：「善。」

吳起隨曾申學習《左氏春秋》，而曾申的父親是曾參。由於吳起過度熱衷於建立功勳，故其私德曾受到很嚴厲的批評。只是他在與魏武侯（前三九五—前三七〇年在位）討論軍政的時候，仍然能堅持「在德不在險」的儒家精神，與後來商鞅、韓非的觀點仍有很大的差異。

商鞅是另一個提出變法的思想家，他是衞國的貴族，學問也很淵博。由於得不到衞君的重用，他便前往秦國，通過寵臣景監的安排，與急於變法的秦孝公（前三六二—前三三八年在位）會面。他先以帝王之術游説孝公，了解其勇於求變、急功近利的心態後，再以嚴刑峻法、刻薄寡恩的法家思想來説服秦孝公。跟吳起相似，商鞅變法也是以中央集權為重心。為了將反對變法的意見壓下去，孝公舉行了一次大辯論，最終商鞅將甘龍、杜摯等大臣的反對意見逐一擊破，使孝公得以順利推行變法。商鞅變法的重點是實行耕戰、獎勵軍功、打擊商人、管制戶口、改革法律，強調令出必行，務必使全國力量集中在君主手中。由於變法雷厲風行，很快便提高了秦國的整體實力，為未來軍事統一奠定了堅實的基礎。用現代的説法，商鞅把秦國打造成了一個戰爭機器。雖然商鞅在孝公逝世後被新君捕殺，但他所制訂的政策卻成為秦國的基本國策，為秦國的強大乃至最終統一天下打下了堅實基礎。

戰國時期的齊國和楚國也屬於強大的國家，特別是齊威王（約於前三五六—前三二〇年在位）時代，在鄒忌、田忌、孫臏等賢臣武將的輔助下，齊國曾一度稱霸中原。而楚威王（前三三九—前三二九年在位）也曾「興兵而伐之，大敗越，殺王無疆，盡取故吳地。」[4]，將楚國的版圖擴展到東方。其子懷王（前三二八—前二九九年在位）曾北敗魏國，東滅越，拓境江東。懷王在屈原擔任左徒時，曾委派他制訂新憲令，積極推行中央集權式的法制改革。當時，楚國已是雄據整個長江中下游的超級大國，也是秦、齊兩國以外，最為強大的國家。可是，由於懷王貪婪的個性，又欠缺知人之明，終於令楚國極盛而衰，大片國土淪喪，自己被誆騙而客死於秦，為天下人所訕笑。

總括而言，戰國時期列國競爭的時勢呼喚人才，為人才的成長創造了大量機會。而這些人才反過來推動各國的發展和國際形勢的變化。這一時期出現了一批優異的人才，他們的主張雖各有不同，但都能振弊起衰，加強了中央政府的權力，對相對腐敗的貴族政治造成了衝擊。誠

4《史記・越王句踐世家》。

如司馬遷綜論當時形勢所說：

> 當是之時，秦用商君，富國強兵；楚、魏用吳起，戰勝弱敵；齊威王、宣王用孫子（孫臏）、田忌之徒，而諸侯東面朝齊。天下方務於合從連衡，以攻伐為賢，而孟軻乃述唐、虞、三代之德，是以所如者不合。退而與萬章之徒序《詩》《書》，述仲尼之意，作《孟子》七篇。[5]

到了戰國後期，比鄰強秦的趙國也曾經出現了一位雄才大略的君主，成功推行軍事改革——胡服騎射。他便是趙武靈王（前三二五年繼位，前二九九年五月退位，自號「主父」）。改革後，趙武靈王不但成功抵禦秦、魏的威脅，並屢次將林胡、中山擊敗，國力大振。退位後，主父更身穿胡服，帶領軍隊「北略胡地，而欲從雲中、九原直南襲秦，……詐自為使者入秦，……欲自略地形，因觀秦王之為人也。」[6]，秦人知悉後大為驚恐。之後，他又把中山國滅了，國力繼續增強。然而，由於在處理王位繼承問題上的優柔寡斷，終因公子章[7]作亂，被李兌困於沙丘宮中餓死。趙國的內訌也導致國力急降。到了趙孝成王（前二六五—前二四五年

5《史記・孟子卿荀列傳》。

6《史記・趙世家》。

7 曾被趙武靈王立為太子，後因寵倖吳娃，改立其子而被廢。

在位）時，爆發了秦趙「長平之戰」，趙國大敗。

其後，秦國政局也有進一步發展。關鍵人物是范睢。他為秦國確立了「遠交近攻」政策，使秦國逐步削弱了齊、楚、燕、趙、韓、魏六國的力量，以至於能在最後階段集中兵力，逐一擊破這些國家，統一中國。范睢是魏國人。他在公元前二七〇年入秦游說昭襄王（前三〇六——前二五一年在位）。范睢認為秦國雖然在軍事實力上遠遠超越其他國家，但在多年的征戰中，內政外交都出了問題，故此效果不彰。他認為「太后、穰侯等專恣於外，重於王。且越韓、魏而伐齊，非計，不若遠交而近攻」，深得秦王信任。數年後，范睢愈來愈受秦王親近，便指出太后、穰侯主政是對秦王的最大危脅，因為「自古及今，失其國者，皆君務逸遊，委政於臣。所委者御下蔽上，以成其私，而君不悟，所以亡也。」秦王遂「廢太后，逐穰侯、華陽、涇陽君於關外，以范睢為相，封為應侯。」[8]在范睢的協助下，秦國開始了歷時五十年的統一戰爭，終於在公元前二二一年統一了天下。

8 司馬光《稽古錄》，第五十九頁。

一、長平之戰

本篇導讀——

公元前二七〇年，秦國開始向趙國進攻，趙國派趙奢抵抗，結果大敗秦軍。趙奢的兒子趙括好談兵法，曾經與父親討論用兵之道，趙奢也不能勝過他。但趙奢認為兒子其實不懂軍事，只會紙上談兵。十年後，秦、趙兩軍再次交鋒，秦國用計謀使趙王任用趙括代替老將廉頗。趙括改變原來的穩妥安排，易守為攻，主動全線出擊。秦大將白起假裝戰敗，誘敵深入，把趙國大軍分為兩部，使他們不能互相接應，更斷絕趙軍糧道。最後，趙軍無法突圍，糧食不繼，主將趙括戰死，四十五萬趙兵被坑殺，史稱「長平之戰」。經此一役，趙國大衰，各國震恐。這也是秦國統一天下的第一場大決戰。閱讀本文，讀者應了解趙國戰敗的原因與其在政治、軍事、用人等方面的多番失誤有關，也與其他諸侯國不能一致抗秦有關。個別國家甚至對戰敗國落井下石，以謀取自身的利益，其短視，即便到了今天，仍有很大的警示作用。

《通鑑》卷五　周紀五

周赧王四十四年（公元前二七一年）

趙田部吏趙奢收租稅，平原君[1]家不肯出。趙奢以法治之，殺平原君用事者九人。平原君怒，將殺之。趙奢曰：「君於趙為貴公子，今縱君家而不奉公，則法削，法削則國弱，國弱則諸侯加兵，是無趙也，君安得有此富乎？以君之貴，奉公如法則上下平，上下平則國強，國強則趙固，而君為貴戚，豈輕於天下邪！」平原君以為賢，言之於王。王使治國賦，國賦大平，民富而府庫實。

注釋

1 平原君：趙勝，趙武靈王子，與齊孟嘗君、魏信陵君、楚春申君合稱戰國四公子。

譯文

趙國田部小吏趙奢到平原君家去收租稅，平原君的家人不肯交納。趙奢依法懲治，殺死平原君家的九名管事。平原君大怒，要殺趙奢。趙奢說：「您是趙國的貴公子，現在卻縱容家人而不奉公守法，這樣法紀會被削弱，法紀削弱國家也就衰弱，國家衰弱則各國來犯，趙國便不存在了。您還到哪裏保有現在的富貴呢！以您的尊貴地位，如能奉公守法則上下一心，上下一心則國家強大，國家強大則趙國政治穩固，而您身為王族貴戚，難道會被各國輕視嗎？」平原君認為趙奢很賢明，便推薦給趙王。趙王派他管理國家賦稅，於是國家賦稅徵收順利，人民富庶而國庫充實。

周赧王四十五年（公元前二七〇年）

秦伐趙，圍閼與[1]。趙王召廉頗、樂乘而問之曰：「可救否？」皆曰：「道遠險狹，難救。」問趙奢，趙奢對曰：「道遠險狹，譬猶兩鼠鬥於穴中，將勇者勝。」王乃令趙奢將兵救之。去邯鄲三十里而止，令軍中曰：「有以軍事諫者死！」

注釋

1 閼與（粵：煙余；普：yān yú）：地名，在上黨郡，即今山西東南部境內。

譯文

秦國進攻趙國，圍困了閼與。趙王召見廉頗、樂乘問道：「可以援救嗎？」兩人都說：「道路遙遠險峻，難救。」再問趙奢，趙奢回答說：「道路遙遠險峻，就如兩鼠在洞穴中作困獸鬥，將領勇敢的取勝。」趙王於是令趙奢率領軍隊前去援救。剛離開邯鄲三十里，趙奢就停止前進，下令軍中說：「如有人對軍事問題進諫，一律處死！」

秦師軍武安西，鼓噪勒兵，武安屋瓦盡振。趙軍中候有一人言急救武安，趙奢立斬之。堅壁留二十八日不行，復益增壘。秦間[1]入趙軍，趙奢善食而遣之。間以報秦將，秦將大喜曰：「夫去國三十里而軍不行，乃增壘，閼與非趙地也！」趙奢既已遣間，卷甲而趨，二日一夜而至，去閼與五十里而軍，軍壘成。秦師聞之，悉甲[2]而往。趙軍士許歷請以軍事諫，趙奢進之。許歷曰：「秦人不意趙至此，其來氣盛，將軍必厚集其陳以待之；不然，必敗。」趙奢曰：「請受教！」許歷請刑[3]，趙奢曰：「胥[4]！後令邯鄲。」許歷復請諫曰：「先據北山上者勝，後至者敗。」趙奢許諾，即發萬人趨之。秦師後至，爭山不得上；趙奢縱兵擊秦師，秦師大敗，解閼與而還。趙王封奢為馬服君，與廉、藺[5]同位；以許歷為國尉。

注釋　1 間：間諜。2 甲：穿上盔甲。3 刑：受罰。4 胥：且慢。5 廉、藺：指廉頗、藺相如。

譯文　秦國軍隊駐紮在武安城西，列陣大喊大擂，武安城內的屋瓦都為之震動。趙軍中一個軍吏提議急救武安，被趙奢立即斬首。趙奢軍堅守二十八天不前進，並增修營壘。秦國一個間諜潛入趙軍，趙奢佯裝不知，用好的食物招待他。間諜回去報告秦軍大將，秦軍大將十分高興地說：「援軍離開國都三十里就按兵不動，還增修營壘，閼與一定不是趙國的了！」趙奢放走間諜以後，下令部隊捲起盔甲悄聲前進，一天一夜便到了離閼與五十里的地方，紮下營來，修起營壘。秦國軍隊聽說後，披甲前往迎敵。軍士許歷要求提出軍事建議，趙奢接見了他。許歷說：「秦軍沒想到趙軍會到這裏，他們來勢盛氣凌人。趙將軍您一定要集中兵力排出戰陣對付，不然必敗。」趙奢說：「我接受你的指教。」許歷請接受處分，趙奢說：「且慢！現已是邯鄲軍令後的事了。」許歷又提出建議說：「先佔領北山的人必勝，後到的必敗。」趙奢同意，立即派出一萬人前去北山，秦軍後到，爭奪北山卻無法攻上。於是，趙奢指揮全軍猛擊秦國軍隊，秦軍大敗，撤去對閼與的包圍後退兵。趙王便封趙奢為馬服君，與廉頗、藺相如地位相同，又任命許歷為國尉。

周赧王四十九年（公元前二六六年）

趙惠文王薨，子孝成王丹立；以平原君為相。

譯文　趙國趙惠文王去世，其子趙丹即位為趙孝成王；任用叔父平原君為國相。

周赧王五十年（公元前二六五年）

秦伐趙，取三城。趙王新立，太后用事，求救於齊。齊人曰：「必以長安君為質。」太后不可。齊師不出，大臣強諫。太后明謂左右曰：「復言長安君為質者，老婦必唾其面！」左師觸龍願見太后，太后盛氣而胥之入。左師公徐趨[1]而坐。自謝曰：「老臣病足，不得見久矣，竊自恕，而恐太后體之有所苦也，故願望見太后。」太后曰：「老婦恃輦[2]而行。」曰：「食得毋衰乎？」曰：「恃粥耳。」太后不和之色稍解。左師公曰：「老臣賤息舒祺最少，不肖，而臣衰，竊憐愛之。願得補黑衣[3]之缺，以衛王宮，昧死以聞！」太后曰：「諾。年幾何矣？」對曰：「十五歲矣。雖少，願及未填溝壑[4]而託之。」太后曰：「丈夫亦愛少子乎？」對曰：「甚於婦人。」太后笑曰：「婦人異甚。」對曰：「老臣竊以為媼之愛燕后賢於長安君。」太后曰：「君過矣！不若長安君之甚。」左師公曰：「父母愛其子則為之計深遠。媼之送燕后也，持其踵而泣，念其遠也，亦哀之矣。已行，非不思也，祭祀則祝之曰：『必勿使反！』豈非為之計長久，為子孫相繼為王也哉？」太后曰：「然。」左師公曰：「今三世以前，至於趙王之子孫為侯者，其繼有在者乎？」曰：「無有。」曰：「此其近者禍及身，遠者及其子孫。豈人主之子侯則不善哉？位尊而無功，奉厚而無勞，而挾重器多也。今媼尊長安君之位，而封之以膏腴之地，多與之重器，而不及今令有功於國。一旦山陵崩[5]，長安君何以自託於趙哉？」太后曰：「諾，恣君之所使之！」於是為長安君約車百乘質於齊。齊師乃出，秦師退。

注釋

1 徐趨：慢慢前行。2 輦：小車。3 黑衣：宮廷衞士。4 填溝壑：埋葬，指逝世。5 山陵崩：逝世的委婉說法，一般用於王侯。

譯文

秦國進攻趙國，奪取三座城邑。因為趙王新即位，由趙太后執掌政事，派人向齊國求救。齊國答覆：「必須以長安君做人質。」趙太后不答應，於是齊國的救兵便不出發。趙國大臣一再勸說趙太后，太后卻公然對左右隨從說：「誰再提讓長安君做人質，我老太婆就要往他臉上吐口水！」左師觸龍求見趙太后，太后氣沖沖地等他進來。觸龍卻慢慢走過來坐下，道歉說：「老臣我腿腳不好，很久沒有來看望太后了，常常以此自我寬恕。又擔心太后的身體有甚麼不適，所以還是希望能見到太后。」趙太后說：「我只能靠車子代步。」觸龍又問：「吃的也減少了吧？」

太后說：「只喝粥而已。」這時，太后不悅之色已稍稍寬解。觸龍又說：「我的兒子舒祺，年歲最小，又不成器，而我因為年老，私下最憐愛他，想讓他補個黑衣衛士的缺去護衛王宮，在此向您冒昧請求！」太后說：「好的。他年齡多大了？」回答說：「已十五歲了。雖然還年輕，可我想趁我還沒死前為他做個安排。」太后說：「男兒也會疼愛小兒子嗎？」回答說：「比婦人還厲害呢！」太后笑着說：「還是婦人更厲害！」觸龍卻說：「我覺得，太后您愛女兒燕后勝過愛兒子長安君。」太后說：「錯了！我對燕后遠不如對長安君。」觸龍又說：「父母疼愛孩子，就要為他們考慮深遠。太后您送燕后出嫁時，抓住她的腳跟，想到她將要遠去燕國，十分哀傷。待到燕后離去，您雖想念她，可是每當祭祀時就祝願說：『千萬別讓人把她送回來。』這難道不是為她長久打算，希望她的子孫能在燕國相繼為王嗎？」太后點頭說：「是的。」觸龍又說：「從現在往前數三代，趙王的子孫被封侯的，還有沒有人在位呢？」太后回答：「沒有了。」觸龍說：「這就是說，近的災禍殃及其身；遠的則殃及子孫。難道說封侯的子弟都不成才嗎？只是因為他們地位尊貴而無軍功，俸祿豐厚卻不耐勞苦，又享有國家的許多寶器。如今太后您提高小兒子長安君的地位，封給他良田美宅，賜給他許多寶器，卻不讓他趁現在為國家立功。一旦您不在世上，長安君靠甚麼在趙國自立呢？」太后說：「好的，隨你去安排吧！」於是下令為長安君備齊一百乘車，去齊國當人質。齊國也隨即發兵，秦國軍隊便退回。

賞析與點評

這是一個著名故事，反映當時的貴族已不可能單靠血緣來長保富貴，說明戰國時代的封建制度正日趨瓦解。同樣，在今天，即使是家庭條件極佳的富二代，如果沒有真才實學，也難保終身富貴。

周赧王五十三年（公元前二六二年）

武安君伐韓，拔野王。上黨路絕，上黨守馮亭與其民謀曰：「鄭道[1]已絕，秦兵日進，韓不能應，不如以上黨歸趙。趙受我，秦必攻之；趙被秦兵，必親韓。韓、趙為一，則可以當秦矣。」乃遣使者告於趙曰：「韓不能守上黨，入之秦，其吏民皆安為趙，不樂為秦。有城市邑十七，願再拜獻之大王。」趙王以告平陽君豹，對曰：「聖人甚禍無故之利。」王曰：「人樂吾德，何謂無故？」對曰：「秦蠶食韓地，中絕，不令相通，固自以為坐而受上黨也。韓氏所以不入於秦者，欲嫁其禍於趙也。秦服其勞而趙受其利，雖強大不能得之於弱小，弱小固能得之於強大乎！豈得謂之非無故哉？不如勿受。」王以告平原君，平原君請受之。王乃使平原君往受地，以萬戶都[2]三封其太守為華陽君，以千戶都三封其縣令為侯，吏民皆益爵三級。馮亭垂涕不見使者，曰：「吾不忍賣主地而食之也！」

注釋

1 鄭道：通往韓國都城新鄭的道路。2 都：城池。

譯文

秦國武安君白起進攻韓國，攻克了野王。上黨與外界的通道被切斷。上黨郡守馮亭與百姓商議說：「通往都城新鄭的道路已經斷絕，秦國軍隊每日推進，韓國又無法救援，不如將上黨歸附趙國。趙國如果接受，秦國必定進攻她；趙國面對秦兵，一定會與韓國親善，韓、趙聯合為一體，就足以抵抗秦國了。」於是派使者告訴趙國：「我們無法守住上黨，想把它獻給秦國，但官員百姓都心向趙國，不願做秦國的屬下。我們現有城池共十七座，願意恭敬地獻給趙王！」趙王把此事告訴平陽君趙豹，趙豹說：「聖人把無故得到的利益看作禍患。」趙王說：「別人仰慕我的恩德，怎麼能說是無緣故呢？」回答說：「秦國蠶食韓國，中斷通道，使其無法相通，本來以為可坐而接收上黨。韓國人之所以不把它獻給秦國，就是想嫁禍於趙國。秦國付出千辛萬苦而趙國坐收其利，即使我們強大也不能這樣從弱小手中奪取利益，何況我們本來就弱小無法與強大的秦國相爭。這難道還不是無緣故嗎？我們不應該接受上黨。」趙王又把此事告訴平原君，他卻勸趙王接受。趙王於是派平原君前去接收，封原上黨郡守為華陽君，賜給他三個萬戶的城池做封地；又封縣令為侯，賜給三個千戶的城池做封地。官員和地方人士都晉爵三級。馮亭不願見趙國使者，垂淚說：「我實在不忍心出賣君主的土地還去享用它！」

賞析與點評

趙國究竟應不應接收上黨，不是一言可決的，必須從國家長遠的利益作為依據。如只為貪求上黨的土地，卻沒有合適的應對，則拒絕接收上黨是較為穩妥的，這也是趙國部分大臣的意見。平原君建議趙王接納，但又沒有應付強秦的合適辦法，真是坐以待斃，終於導致長平之戰的爆發。其實，正如上黨郡守馮亭所言，如韓、趙二國能精誠合作，結合為一，便足與秦軍對抗。即使兩國實力仍不足，也較容易尋求第三國（如魏國、齊國、楚國）的支援。如此，秦軍即使再強大，也沒有必勝的把握了。因此，在秦國統一天下的進程中，趙、韓兩國能否合作是極為關鍵的影響因素。

周赧王五十五年（公元前二六〇年）

秦左庶長王齕[1]攻上黨，拔之。上黨民走趙。趙廉頗軍於長平，以按據[2]上黨民。王齕因伐趙。趙軍戰數不勝，亡一裨將、四尉。趙王與樓昌、虞卿[3]謀，樓昌請發重使為媾[4]。虞卿曰：「今制媾者在秦，秦必欲破王之軍矣，雖往請媾，秦將不聽。不如發使以重寶附楚、魏，楚、魏受之，則秦疑天下之合從，媾乃可成也。」王不聽，使鄭朱媾於秦，秦受之。王謂虞卿曰：「秦內鄭朱矣。」對曰：「王必不得媾而軍破矣。何則？天下之賀戰勝者皆在秦矣。夫鄭朱，貴人也，秦王、應侯[5]必顯重之以示天下。天下見王之媾於秦，必不救王。秦知天下之不救王，則媾不可得成矣。」既而秦果顯鄭朱而不與趙媾。

注釋

1 王齕（粵：紇；普：hé）：秦大將。2 按據：接應，或說引援。3 虞卿：趙相。4 媾：尋求和約。5 應侯：范雎。

譯文

秦國左庶長王齕進攻上黨，大獲全勝。上黨百姓逃往趙國。趙國派廉頗率軍駐守長平，接應逃來的百姓。王齕於是攻打趙國。趙軍迎戰，幾戰都不勝，損失一名副將和四名都尉。趙王與樓昌、虞卿商議，樓昌建議派地位高的使節與秦國議和。虞卿反對說：「和與不和，主動權在秦國；秦國已下決心要大破趙軍。我們即使去求和，秦國也不會同意。我們不如派出使者，用貴重珍寶拉攏楚國、魏國。楚國、魏國一接受，秦國就會疑心各國會重新實行『合從政策』，那時和議才可成功。」趙王不聽虞卿的意見，仍派鄭朱赴秦國求和。秦國接待了鄭朱。趙王便對虞卿說：「秦國接納鄭朱了。」虞卿說：「大王肯定見不到和談成功而趙軍就被擊破了。為甚麼呢？各國都派使者赴秦國祝賀勝利，鄭朱是趙國地位很高的人，秦王、應侯肯定會把鄭朱來求和的事向各國宣揚，各國看到趙王派人去求和，便不會再出兵援救趙國；秦國知道趙國孤立無援，就愈發不肯講和了。」之後，秦國果然拿鄭朱當幌子，而不與趙國講和。

秦數敗趙兵，廉頗堅壁不出。趙王以頗失亡多而更怯不戰，怒，數讓[1]之。應侯又使人行千金於趙為反間，曰：「秦之所畏，獨畏馬服君之子趙括為將耳！廉頗易與[2]，且降矣！」趙王遂以趙括代頗將。藺相如曰：「王以名使括，若膠柱鼓瑟[3]耳。括徒能讀其父書傳[4]，不知合變[5]也。」王不聽。初，趙括自少時學兵法，以天下莫能當；嘗與其父奢言兵事，奢不能難，然不謂善。括母問其故，奢曰：

「兵，死地也，而括易言[6]之。使趙不將括則已；若必將之，破趙軍者必括也。」及括將行，其母上書，言括不可使。王曰：「何以？」對曰：「始妾事其父，時為將，身所奉飯而進食者以十數，所友者以百數，王及宗室所賞賜者，盡以與軍吏士大夫；受命之日，不問家事。今括一旦為將，東鄉而朝，軍吏無敢仰視之者；王所賜金帛，歸藏於家，而日視便利田宅可買者買之。王以為如其父，父子異心，願王勿遣！」王曰：「母置之[7]，吾已決矣！」母因曰：「即如有不稱[8]，妾請無隨坐[9]。」趙王許之。

注釋

1 數讓：多次責備。2 易與：容易對付。3 膠柱鼓瑟：比喻用膠粘住瑟柱來鼓瑟。4 書傳：指兵書。5 合變：隨機應變。6 易言：輕易談論。7 置之：不用多說了。8 不稱：不稱職，意指戰敗。9 隨坐：被牽連。

譯文

秦軍屢次打敗趙兵，廉頗便下令堅守營壘，拒不出戰。趙王以為廉頗損兵折將，不敢迎敵，氣憤得多次責備他。應侯范睢又派人用千金去趙國施行反間計，散佈謠言說：「秦國所怕的，只是馬服君趙奢的兒子趙括做大將。廉頗容易對付，而且他也快投降了！」趙王便用趙括代替廉頗為大將。藺相如勸說：「君王因為趙括有些名氣就重用他，就如用膠粘住瑟柱來鼓瑟！趙括只能死讀他父親留下的兵書，但不懂隨機應變。」趙王不聽。起初，趙括從小學習兵法，自以為天下無人能抵擋。他曾與父親趙奢討論兵法，趙奢也難不倒他，但終究不認為他有才幹。趙括的母親詢問原因，趙奢說：「帶兵打仗，乃是出生入死，而趙括卻談得很輕易。趙國不用他為大將還罷了，如果一定要用他，讓趙軍大敗的必是他。」待到趙括將要出發，他的母親上書，提出不能重用趙括。趙王問：「為甚麼？」回答說：「當年我侍奉趙括的父親，他做大將時，自己俸食給他人使用的有幾十人，和他結交的朋友有百多人。國君及宗室賞賜的東西，他全部分發官兵，自接受命令之日起，就不問家事。而趙括剛剛做了大將，就向東高坐，接受拜見，軍官沒人敢抬頭看他。君王賞給他的金錢財帛，拿回家藏起來，看到良田美宅，可購買的就買下來。君王認為趙括像父親，其實他們父子心志不同。請君王不要派遣他。」趙王說：「你不用多說了，我已決定了。」趙括母親便說：「假如趙括戰敗，我請求不要被牽連。」趙王同意了。

賞析與點評

出身平凡、但久經歷練而成功的人，其做事的方式，絕非其子弟所能理解。無論是擅於「紙上談兵」的趙括，或是「生於深宮之中，長於婦人之手」的趙孝成王，在體會老百姓的困難或戰爭的殘酷上，總是隔膜得很。趙孝成王誤信敵人散播的謠言，重用沒有實戰經驗的趙括，這兩人終於將趙國帶進慘敗的境地。

秦王聞括已為趙將，乃陰使武安君[1]為上將軍，而王齕為裨將，令軍中：「有敢泄武安君將者斬！」趙括至軍，悉更約束[2]，易置軍吏，出兵擊秦師。武安君佯敗而走，張[3]二奇兵以劫[4]之。趙括乘勝追造秦壁，壁堅拒不得入；奇兵二萬五千人絕趙軍之後，又五千騎絕趙壁間。趙軍分而為二，糧道絕。武安君出輕兵擊之，趙戰不利，因築壁堅守以待救至。秦王聞趙食道絕，自如河內發民年十五以上悉詣[5]長平，遮絕[6]趙救兵及糧食。齊人、楚人救趙。趙人乏食，請粟於齊，齊王弗許。周子曰：「夫趙之於齊、楚，扞蔽也，猶齒之有脣也，脣亡則齒寒；今日亡趙，明日患及齊、楚矣。救趙之務，宜若奉漏甕沃焦釜然[7]。且救趙，高義也；卻秦師，顯名也；義救亡國，威卻強秦。不務為此而愛粟，為國計者過矣！」齊王弗聽。九月，趙軍食絕四十六日，皆內陰相殺食。急來攻秦壘，欲出為四隊，四五復之[8]，不能出。趙括自出銳卒搏戰，秦人射殺之。趙師大敗，卒四十萬人皆降。武安君曰：「秦已拔上黨，上黨民不樂為秦而歸趙。趙卒反覆，非盡殺之，恐為亂。」乃挾詐而盡坑殺之，遺其小者二百四十人歸趙。前後斬首虜四十五萬人，趙人大震。

注釋

1 武安君：白起。2 更約束：指變更廉頗的作戰安排。3 張：佈置。4 劫：包圍。5 詣：前往。6 遮絕：阻隔。7 若奉漏甕（粵：翁；普：wèng）沃焦釜然：如同捧着破漏甕取水去澆燒焦的鍋，比喻事情刻不容緩。8 四五復之：指分部隊為四，接連不斷地攻打。

譯文

秦王知悉趙括已經做了大將，便暗中派武安君白起為上將軍，改王齕為副將，下令軍中：「誰敢洩露白起為上將軍的消息，格殺勿論！」趙括到了趙軍中，全部推翻原來的規定，調換軍官，下令出兵攻擊秦軍。白起偽裝戰敗退走，預先佈置下兩支奇兵準備截擊。趙括乘勝追擊，直達秦軍營壘，秦軍堅守，無法攻克。這時，秦軍用一支二萬五千人的奇兵切斷了趙軍的後路，另一支五千人的騎兵則堵截住趙軍返回營壘的通道，趙軍被一分為二，糧道也斷絕。武安君白起便下令精銳輕軍前去襲擊，趙軍迎戰失利，只好堅築營壘等待救兵。秦王聽說趙軍運糧通道已經切斷，親自到河內徵發十五歲以上的百姓全部奔赴長平，阻斷趙國救兵及糧運。齊國、楚國援救趙國。趙軍缺乏糧食，向齊國請求接濟，齊王不答應。齊國大夫周子說：「趙國對於齊國、楚國來說，是一道屏障，就像牙齒外面的嘴唇，唇亡則齒寒。今天趙國滅亡了，明天災禍就會降臨齊國、楚國。援救趙國這件事，應該像捧着破漏甕取水去澆燒焦的鍋，真是刻不容緩。何況援救趙國是高尚的道義；抵抗秦軍，是顯示威名的好事。必須主持正義援救亡國，顯示兵威擊退強秦。不致力於此事反而愛惜糧食，這樣為國家決策是個大錯！」齊王不聽。九月，趙軍已斷糧四十六天，士兵們都私下彼此殘殺而食。趙括窮急，便下令進攻秦軍營壘，分部隊為四，接連不斷地攻打，仍無法突圍。趙括親自率領精兵上前肉搏，被秦兵射死。趙軍於是全線崩潰，四十萬士兵全部投降。白起說：「當初秦軍已攻克上黨，上黨百姓卻不願歸秦而去投奔趙國。趙國士兵反覆無常，不全部殺掉，恐怕會有後亂。」於是使用欺騙手段坑殺趙國全部降兵，只放走二百四十個年紀小的回趙國，前後被殺死及俘虜的共達四十五萬人，給趙國帶來極大的震撼。

周赧王五十六年（公元前二五九年）

秦之始伐趙也，魏王問於諸大夫，皆以為秦伐趙，於魏便。孔斌[1]曰：「何謂也？」曰：「勝趙，則吾因而服焉；不勝趙，則可承敝而擊之。」子順曰：「不然。秦自孝公以來，戰未嘗屈，今又屬其良將，何敝之承？」大夫曰：「縱其勝趙，於我何損？鄰之羞，國之福也。」子順曰：「秦，貪暴之國也，勝趙，必復他求，吾恐於時魏受其師也。先人有言：燕雀處屋，子母相哺，呴呴[2]焉相樂也，自以為安矣。灶突炎上[3]，棟宇將焚，燕雀顏不變，不知禍之將及己也。今子不悟趙破患將及己，可以人而同於燕雀乎！」子順者，孔子六世孫也。

注釋

1 孔斌：字子順，時為魏安僖王相。2 呴呴（粵：許；普：xǔ）：嘰嘰喳喳地叫，又說同「姁」，形容安樂的樣子。3 灶突炎上：鍋灶上的煙火上升。

譯文

當初秦國攻打趙國，魏王問羣臣對策，大家都認為秦國進攻趙國，是有利於魏國的。孔斌問：「為甚麼這樣說？」回答是：「如果秦國戰勝趙國，那麼我們便服從他；不能戰勝，我們就趁它困乏攻擊他。」孔斌反駁說：「不對。秦國自從秦孝公以來，沒打過敗仗，現在又重用良將白起，有何衰弊可乘？」大夫說：「即使秦國戰勝趙國，對魏國有甚麼壞處呢？鄰國的失敗是我國的大利啊！」孔斌又反駁道：「秦國是個貪婪暴虐的國家，一旦戰勝了趙國，必定會把矛頭指向其他國家。我擔心那時魏國就將面臨大軍壓境的災禍了。古人說：燕雀築窩在屋簷下，母鳥哺育小鳥，嘰嘰喳喳地叫，以為很安適。鍋灶上的煙火上升，高大的房屋即將被焚，而燕雀面不改色，不知道災禍就要殃及。現在你不明白，趙國一旦滅亡，災難就會降臨魏國的形勢，難道人和燕雀一樣嗎？」孔斌，是孔子的第六代孫。

賞析與點評

那些幸災樂禍的人，總是短視的。子順以燕雀比喻這些人，十分妥貼。他們都是魏國的大夫，反映這些地位崇高卻鄙陋的人，都是一批「未能遠謀」的肉食者。

二、秦皇暴政

本篇導讀——

秦正式建國在周平王東遷以後，歷史比其他諸侯國為短，加之有強大的晉國在東面，阻擋了向東發展的機會。但到了三家分晉以後，形勢便轉向有利於秦國方面。之後，秦孝公重用商鞅，強調耕戰，厲行集權政策，實力大增。由於秦多次東侵，威脅日趨明顯，也引起了諸侯國的危機意識，遂在蘇秦等的倡議下，實行具有軍事攻守同盟性質的「合從政策」，在較長時間裏產生了抑制秦人的良好效果。然而，當危機降低，六國貴族便以各自的利益作考量，導致同盟瓦解。自此以後，秦國採用逐個擊破的手段，試圖以優勢兵力蠶食諸侯。各國也嘗試實行集權政策，但多遭自私的貴族抵制，效果不彰。當時，三晉（韓、趙、魏）仍時常互相攻擊，更讓秦人有機可乘。戰國晚期，趙孝成王、楚懷王和齊王建等都曾奉行極其錯誤的政策，最終讓秦王嬴政乘勢統一天下。不過，盛極則衰。始皇帝大概是被勝利沖昏了頭腦，他採用高壓手段對付百姓，又崇信方士，箝制思想，且好大喜功、窮奢極侈，弄得民不聊生，出現「男子力耕，不足糧餉，女子紡織，不足衣服，竭天下之資財以奉其政」的現象，終於在他逝世數月後發生了全國性的反抗浪潮，葬送了秦皇朝。這樣看來，儒家學派提倡「克己」的觀念，仍然十分值得大家重視。

《通鑑》卷七　秦紀二

秦始皇帝二十六年（公元前二二一年）

王初並天下，自以為德兼三皇，功過五帝，乃更號曰「皇帝」，命為「制」，令為「詔」，自稱曰「朕」，追尊莊襄王為太上皇。制曰：「死而以行為謚，則是子議父，臣議君也，甚無謂。自今以來，除謚法。朕為始皇帝，後世以計數，二世、三世至於萬世，傳之無窮。」

譯文　秦王剛剛兼併天下，自以為德高三皇，功過五帝，便改稱號為「皇帝」。命令叫

「制書」、「詔書」，自稱為「朕」，追尊父親莊襄王為太上皇，頒佈制書說：「帝王死後依據其生平來議定謚號，這是兒子議論父親，臣子議論君王，實在不應該。從今以後，廢除謚號制度。我是始皇帝，繼位者順序稱為二世皇帝、三世皇帝，以至萬世，無窮無盡地傳下去。」

賞析與點評

諺語說：「滿招損，謙受益」，真是個不變的真理。秦王剛一統天下，驕傲的態度便完全顯露出來，預告了秦朝極盛而速亡的必然結局。臨事而懼的憂患意識，是我們必須終身秉持的做事態度。

初，齊威、宣之時，鄒衍論著終始五德[1]之運；及始皇並天下，齊人奏之。始皇采用其說，以為周得火德，秦代周，從所不勝，為水德。始改年，朝賀皆自十月朔；衣服、旌旄、節旗皆尚黑；數以六為紀。

注釋

1 五德：金、木、水、火、土五種元素。

譯文

當初，齊威王、齊宣王的時候，鄒衍創立了五種元素終而復始的學說。到了始皇帝兼併天下時，採納齊人奏上的這套學說，認為周朝是火德，秦取代周，從火不能勝水來推算，秦應是水德。於是開始下令更改歲曆，新年朝賀典禮都從十月初一開始；衣服、旗幟、符節等都崇尚用黑色；計數以六為一個單位。

丞相綰言：「燕、齊、荊地遠，不為置王，無以鎮之。請立諸子。」始皇下其議。廷尉斯曰：「周文武所封子弟同姓甚眾，然後屬疏遠，相攻擊如仇讎，周天子弗能禁止。今海內賴陛下神靈一統，皆為郡、縣，諸子功臣以公賦稅重賞賜之，甚足，易制，天下無異意，則安寧之術也。置諸侯不便。」始皇曰：「天下共苦戰鬥不休，以有侯王。賴宗廟，天下初定，又復立國，是樹兵也；而求其寧息，豈不難哉？廷尉議是。」分天下為三十六郡，郡置守、尉、監。

譯文

丞相王綰說：「燕、齊、楚距咸陽過於遙遠，不在那裏設置侯王，便不能鎮撫。因此請分封諸子為侯王。」始皇帝將這一建議交給大臣評議。廷尉李斯說：「周文王、周武王分封子弟族人非常多，他們的後代彼此疏遠，相互攻擊如同仇敵，周天子也無法加以制止。現在四海之內，仰仗陛下的神靈而獲得統一，全國都劃分為郡和縣，對各位皇子及有功之臣，用國家徵收的賦稅重重給予賞賜，這樣即可以，也易於控制，使天下人不懷二心，是安定國家的方法。分封諸侯則不適宜。」始皇說：「天下人苦於無休止的戰爭，是因為有諸侯王存在的緣故。依賴祖宗的庇佑，使天下初步平定，假若又重新封侯建國，是重建一些敵對的兵力，似此而想求得天下安寧，豈不是極難嗎？廷尉的主張是對的。」始皇帝於是下令把全國劃分為三十六個郡，每個郡設置郡守、郡尉、監御史。

賞析與點評

李斯主張廢封建、行郡縣，是中國史上的重要事件，在歷史發展的進程上講是正確的。但是，政治現實並非簡單、直線的。丞相王綰指出的問題，仍沒法解決。始皇多次巡行天下，原因之一便是為了「鎮撫」這些極遙遠的東方，終於死於沙丘，並釀成了趙高之謀，動搖了秦朝的根本。後來，項羽與劉邦都曾經大規模進行分封，都是順應時勢的安排。而分封也確實帶來嚴重的後果。項王的分封無法平息異姓王侯之間的戰爭，高祖的「非劉氏不得王」最終導致了吳楚七國之亂。結論是：政治事務沒有一勞永逸的解決方法，需要人民、主政者持續不斷地努力、因時制宜地制訂合適的政策。

收天下兵聚咸陽，銷以為鍾鐻、金人十二，重各千石，置宮庭中。一法度、衡、石、丈尺。徙天下豪桀於咸陽十二萬戶。

譯文

又下令收繳全國民間所藏的兵器，運送匯集到咸陽，熔毀後鑄成大鐘和鐘架，以及十二個銅人，各重千石，放置在宮庭中。並統一法制和度量衡，將各地富豪十二萬戶遷徙到咸陽，置於朝廷的監控下。

諸廟及章臺、上林皆在渭南。每破諸侯，寫放其宮室，作之咸陽北阪上，南臨渭，自雍門以東至涇、渭，殿屋、復道、周閣相屬，所得諸侯美人、鍾鼓，以充入之。

譯文

秦王朝祭祀祖先的宗廟和章臺宮、上林苑都在渭水南岸。而秦國每征服一個國家，就摹畫、仿照該國的宮室，在咸陽城北的山坡上同樣建造一座。這些建築南臨渭水，自雍門向東至涇水、渭水相交處，宮殿屋宇、天橋、樓閣相連接，所獲得的各國美女、鐘鼓等樂器都安置在這裏。

秦始皇帝二十七年（公元前二二〇年）

始皇巡隴西、北地，至雞頭山，過回中焉。作信宮渭南，已，更命曰極廟。自極廟道通驪山，作甘泉前殿，築甬道自咸陽屬之，治馳道[1]於天下。

注釋　1 馳道：快速路。

譯文　始皇帝出巡隴西、北地，到雞頭山而還，經過回中宮。又在渭水南岸興建信宮，竣工後改名為極廟宮。從極廟宮築路通到驪山，興造甘泉宮前殿，修築甬道連接咸陽，又以咸陽為中心築馳道通往全國各地。

秦始皇帝二十八年（公元前二一九年）

始皇東行郡、縣，上鄒嶧山，立石頌功業。於是召集魯儒生七十人，至泰山下，議封禪。諸儒或曰：「古者封禪，為蒲車，惡傷山之土石、草木；掃地而祭，席用葅稭。」議各乖異。始皇以其難施用，由此絀儒生。而遂除車道，上自太山陽至顛，立石頌德；從陰道下，禪於梁父。其禮頗采太祝之祀雍上帝所用，而封藏皆祕之，世不得而記也。於是始皇遂東遊海上行禮，祠名山、大川及八神。始皇南登琅邪，大樂之，留三月，作琅邪臺，立石頌德，明得意。

譯文

始皇帝出巡東部各郡、縣，登上鄒縣的嶧山，樹立石碑讚頌秦朝的功勳。遂召集魯國儒生七十名，到泰山下商議封禪的事。有儒生說：「古時候的君王封禪，用蒲草裹住車輪，不願傷害山上的土石草木；掃地祭祀時所使用的席都是用草編成的。」各人的議論很不相同。始皇帝認為眾人所說的很難實行，便貶退了儒生；並且下令開通車道，從泰山南麓上到頂峰，豎立石碑歌頌秦國的功德，又從泰山北面順道而下，到梁父山祭地。祭祀儀式頗採用秦國古時在雍城由太祝令主持的祭祀上帝的形式。而怎樣封土埋藏卻全都保密，世人無法知悉。始皇帝又向東遊覽海上行禮，祭祀名山、大川及八神。然後南登琅邪山，高興極了，停留了三個月，還建造琅邪臺，立石碑頌德，表明他志得意滿的情致。

初，燕人宋毋忌、羨門子高之徒稱有仙道，形解銷化之術。燕、齊迂怪之士，皆爭傳習之。自齊威王、宣王、燕昭王皆信其言，使人入海求蓬萊、方丈、瀛洲，云此三神山在勃海中，去人不遠。患且至，則風引船去。嘗有至者，諸仙人及不死之藥皆在焉。及始皇至海上，諸方士齊人徐市等爭上書言之，請得齊戒與童男女求之。於是遣徐市發童男女數千人入海求之。船交海中，皆以風為解，曰：「未能至，望見之焉。」

譯文

當初，燕國人宋毋忌、羨門子高這類人，自稱會仙道，能夠使老人形體化解的法術。燕、齊二國怪誕不經的人，都爭相傳習此術。從齊威王、宣王到燕昭王都相信他們的話，派人到海上尋找蓬萊、方丈、瀛洲三座神山，據說它們在渤海之中，離人世不遠。每當災禍發生，就能順風乘船到達仙山。曾有回來的人說，諸仙人和長生不死的藥都在那裏。待到始皇帝來到海上，諸方士及齊人徐市等紛紛上書談這些事，請求齋戒之後，率領童男童女往海上尋找。始皇於是派遣徐市帶了數千名童男女入海求仙。船隻駛往大海中，都以風大，不能到達仙山為理由辯解，還說：「雖沒能到達仙山，可是已遠遠望見了。」

始皇還，過彭城，齋戒禱祠，欲出周鼎泗水，使千人沒水[1]求之，弗得。乃西南渡淮水，之衡山、南郡。浮江至湘山祠，逢大風，幾不能渡。上問博士曰：「湘君何神？」對曰：「聞之：堯女，舜之妻，葬此。」始皇大怒，使刑徒三千人皆伐湘山樹，赭其山。遂自南郡由武關歸。

注釋

1 沒水：潛水。

譯文

始皇帝返回咸陽途中經過彭城，舉行齋戒，祈禱祭祀，想要打撈沉沒在泗水中的周鼎。故而遣千人潛入泗水尋找，結果毫無所得。於是，始皇又向西南渡過淮水，到達衡山、南郡；再泛舟長江，抵湘山祠，適逢大風，幾乎不能渡過。始皇問博士道：「湘君是甚麼神啊？」博士回答：「聽說是堯的女兒，也就是舜的妻子，死後就葬在這裏。」始皇大怒，派囚徒三千人將湘山的樹木砍光，使該山只見赤土，不見草。然後從南郡經武關返回咸陽。

秦始皇帝二十九年（公元前二一八年）

始皇遂登之罘[1]，刻石；旋，之琅邪，道上黨入。

注釋　1 之罘（粵：浮；普：fú）：山名，在山東萊州。

譯文　始皇帝於是登上之罘山，刻石頌德。歸途中前往琅邪，取道上黨回到咸陽。

秦始皇帝三十一年（公元前二一六年）

使黔首自實田。

譯文　始皇下令全國百姓自報所佔土地的數額。

秦始皇帝三十二年（公元前二一五年）

始皇之碣石，使燕人盧生求羨門，刻碣石門。壞城郭，決通堤坊。始皇巡北邊，從上郡入，盧生使入海還，因奏《錄圖書》[1]曰：「亡秦者『胡』也。」始皇乃遣將軍蒙恬發兵三十萬人，北伐匈奴。

注釋

1《錄圖書》：如後世讖緯書。

譯文

始皇出巡抵達碣石，派燕人盧生求訪羨門。又在碣石山門刻石紀功。拆毀城郭，決通堤防。始皇又巡視北方邊境，從上郡進入北地。盧生被派往海上回來，上奏了《錄圖書》，說：「覆滅秦國的是『胡』。」始皇便派將軍蒙恬率三十萬大軍，向北征伐匈奴。

賞析與點評

有學者認為「亡秦者胡」的「胡」，非指匈奴，而是指胡亥。這是據後來的史實做文章，大約如俗語所指「馬後炮」，並不一定高明。

秦始皇帝三十三年（公元前二一四年）

發諸嘗逋亡[1]人、贅壻[2]、賈人[3]為兵，略取南越陸梁地，置桂林、南海、象郡；以謫徙民[4]五十萬人戍五嶺，與越雜處。蒙恬斥逐匈奴，收河南地為四十四縣。築長城，因地形，用制險塞，起臨洮至遼東，延袤萬餘里。於是渡河，據陽山，逶迤[5]而北。暴師於外十餘年，蒙恬常居上郡統治之，威振匈奴。

注釋

1 逋亡：逃亡。2 贅壻：入贅的女婿。3 賈人：商販。4 謫徙民：罪犯。5 逶迤（粵：威移；普：wēi yí）：蜿蜒曲折。

譯文

秦朝廷徵召那些曾經逃亡的人、入贅女家的男子、商販等入伍當兵，攻掠奪取南越的陸梁地，設置了桂林、南海、象郡等郡；並將曾犯罪的人五十萬流放到五嶺守邊，與越民雜處。又派遣大將蒙恬率軍驅逐斥退匈奴人，收復了黃河以南地區，設置四十四個縣。接着就修築長城，憑藉地形而建，用以控制險關要塞，起自臨洮，直至遼東，綿延一萬多里。蒙恬於是又領兵渡過黃河，佔據陽山，向北曲折前進。軍隊在野外紮營十餘年，蒙恬則常駐上郡指揮軍隊，威震匈奴。

秦始皇帝三十四年（公元前二一三年）

謫治獄吏不直及覆獄故失者，築長城及處南越地。

譯文　秦朝廷將徇私枉法、知人有罪卻釋放出獄，無罪卻下獄的司法官處罰流放去修築長城，或到南越地區守邊。

丞相李斯上書曰：「異時諸侯並爭，厚招遊學。今天下已定，法令出一，百姓當家則力農工，士則學習法令。今諸生不師今而學古，以非當世，惑亂黔首，相與非法教人；聞令下，則各以其學議之，入則心非，出則巷議，誇主以為名，異趣以為高，率羣下以造謗。如此弗禁，則主勢降乎上，黨與成乎下。禁之便！臣請史官非《秦記》皆燒之；非博士官所職，天下有藏《詩》、《書》、百家語者，皆詣守、尉雜燒之。有敢偶[1]語《詩》、《書》棄市；以古非今者族[2]；吏見知不舉，與同罪。令下三十日，不燒，黥[3]為城旦[4]。所不去者，醫藥、卜筮、種樹之書。若有欲學法令者，以吏為師。」制曰：「可。」

注釋　1偶：二人。2族：誅殺整個家族。3黥：刺字於臉。4城旦：四歲刑，晝日伺寇虜，夜暮築長城。

譯文　丞相李斯上書說：「過去諸侯國相爭，以厚利招徠遊學之士。現在天下已定，法令業已統一，百姓治家應致力於農工，讀書人應學習法令。現在諸生不學今而學古，只知一味地效法古代，並藉此非議現實，蠱惑、擾亂民眾，相互非難指責現行制度，並以此教導百姓；聞聽命令頒下，就紛紛根據自己的學說、主張妄加評議，入朝時口是心非，出朝後便街談巷議，在君主面前自誇以提高聲望，標新立異以顯示見解超卓，煽動別人譭謗國家的政令。如此而不禁止，君主的權勢便會下降，臣下也會結成朋黨。禁止這些才正確！因此我建議除秦國史記之外，燒毀所有史書；若不是博士官的職位，天下間有私藏《詩》、《書》、諸子百家著作的人，一律按期將所藏交到郡守、郡尉處，一併焚毀；有敢於兩人一起談論《詩》、《書》的處死；借古諷今的族誅；官吏發現而不檢舉的與之同罪；此令頒佈三十天後仍不將私藏書籍燒毀的，判處黥刑，並要到長城勞役。不焚燒的包括醫藥、占卜、種植的書。如果想要學習法令，應以官吏為師。」始皇下制令說：「同意。」

秦始皇帝三十五年（公元前二一二年）

蒙恬除直道，道九原，抵雲陽。塹山堙谷，千八百里；數年不就。始皇以為咸陽人多，先王之宮庭小，乃營作朝宮渭南上林苑中，先作前殿阿房，東西五百步，南北五十丈，上可以坐萬人，下可以建五丈旗，周馳為閣道，自殿下直抵南山，表南山之顛以為闕。為復道，自阿房度渭，屬之咸陽，以象天極閣道、絕漢抵營室也。隱宮、徒刑者七十萬人，乃分作阿房宮或作驪山[1]。發北山石槨，寫[2]蜀、荊地材，皆至；關中計宮三百，關外四百餘。於是立石東海上朐界中，以為秦東門。因徙三萬家驪邑，五萬家雲陽，皆復[3]不事十歲。

注釋　1驪山：秦始皇墓地。2寫：採伐。3復：免除徭役。

譯文　始皇帝派蒙恬負責開通直道，經九原，直抵雲陽，挖掘大山，填塞峽谷，長達一千八百里，數年也沒有完工。始皇認為咸陽的人多，而先王營造的宮廷太小，便命人在渭南上林苑中建築宮殿，先修前殿阿房宮，長寬東西五百步，南北五十丈，上面可坐一萬人，下面則能豎立五丈高的旗幟，周圍是車馬馳行的天橋，從前殿直達南山，在南山的山峰建牌樓作為標誌。又築造天橋，從阿房渡過渭水，與咸陽城相接，以象徵天上閣道，經由北斗七星，超越銀河，到達營、室二星。徵發遭受宮刑，受勞役的人，共七十萬人，分別修築阿房宮和驪山始皇陵墓。並鑿掘用作套棺的北山的石料，採伐蜀、荊兩地的木材，都先後運到。在關中興建宮殿計有三百座，關外營造宮殿四百多座。於是在東海郡的朐縣界內刻立巨石，作為秦王朝的東大門。又將三萬家遷移到驪邑，五萬家遷移至雲陽，均免除十年的徭役。

盧生說始皇曰：「方中：人主時為微行以辟惡鬼。惡鬼辟，真人至。願上所居宮毋令人知，然後不死之藥殆可得也！」始皇曰：「吾慕真人！」自謂「真人」，不稱「朕」。乃令咸陽之旁二百里內宮觀二百七十，復道、甬道相連，帷帳、鍾鼓、美人充之，各案署不移徙。行所幸，有言其處者，罪死。始皇幸梁山宮，從山上見丞相車騎眾，弗善也。中人或告丞相，丞相後損車騎。始皇怒曰：「此中人泄吾語！」案問，莫服，捕時在旁者，盡殺之。自是後，莫知行之所在。羣臣受決事者，悉於咸陽宮。

譯文

盧生勸說始皇帝道：「有一種方法，就是皇帝不時地暗中祕密出行，借此躲避惡鬼。而避開了惡鬼，神仙真人便會來到。希望您所居住的宮室不要讓別人知道，然後不死之藥大概可以得到！」始皇說：「我敬慕真人！」於是就自稱「真人」，不再稱「朕」。並下令咸陽城周圍二百里內的二百七十處宮殿樓臺，都用天橋、甬道相連接，帷帳、鐘鼓及美女充斥其間，各自按佈署登記，不作遷移。始皇巡行到某處居住下來，有敢於透露出他的駐地的，即獲罪處死。始皇帝曾前往梁山宮，從山上望見丞相李斯的隨行車馬非常多，很不高興。宦官近臣中有人將這事告訴了李斯，李斯隨即減少了他的車馬。始皇憤怒地說：「一定是宮中人洩露了我的話！」於是審問隨從人員，但是沒有人承認。始皇就下令捉拿當時在場的人，全部殺掉。從此以後，再也沒有人知道始皇到了甚麼地方。羣臣有事情要皇帝裁決的，便全都到咸陽宮等候。

侯生、盧生相與譏議始皇，因亡去。始皇聞之，大怒曰：「盧生等，吾尊賜之甚厚，今乃誹謗我！諸生在咸陽者，吾使人廉問，或為妖言以亂黔首。」於是使御史悉案問諸生。諸生傳相告引，乃自除犯禁者四百六十餘人，皆坑之咸陽，使

天下知之，以懲後；益發謫徙邊。始皇長子扶蘇諫曰：「諸生皆誦法孔子[1]。今上皆重法繩之，臣恐天下不安。」始皇怒，使扶蘇北監蒙恬軍於上郡。

注釋

1 諸生皆誦法孔子：方士善於趨利避禍，故被捕多是儒生。

譯文

侯生、盧生一起譏諷始皇，並因此逃亡而去。始皇聽聞後大怒，說：「盧生等人，我尊敬他們，並重賞他們，現在竟然敢誹謗我！這些人在咸陽的，我曾派人去查訪過，其中有的人竟妖言惑眾！」於是令御史逮捕並審問儒生。儒生們彼此牽連，互相諉過，推卸責任，最後捕獲犯禁的人四百六十餘名，把他們全部在咸陽活埋了。又讓大家都知道這件事，以懲戒後世，並將其餘的人，流放到邊地。始皇的長子扶蘇進諫說：「儒生們全誦習效法孔子的言論。現在都處以重罰，我怕天下會有變亂。」始皇大怒，派扶蘇赴上郡，監督蒙恬的軍隊。

賞析與點評

統治者窮奢極侈，不但追求人世間的享樂，更企望不斷的延續下去——長生不老。迷信方士的帝皇在歷史上多不勝數，結果如何？不是很清楚嗎！數百儒生就如草芥般被活埋，含冤莫白。長子扶蘇因進諫而被外放，埋下了秦亡的伏線。如此看來，相比那些方士、巫師、道士的無稽之談，還是魯國叔孫豹的「三不朽」說更有現實意義。他說：「太上有立德，其次有立功，其次有立言，雖久不廢，此之謂不朽。」（《左傳・襄公二十四年》）

秦始皇帝三十六年（公元前二一一年）

有隕石於東郡。或刻其石曰：「始皇死而地分。」始皇使御史逐問，莫服；盡取石旁居人誅之，燔其石。遷河北榆中三萬家；賜爵一級。

譯文

有隕石墜落在東郡。有人於石上刻字說：「始皇死而土地分。」始皇於是派御史逐一查問當地居民，沒人承認此事。始皇下令將居民全部處死，並焚掉那塊隕石。遷移三萬戶到河北、榆中一帶墾殖，每戶授爵位一級。

秦始皇帝三十七年（公元前二一〇年）

冬，十月，癸丑，始皇出遊；左丞相斯從，右丞相去疾守。始皇二十餘子，少子胡亥最愛，請從；上許之。

譯文　冬天，十月，癸丑，始皇帝出遊，左丞相李斯陪同，右丞相馮去疾留守咸陽。始皇有二十多個兒子，小兒子胡亥最受寵愛，他要求隨父皇出遊，獲始皇准許。

十一月，行至雲夢，望祀虞舜於九疑山。浮江下，觀藉柯，渡海渚，過丹陽，至錢唐，臨浙江。水波惡，乃西百二十里，從陿中[1]渡。上會稽，祭大禹，望於南海；立石頌德。還，過吳，從江乘渡。並海上，北至琅邪、之罘。見巨魚[2]，射殺之。遂並海西，至平原津而病。

注釋　1 陿中：在餘杭。2 巨魚：可能是鯨魚。

譯文　十一月，始皇帝一行到達雲夢，向着九疑山遙祭舜帝。然後乘船順長江而下，遊觀藉柯，渡過海渚，通過丹陽，抵達錢塘，船進入浙江。因波濤險惡，便向西行駛一百二十里，從富陽、分水之間狹窄的水面上渡江。始皇登上會稽山，祭祀大禹，遙望南海，刻立巨石歌功頌德。然後起駕返回，歸途經過吳地，從江乘縣渡過，沿海北上，抵達琅邪、之罘。始皇看見大魚，即將魚射殺。接着又沿海西行，到了平原津後便病倒了。

始皇惡言死，羣臣莫敢言死事。病益甚，乃令中車府令行符璽事趙高為書賜扶蘇曰：「與喪，會咸陽而葬。」書已封，在趙高所，未付使者。秋，七月，丙寅，始皇崩於沙丘平臺。

譯文

始皇帝厭惡談及「死」，因此羣臣沒有敢提及身後事的。待到他病勢更加沉重時，才命中車府令、兼掌符璽事的趙高寫詔書給長子扶蘇說：「參加處理喪事，靈柩到咸陽後安葬。」詔書已封好，但卻擱置在趙高處，沒有交給使者送出。秋季，七月，丙寅，始皇在沙丘宮平臺駕崩。

九月，葬始皇於驪山，下錮三泉；奇器珍怪，徙藏滿之。令匠作機弩，有穿近者[1]輒射之。以水銀為百川、江河、大海，機相灌輸。上具天文，下具地理。後宮無子者，皆令從死。葬既已下，或言工匠為機藏[2]，皆知之，藏重卽泄。大事盡[3]，閉之墓中。

注釋

1 穿近者：盜墓人。2 機藏：機關。3 大事盡：喪事完畢。

譯文

九月，將始皇安葬在驪山皇陵，把銅熔化後灌入，堵塞住地下深處的水。又運來各種奇珍異寶，藏滿墓穴。還下令工匠製作帶有機關的弩，遇到靠近墓穴的人，即自動射殺。用水銀做成百川、江河、大海，以機械灌注輸送。墓穴頂部佈有天文圖像，底部設置地理模型。後宮嬪妃凡未生子女的，令她們全部陪葬。下葬以後，有人說工匠們製作機關，知道其中的祕密，事關重大，怕他們泄露，因此在喪事結束後，將他們全部關入墓穴中。

賞析與點評

蘇軾〈論古．趙高李斯〉曰：「始皇制天下輕重之勢，使內外相形，以禁奸備亂者，可謂密矣。……然天之亡人國，其禍敗必出於智所不及。聖人為天下，不恃智以防亂，恃吾無致亂之道耳。始皇致亂之道，在用趙高。夫閹尹之禍，如毒藥猛獸，未有不裂肝碎首者也。……然世主皆甘心而不悔，如漢桓、靈，唐肅、代，猶不足深怪。始皇、漢宣皆英主，亦湛於趙高、（弘）恭、（石）顯之禍。彼自以為聰明人傑也，奴僕熏腐之餘何能為，及其亡國亂朝，乃與庸主不異。」（蘇軾《東坡志林》卷五）英、雄之主而蔽於羣小的，史不絕書，實在可歎！

兩漢

引論二

漢因秦亂而代之，漢初曾出現不少分析秦朝速亡的言論，其中最具代表性的應是陸賈和賈誼。劉邦出身草野，以泗水亭長一躍而成為天子，陸賈卻常常在他面前稱引《詩》、《書》，終於換來劉邦的責備，認為自己是依靠武力奪取天下，不需要《詩》、《書》這些不切實用的東西。陸賈便耐心地解說：「居馬上得之，寧可以馬上治之乎？且湯武逆取而以順守之，文武並用，長久之術也。昔者吳王夫差、智伯極武而亡；秦任刑法不變，卒滅趙氏。鄉（嚮）使秦已併天下，行仁義，法先聖，陛下安得而有之？」[1]希望劉邦不要重蹈秦朝速亡的覆轍。劉邦雖然有點不高興，但仍認為陸賈的說法很有見地，便請他寫下「秦所以失天下，吾所以得之者何，及古成敗之國事」，並特別要求要說得簡單明白一點。從此陸賈每過一段時間便獻上一篇有關言論並加

1《史記．酈生陸賈列傳》。

講解，劉邦往往大加讚許。這些言論便是現在流傳的陸賈《新語》，共十二篇。

賈誼是漢初最重要的思想家、文學家。他的《過秦論》專門討論秦的過失。他首先列舉不少例子，指出強大的秦國經過了幾代君主的努力，終於能夠「以六合為家，崤函為宮」，統一了天下。但是，好景不常，秦始皇逝世僅一年，大秦帝國便土崩瓦解，「一夫作難而七廟隳，身死人手，為天下笑者，何也？」賈誼認為是由於秦朝「仁義不施」，也不明白「攻守之勢異也」。賈誼這段話不但司馬遷引用過[2]，司馬光同樣也引用過[3]。由此可見，這個恰好與法家「嚴刑峻法、刻薄寡恩」相反的觀點，正是任何一個負責任的統治者都需要深思熟慮的。

漢朝建立不久，便出現一個動搖國本的難題，將國家推向動盪的邊沿。這就是呂后稱制、諸呂當權的狀況。漢王劉邦在滅掉項羽後稱帝，過了八年便撒手塵寰，留下仁弱的惠帝。由於劉邦晚年寵愛戚姬和其年幼的兒子趙王如意，大大觸動了呂后的神經。因此，惠帝即位不久，呂后便毒殺了趙王，又虐殺戚姬，令惠帝大受刺激，從此便「稱病，不聽政」，由呂后掌握施政大權。呂后隨即開始培植呂氏子姪，把呂產、呂祿等封王，並分掌京城和王宮的警衞工作，以確保呂氏權力的順利延續。在這個時候，劉氏政權會否變為呂氏皇朝，誰也沒法預料。最終

2《史記．屈原賈生列傳》。

3《稽古錄》第六十四頁。

安定漢朝政權的，是丞相陳平和太尉周勃。事緣有一次陳平在自己的府第中深思這個問題，陸賈走近身旁，陳平卻沒有察覺。陸賈便說：「何念之深也？」陳平說：「先生揣我何念？」陸賈說：「足下位為上相，食三萬戶侯，可謂極富貴無欲矣。然有憂念，不過患諸呂、少主耳。」陳平回答說：「是的。該如何應付？」陸賈於是指出：「天下安，注意相；天下危，注意將。將相和調，則士務附；士務附，天下雖有變，即權不分。為社稷計，在兩君掌握耳。臣常欲謂太尉絳侯[4]，絳侯與我戲，易吾言。君何不交驩（歡）太尉，深相結。」陸賈於是「為陳平畫呂氏數事。陳平用其計，乃以五百金為絳侯壽，厚具樂飲；太尉亦報如之。此兩人深相結。」通過兩人的合作，終於剷除了諸呂，一場危機才得以解除。

其後，文帝、景帝相繼，政治上繼續採取「無為而治」的國策，對培養國本，有很大的幫助。可是，因為漢初採用郡國制，即將全國分為兩套統治架構，一方面是靠近長安的區域採用郡縣制，由中央政府直接管轄；另一方面是沿海和中南部地區採用封國制，分封諸侯世襲管理。在文帝時，已經出現「諸侯驕恣」的情況，引起賈誼的關注。他向文帝提議要對諸侯稍加裁抑，以免尾大不掉。文帝沒有答應。到了景帝二年，問題日益嚴重。御史大夫晁錯「患諸侯強大，請以其過削其支郡。」由是「諸侯怨怒」。次年，吳楚七諸侯國起兵，天下震動。景帝

---

4 周勃。

殺了晁錯，七國還是不肯罷兵。最後，由周亞夫[5]帶兵削平叛軍，漢室才再次安定下來。

景帝太子劉徹於十六歲嗣位，在位五十四年，諡號武帝（前一四一—前八十七年在位）。他是一個雄才大略的君主，在中國歷史上極為著名。毛澤東《沁園春》詞說：「江山如此多嬌，引無數英雄競折腰。惜秦皇漢武，略輸文采，唐宗宋祖，稍遜風騷。一代天驕，成吉思汗，只識彎弓射大鵰。」將之與秦始皇、唐太宗等並稱。為了徹底打破匈奴對漢朝的長期威脅，他曾用了三十多年的時間討伐匈奴，雖然取得了很大的成效，但也讓整個國家經濟幾乎陷入破產的地步。同時，為了孤立匈奴，他兩次派遣張騫出使大月氏和烏孫，使漢朝與西域建立了緊密的政治、文化與經濟關係，史稱「張騫鑿空」。此外，他在位前期已十分重視儒學，並根據公羊學大儒董仲舒的建議，確定了「罷黜百家，獨尊儒術」的重大政策，對中國政治與文化的發展產生極為深遠的影響。從另一面而言，武帝窮兵黷武、好大喜功，崇信方士、重用酷吏，被大臣汲黯譏諷「內多慾而外施仁義」。他晚年更因迷信多疑，導致佞臣江充、宦官蘇文誣告衞太子以巫蠱厭勝之術，引致太子私自發兵殺掉江充。其後，武帝誤信太子叛變的消息，派遣丞相劉屈氂負責鎮壓，太子兵敗後自盡。武帝了解真相後追悔不已，深切反思。《通鑒》載征和四年（前八十九年）三月，武帝自責說：「朕即位以來，所為狂悖，使天下愁苦，不可追悔。自今事

5 周勃之子。

有傷害百姓，糜費天下者，悉罷之。」[6] 而桑弘羊建議在輪臺戍兵以備匈奴，被武帝駁回，並下詔稱「當今務在禁苛暴，止擅賦[7]，力本農，修馬復[8]，令以補缺，毋乏武備而已。」[9]，史稱「輪臺之詔」。四月，「以田千秋為丞相，封富民侯，以明休息；又以趙過為搜粟都尉，過教民以代田……民皆便之。」[10]

昭帝嗣位，由霍光輔政，採用輕徭薄賦政策，與民休息，史稱「付託得人」。其後，宣帝勵精圖治，儒法兼用，嚴選官吏，做到循名責實，信賞必罰。他曾說：「庶民所以安田里，而無歎息愁恨之心者，政平訟理也，與我共此者，其惟良二千石乎！」[11] 其時，由於漢朝官員的錯誤行徑，引致西羌叛變。宣帝在反覆籌劃後，起用老將趙充國應付。趙充國熟悉邊務，在詳細考慮作戰規劃和軍糧籌措後，從兵精、糧足、緩和民族關係等方向入手，很快取得成功。這個典範，也成為清末左宗棠收復新疆的重要參考。

6《資治通鑒》卷二十二。
7 停止非正常的賦稅。
8 復，音覆，除馬復者，因養馬以除免徭賦也。
9《史記・孝武本紀》。
10《資治通鑒》卷二十二。
11《漢書》卷五十九。

西漢末年，政治日趨衰敗。元帝委政宦官弘恭、石顯，優柔寡斷。成帝沉醧酒色，寵溺趙飛燕姊妹，又專任元舅王鳳及其子弟。外家擅權，終於導致王莽以外戚而移漢祚的結局。王莽即位後，改國號「新」，實行託古改制，名天下田為王田，不得買賣，禁五銖錢，改用金、銀、龜、貝、錢、布等貨幣，設五均六筦。制度紛更，朝令夕改，造成農、商失業。王莽又妄啟邊釁，使得吏士罷弊，加上旱災和蝗蟲等天災接連發生，終致盜賊橫行，民變四起，王莽政權隨即傾覆。

光武中興，在於人心思漢。他即位後，以柔術治天下，一切以「安靜」為主。王夫之《讀通鑒論》曾指出光武帝能夠制勝而平定天下，大概因為他能「以靜制動，以道制權，以謀制力，以緩制猝，以寬制猛」，故能「返本自治……行法以俟命」。[12] 他又嘉獎儒學、崇尚氣節，以挽救西漢末年以來偽薄、詐慝之風。因此，「四方學士，莫不抱負墳策，雲會京師，范升、陳元、鄭興、杜林、衛宏、劉昆、桓榮之徒，繼踵而至。」[13] 由於君主提倡氣節，加上東漢時期選拔官員以「孝子、廉吏」為標準，故士人多注重名節。他們無論在朝或在野，大都能敢言直諫，議論朝政，形成清議的風氣。

12 卷六，第二一三頁。
13 《後漢書》卷四十八。

三、陳平安漢

本篇導讀——

陳平年青時曾在家鄉負責分祭肉，做得很稱職，受到老輩的讚許。他自信地說：「如讓我宰治天下，也能做到好效果。」秦末大亂時，他先是投項羽帳下，但不受重用，於是轉投劉邦，受到倚重。他多次出謀劃策，讓劉邦轉危為安，終於協助劉邦打敗項羽。他的功勞與張良相當。只是張良幫助劉邦是為了替韓國報仇，所以在劉邦成功後便淡出政壇。陳平則繼續為高祖效力，並多次「出奇計」。當高祖病危時，蕭何亦已年老，呂后問以後事，劉邦在提及曹參、王陵後，特別稱讚陳平多智。他又補充說：「陳平知有餘，然難獨任。周勃重厚少文，然安劉氏者必勃也，可令為太尉。」呂后當政後，欲封呂氏親族為王侯，大有取劉氏而代之的趨向。陳平對此極為憂慮。後來，因陸賈「天下安，注意相；天下危，注意將。將相和調，則士豫附；天下雖有變，權不分」一番提醒，陳平、周勃走向合作，終於如劉邦所料，為鏟除諸呂奠下基礎。中國今天能夠長期實行利國利民的改革開放政策，最根本的條件是拘捕了惡貫滿盈的四人幫。我們比較這兩個個案，一定可以發現其中有不少相似的地方。這也讓我們確信：「歷史雖然不會重演，但仍有很多可供借鑒的經驗。」

《通鑒》卷十二　漢紀四

太祖高皇帝十二年（公元前一九五年）

（春，二月。）上擊布時，為流矢所中，行道，疾甚。……呂后問曰：「陛下百歲後，蕭相國既死，誰令代之？」上曰：「曹參可。」問其次，曰：「王陵可，然少戇，陳平可以助之。陳平知有餘，然難獨任。周勃重厚少文，然安劉氏者必勃也，可令為太尉。」呂后復問其次，上曰：「此後亦非乃所知也。」夏，四月，甲辰，帝崩於長樂宮。丁未，發喪，大赦天下。

譯文　（春季二月，）漢高祖進擊黥布時，被流矢射中，路途中，傷勢愈來愈重。……

呂后問高祖：「陛下百年之後，蕭何相國死了，誰可代替他呢？」高祖說：「曹參可以。」呂后再問曹參之後，高祖說：「王陵可以，但他有點戇直，陳平可以幫助他。陳平智謀有餘，但難以獨自承擔重任。周勃為人沉實卻不善言詞，但將來安定劉氏的必定是他，可用為太尉。」呂后再追問其後，高祖只說：「這以後的事，也不必要你操心了。」夏季，四月，甲辰，高祖駕崩於長樂宮。丁未，朝廷發喪，宣佈大赦天下。

（夏，）五月，丙寅，葬高帝於長陵。初，高祖不修文學，而性明達，好謀，能聽，自監門、戍卒，見之如舊。初順民心作三章之約。天下既定，命蕭何次律、令，韓信申軍法，張蒼定章程，叔孫通制禮儀；又與功臣剖符作誓，丹書、鐵契，金匱、石室，藏之宗廟。雖日不暇給，規摹弘遠矣。己巳，太子即皇帝位，尊皇后曰皇太后。

譯文　（夏季）五月，丙寅，將高祖安葬在長陵。當初，高祖不修習學術，而秉性聰明通達，善謀略，能採納旁人意見，即使是監門、戍卒等，也是一見如故。當年他順應民心約法三章，天下平定以後，又命令蕭何整理法律、法令，韓信申明軍法，張蒼制訂曆法及度量衡的法式，叔孫通制定朝儀；又與功臣剖分符節，立下誓言，用鐵契、朱砂書寫，放置在石室中，藏入宗廟。雖然眾事繁多，時間不夠，但他所創立的制度是規模宏遠的。己巳，太子登上皇帝大位，尊呂后為皇太后。

賞析與點評

劉邦雖有流氓氣質，缺點不少，但他作為領袖，性格上具有「明達，好謀，能聽」的優點，讓他能在「逐鹿中原」時打敗強勁的敵人。建立政權後，亦能創制立法，故奠下了兩漢四百年的弘遠規模。其中，筆者最欣賞他的「能聽」，比起「予智自雄」的殷紂、始皇、項王等國家領導，不知強多少倍呢！

初，高帝病甚，人有惡樊噲[1]，云：「黨於呂氏，即一日上晏駕，欲以兵誅趙王如意之屬。」帝大怒，用陳平謀，召絳侯周勃受詔床下，曰：「陳平亟馳傳載勃代噲將；平至軍中，即斬噲頭！」二人既受詔，馳傳，未至軍，行計之曰：「樊噲，帝之故人也，功多，且又呂后弟呂嬃[2]之夫，有親且貴。帝以仇忿故欲斬之，

則恐後悔；寧囚而致上，上自誅之。」未至軍，為壇，以節召樊噲。噲受詔，即反接[3]，載檻車[4]傳詣長安；而令絳侯勃代將，將兵定燕反縣。平行，聞帝崩，畏呂嬃讒之於太后，乃馳傳先去。逢使者，詔平與灌嬰屯滎陽。平受詔，立復馳至宮，哭殊悲；因固請得宿衛中。太后乃以為郎中令，使傅教惠帝。是後呂嬃讒乃不得行。樊噲至，則赦，復爵邑。

注釋

1 樊噲（粵：快；普：kuài）：劉邦帳下猛將兼妹夫。2 呂嬃（粵：須；普：xū）：呂后的妹妹。3 反接：反縛兩手。4 檻車：囚車。

譯文

當初，漢高祖病重時，有人誣諂樊噲說：「樊噲和呂氏結黨，一旦皇上過世，就會起兵誅殺趙王如意等人。」漢高祖大怒，採納陳平建議，召來絳侯周勃在床前接受詔令：「陳平立刻乘驛車，載着周勃，讓周勃代樊噲為將軍；陳平一到軍中，就砍下樊噲的頭！」兩人接受命令後，乘驛車前往，還未到軍中，在路上商議道：「樊噲是皇上的舊人，功勞很大，而且是呂后妹妹呂嬃的丈夫，有皇親關係又是尊貴之人，皇上因為一時動怒所以想殺他，恐怕日後會反悔。我們不如抓起他來送到皇上那裏，讓皇上自己殺他。」他們還沒到軍中，就築了壇，用符節召樊噲前來。樊噲接受詔令到來後，立即把他反縛兩手，用木囚車押送到長安；而讓絳侯周勃代他為將軍，率軍征討燕國謀反的諸縣。陳平行到中途，聽到高祖駕崩的消息。陳平怕呂太后的妹妹呂嬃在呂太后面前說他的壞話，便驅馳驛車先行回都。路上他又遇到朝廷使者，傳詔命令陳平與灌嬰屯守滎陽。陳平接受詔書後，立即疾馳到宮中，哭得十分悲哀，又堅決要求親自守衛內宮。呂太后於是任命他為掌管宮殿門戶的郎中令，還讓他輔導漢惠帝劉盈。此後，呂嬃便無法說陳平的壞話。樊噲到長安，便被赦免，恢復原來的爵位和封地。

孝惠皇帝二年（公元前一九三年）

（夏，）酇文終侯蕭何病，上親自臨視，因問曰：「君即百歲後，誰可代君者？」對曰：「知臣莫如主。」帝曰：「曹參何如？」何頓首曰：「帝得之矣，臣死不恨！」

秋，七月，辛未，何薨。何置田宅，必居窮僻處，為家，不治垣屋。曰：「後世賢，師吾儉；不賢，毋為勢家所奪。」

譯文

（夏天，）酇文終侯蕭何病重，惠帝親自前去探視，問他：「你百年之後，誰可以接替？」蕭何說：「最了解臣下的還是皇上。」惠帝又問：「曹參怎麼樣？」蕭何立即叩頭說：「皇上已找到人選，我死也沒有甚麼遺憾了。」秋季，七月，辛未，蕭何去世。他生前購置田地房宅，必定選位於窮鄉僻壤的；他主持家政，也從不起建高牆大屋。他說：「如果我的後代賢德，就學我的儉樸；如果後代不賢，這些劣房差地也不會被權勢之家搶奪。」

賞析與點評

蕭何是漢初良相，協助劉邦奪取天下，功第一。當日劉邦被困於漢中，諸將紛紛出走，蕭何沒有說一聲便離開了，引致劉邦痛罵，認為人人可以離開，獨蕭何不可以，足見對其倚賴之深。後來蕭何回來，辯稱不是出走，而是去追小將韓信，劉邦更認定他只是找藉口。最後，劉邦卻被說服了，拜韓信為大將，結果二人幫助劉邦一統山河。這也是劉邦「能聽」的另一個例子。《論語・子路》載：「仲弓為季氏宰。問政。子曰：先有司，赦小過，舉賢才。曰：焉知賢才而舉之？曰：舉爾所知。爾所不知，人其舍諸？」也是說為政一定要「能聽」、知人善用的道理。

癸巳，以曹參為相國。參聞何薨，告舍人：「趣治行！吾將入相。」居無何[1]，使者果召參。始，參微時，與蕭何善；及為將相，有隙；至何且死，所推賢唯參。參代何為相，舉事無所變更，一遵何約束；擇郡國吏木訥[2]於文辭、重厚長者，即召除為丞相史；吏之言文刻深、欲務聲名者，輒斥去之。日夜飲醇酒。卿、大夫以下吏及賓客見參不事事，來者皆欲有言，參輒飲以醇酒；間欲有所言，復飲之，醉而後去，終莫得開說，以為常。見人有細過，專掩匿覆蓋之，府中無事。參子窋[3]為中大夫。帝怪相國不治事，以為「豈少朕與？」使窋歸，以其私問參。參怒，笞窋二百，曰：「趣入侍！天下事非若所當言也！」至朝時，帝讓參曰：「乃者我使諫君也。」參免冠謝曰：「陛下自察聖武孰與高帝？」上曰：「朕乃安敢望先帝！」又曰：「陛下觀臣能孰與蕭何賢？」上曰：「君似不及也。」參曰：「陛下言之是也。高帝與蕭何定天下，法令既明。今陛下垂拱，參等守職，遵而勿失，不亦可乎？」帝曰：「善！」參為相國，出入三年，百姓歌之曰：「蕭何為法，較若畫一；曹參代之，守而勿失。載其清淨，民以寧壹。」

注釋

1 無何：不久。2 木訥：指不擅長。3 窋（粵：茁；普：zhú）：曹窋，曹參子。

譯文

癸巳，朝廷任命曹參為相國。曹參剛聽說蕭何去世時，就對門下舍人說：「快準備行裝！我要進京去做相國了。」過了不久，使者果然前來召曹參入朝。起初，曹參當平民時，和蕭何相交甚好；及至做了將相，兩人有些隔閡。到蕭何快死時，所推舉接替自己的賢能之人惟獨曹參。曹參接替做了相國後，所有的條令都不做變更，一律遵照蕭何當年的規定。他挑選各郡各封國中為人質樸、拘謹不善言辭、敦厚的長者，召來任命為丞相的屬官。對那些言談行文苛刻、專門追逐名聲的官員，都予以斥退。然後曹參日夜只顧飲香醇老酒。卿、大夫以下的官員及賓客見他不管政事，來看望時都想勸說，曹參卻總是勸他們喝酒；喝酒間隙中再想說話，曹參又勸他們再喝，直到喝醉了回去，始終沒機會開口說話。這樣的情況成為常事。曹參見到別人犯有小錯誤，也一味包庇掩飾，相國府中終日無事。曹參的兒子曹窋任中大夫之職，惠帝向他埋怨曹參不理政事，認為「難道是因為我年紀輕嗎」？讓曹窋回家時，以私親身份探問曹參。曹參大怒，鞭笞曹窋二百下，喝斥：「快回宮去侍候，國家大事不是你該談的！」到上朝時，惠帝責備曹參說：「那天是我讓曹窋勸你的。」曹參立即脫下帽子謝罪，說：「陛下自己體察聖明威武比高帝如何？」惠帝說：「朕哪裏敢比高祖！」曹參又問：「陛下再看我的才能比蕭何誰強？」惠帝說：「你好像不如他。」曹參便說：「陛下說得太對了。高祖與蕭何平定天下，法令已經明確。如今陛下垂手治國，我們臣下恭謹守職，大家認真遵守不去違反舊時法令，不就夠了嗎！」惠帝說：「對。」曹參做相國，前後三年，百姓唱歌稱頌他說：「蕭何制法，整齊劃一；曹參接替，守而不失；做事清淨，百姓安心。」

孝惠皇帝五年（公元前一九〇年）

秋，八月，己丑，平陽懿侯曹參薨。

譯文　秋季八月，平陽侯曹參去世。

孝惠皇帝六年（公元前一八九年）

冬，十月，以王陵為右丞相，陳平為左丞相。

譯文　冬季，十月，任命王陵為右丞相，陳平為左丞相。

夏，……以周勃為太尉。

譯文　夏季，……任命周勃為太尉。

孝惠皇帝七年（公元前一八八年）

秋，八月，戊寅，帝崩於未央宮。大赦天下。九月，辛丑，葬安陵。

譯文　秋季，八月，戊寅，漢惠帝劉盈在未央宮駕崩。大赦天下。九月，辛丑，惠帝下葬在安陵。

初，呂太后命張皇后取他人子養之，而殺其母，以為太子。既葬，太子即皇帝位，年幼；太后臨朝稱制。

譯文　當初，呂太后讓張皇后找個別人的孩子來撫養，殺死他的母親，以他為太子。惠帝下葬後，太子登上皇帝之位，因為年幼，便由呂太后在朝廷上行使天子權力。

《通鑑》卷十三　漢紀五

高皇后元年（公元前一八七年）

冬，太后議欲立諸呂為王，問右丞相陵。陵曰：「高帝刑白馬盟曰：『非劉氏而王，天下共擊之。』今王呂氏，非約也。」太后不說[1]，問左丞相平、太尉勃，對曰：「高帝定天下，王[2]子弟；今太后稱制，王諸呂，無所不可。」太后喜，罷朝。王陵讓[3]陳平、絳侯曰：「始與高帝啑血盟，諸君不在邪？今高帝崩，太后女主，欲王呂氏；諸君縱欲阿意背約，何面目見高帝於地下乎？」陳平、降侯曰：「於今，面折廷爭，臣不如君；全社稷，定劉氏之後，君亦不如臣。」陵無以應之。十一月，甲子，太后以王陵為帝太傅，實奪之相權。陵遂病免歸。乃以左丞相平為右丞相，以辟陽侯審食其為左丞相，不治事，令監宮中，如郎中令。食其故得幸於太

后，公卿皆因而決事。……上黨守任敖嘗為沛獄吏，有德於太后，乃以為御史大夫。太后又追尊其父臨泗侯呂公為宣王，兄周呂令武侯澤為悼武王，欲以王諸呂為漸。

注釋

1說：通「悅」。2王（粵：旺；普：wàng）：冊立為王。3讓：責備。

譯文

冬季，高太后提出準備冊封幾位呂氏外戚為諸侯王，徵詢右丞相王陵的意見，王陵回答說：「高祖皇帝曾與羣臣殺白馬飲血盟誓：『假若有不是劉姓的人稱王，天下臣民共同消滅他。』現在分封呂氏為王，不符合白馬之盟所約。」太后很不高興，又問左丞相陳平、太尉周勃，二人回答說：「高祖統一天下，分封劉氏子弟為王；現在太后臨朝管理國家，分封幾位呂氏為王，沒有甚麼不可以的。」太后聽了很高興。朝議結束後，王陵責備陳平、周勃說：「當初與高祖皇帝飲血盟誓時，你們二位不在場嗎？現在高祖駕崩了，太后以女主當政，要封呂氏為王，你們假使是要逢迎太后意旨而背棄盟約，可又有何臉面去見高祖於地下呢？」陳平、周勃對王陵說：「現在，在朝廷之上當面諫阻太后，我二人確實不如你；可將來安定國家，確保高祖子孫的劉氏天下，你卻不如我二人。」王陵無言答對。十一月，甲子，太后升遷王陵為皇帝的太傅，實際上剝奪了他的實權；王陵於是稱病，被免職歸家。太后升遷左丞相陳平為右丞相；任命辟陽侯審食其為左丞相，但不執行左丞相的職權，只負責管理宮廷事務，同郎中令一樣。審食其早就得太后寵倖，公卿大臣都要通過審食其裁決政事。……上黨郡的郡守任敖，曾做過沛縣的獄吏，對太后有恩德，太后就任用任敖為御史大夫。太后追尊其去世的父親臨泗侯呂公為宣王，追尊其兄周呂令武侯呂澤為悼武王，打算以此作為分封呂氏為王的開端。

夏，四月，辛卯，……封所名孝惠子山為襄城侯，朝為軹侯，武為壺關侯。

譯文　夏季，四月辛卯日，……太后晉封號稱是孝惠帝之子的劉山為襄城侯，劉朝為軹侯，劉武為壺關侯。

太后欲王呂氏，乃先立所名孝惠子強為淮陽王，不疑為恆山王；使大謁者張

釋風[1]大臣。大臣乃請立悼武王長子酈侯台為呂王，割齊之濟南郡為呂國。

注釋 1 風：諷諭。

譯文 太后想分封呂氏為王，為了安撫劉氏宗室，就先立號稱是孝惠帝之子的劉強為淮陽王，劉不疑為恆山王。又指使宦官大謁者張釋，委婉地向大臣們說明太后分封呂氏為王的本意。於是，大臣們奏請太后立悼武王呂澤的長子酈侯呂台為呂王，把屬於齊國的濟南郡割出來，另立為呂國。

高皇后二年（公元前一八六年）

冬，十一月，呂肅王台薨。

譯文 冬季，十一月，呂肅王呂台去世。

高皇后四年（公元前一八四年）

春，二月，癸未，立所名孝惠子太為昌平侯。

譯文　春季，二月，癸未，太后封立號稱為孝惠帝之子的劉太為昌平侯。

夏，四月，丙申，太后封女弟嬃為臨光侯。

譯文　夏季，四月，丙申，太后封立她的妹妹呂嬃為臨光侯。

少帝寖長[1]，自知非皇后子，……太后聞之，……遂廢帝，幽殺之。五月，丙辰，立恆山王義為帝，更名曰弘，不稱元年，以太后制天下事故也。以軹侯朝為恆山王。

注釋　1 寖長：日漸成長。

譯文　少帝漸漸長大，知道並非惠帝張皇后的兒子，……太后得知，……於是就廢掉少帝，並暗中殺死。五月，丙辰，太后立恆山王劉義為皇帝，改名為劉弘。由於太后稱制治理天下，所以新皇帝即位不稱元年。太后立軹侯劉朝為恆山王。

高皇后六年（公元前一八二年）

冬，十月，太后以呂王嘉居處驕恣，廢之。十一月，立肅王弟產為呂王。

譯文　冬季，十月，太后因為呂王呂嘉在生活上驕恣亂法，廢其王位。十一月，太后改立呂肅王呂台的弟弟呂產為呂王。

夏，四月，……封朱虛侯章弟興居為東牟侯，亦入宿衛。

譯文　夏季，四月，……太后封朱虛侯劉章的弟弟劉興居為東牟侯，又詔令他參預宮廷宿衛。

高皇后七年（公元前一八一年）

春，正月，太后召趙幽王友。友以諸呂女為后，弗愛，愛他姬。諸呂女怒，去，讒之於太后曰：「王言『呂氏安得王！太后百歲後，吾必擊之。』」太后以故召趙王，趙王至，置邸，不得見，令衛圍守之，弗與食；其羣臣或竊饋，輒捕論之。丁丑，趙王餓死。

譯文　春季，正月，太后召趙幽王劉友進京。劉友娶呂家之女為王后，但不愛她，而愛其他姬妾。這位呂姓王后一怒之下，離開趙國，向太后誣告劉友說：「趙王曾說：『呂氏怎麼能稱王！待太后百年之後，我必定擊滅呂氏。』」太后因此召趙王。趙王劉友到京，被安置於官邸中，見不到太后。太后令衛士包圍其官邸，斷絕飲食供應；趙國羣臣有悄悄去給劉友送飲食的，一概逮捕論罪。丁丑，趙王劉友餓死。

二月，徙梁王恢為趙王，呂王產為梁王。梁王不之國，為帝太傅。

譯文　二月，徙梁王恢為趙王，呂王產為梁王。梁王不赴封國，擔任帝太傅。

秋，七月……呂嬃女為將軍、營陵侯劉澤妻。澤者，高祖從祖昆弟也。齊人田生為之說大謁者張卿[1]曰：「諸呂之王也，諸大臣未大服。今營陵侯澤，諸劉最長；今卿言太后王之，呂氏王益固矣。」張卿入言太后，太后然[2]之，乃割齊之琅邪郡封澤為琅邪王。

注釋　1 張卿：即張釋。2 然：同意。

譯文　呂嬃之女是將軍、營陵侯劉澤的妻子。劉澤是高祖的遠支堂弟。齊人田生替劉澤疏通大謁者張釋：「太后封諸呂為王，諸位大臣並不全都心服。營陵侯劉澤，在劉氏宗室中年齡最長，如果您現在能向太后建議封劉澤為王，那麼，呂氏受封為王的格局就會更加穩定了。」張釋入宮報告太后，太后以為很有道理，就分割齊國的琅邪郡為諸侯國，封劉澤做了琅邪王。

趙王恢之徙趙，心懷不樂。太后以呂產女為王后，王后從官皆諸呂，擅權，微伺趙王，趙王不得自恣。王有所愛姬，王后使人鴆殺之。六月，王不勝悲憤，自殺。太后聞之，以為王用婦人棄宗廟禮，廢其嗣。

譯文

趙王劉恢自從被改封到趙地之後，心情鬱鬱不樂。太后把呂產的女兒許配給劉恢為王后，王后左右從官都是呂氏，擅權干政，並暗地監視趙王言行，趙王不能自做主張，處處受制。趙王所寵愛的一個美姬，也被王后派人用毒酒毒死。六月，趙王劉恢無法克制悲憤而自殺。太后聞知此事，認為趙王因一婦人而輕棄事奉宗廟的大禮，不許他的後人繼承趙國王位。

是時，諸呂擅權用事。朱虛侯章，年二十，有氣力，忿劉氏不得職。嘗入侍太后燕飲，太后令章為酒吏。章自請曰：「臣將種也，請得以軍法行酒。」太后曰：「可。」酒酣，章請為《耕田歌》，太后許之。章曰：「深耕概種，立苗欲疏；非其種者，鋤而去之！」太后默然。頃之，諸呂有一人醉，亡酒，章追，拔劍斬之而還，報曰：「有亡酒一人，臣謹行法斬之！」太后左右皆大驚，業已許其軍法，無以罪也，因罷。自是之後，諸呂憚朱虛侯，雖大臣皆依朱虛侯，劉氏為益強。

譯文

這一時期，諸呂把持朝政；朱虛侯劉章，年方二十，身強力壯，對劉氏宗室不能執掌政權心懷不滿。他曾經在後宮侍奉太后參加酒宴，太后令劉章為監酒官。劉章自己請求說：「我本是將門之後，請太后允許我按軍法監酒。」太后回答：「可以。」酒酣之時，劉章請求吟唱一首《耕田歌》；太后准許。劉章吟唱道：「深耕播種，株距要疏；不是同種，揮鋤剷除！」太后知其歌中所指，默然無語。一會兒，參加宴席的諸呂中有一人醉酒，避席離去，劉章追上來，拔劍斬了此人，還報太后說：「有一人逃酒而走，我以軍法將他處斬！」太后及左右人等都大吃一驚，但因業已同意他以軍法監酒，也就無法將他治罪；於是散席。從此之後，諸呂都很懼怕朱虛侯劉章，即便是朝廷大臣也都要倚重他，劉氏宗室的勢力由此而增強。

賞析與點評

年少氣盛的朱虛侯劉章，唱出這首《耕田歌》，真是寓意深刻，讓呂后無言以對。後來在平定諸呂事件中，劉章發揮了關鍵作用。而《耕田歌》也是一則珍貴的文學史料，可惜至今未為文學史家所注意。

陳平患諸呂，力不能制，恐禍及己。嘗燕居深念，陸賈往，直入坐，而陳丞相不見。陸生曰：「何念之深也！」陳平曰：「生揣[1]我何念？」陸生曰：「足下極富貴，無欲矣；然有憂念，不過患諸呂、少主耳。」陳平曰：「然！為之奈何？」陸生曰：「天下安，注意相；天下危，注意將。將相和調，則士豫附；天下雖有變，權不分。為社稷計，在兩君掌握耳。臣常欲謂太尉絳侯，絳侯與我戲，易吾言。君何不交驩太尉，深相結？」因為陳平畫呂氏數事。陳平用其計，乃以五百金為絳侯壽，厚具樂飲；太尉報亦如之。兩人深相結，呂氏諸益衰。陳平以奴婢百人、車馬五十乘、錢五百萬遺陸生為飲食費。

注釋　1 揣：猜測。

譯文　陳平擔憂諸呂橫暴，自己又無力制止，恐怕大禍臨頭，曾獨居靜室，苦思對策。恰在此時陸賈來訪，未經通報直入室中坐下，陳丞相正苦思冥想，竟未察覺。陸賈說：「丞相思慮何事，竟然如此全神貫注！」陳平說：「先生猜測我思慮何事？」

陸賈說：「您富貴無比，不會有甚麼慾望了；但是，您卻有憂慮，不外乎是擔心諸呂擅權和皇上年幼罷了。」陳平說：「先生猜得對。此事應該怎麼辦呢？」陸賈說：「天下安，注意相；天下危，注意將。將與相關係和諧，士人就會歸附；天下即使有重大變故，大權也不會被瓜分。安定國家的根本大計，就在您們二位文武大臣掌握之中。我曾想對太尉絳侯周勃說明這一利害關係，絳侯平素與我常開玩笑，不會重視我的話。丞相為何不與太尉交好，密切聯合呢！」接着陸賈為陳平謀劃將來平定諸呂的幾個關鍵問題。陳平採納陸賈的計謀，用五百斤黃金為絳侯周勃祝壽，舉辦豐盛的宴席，太尉周勃也以同樣的禮節回報。陳平與周勃互相緊密團結，呂氏圖謀篡國的心氣漸漸衰減。陳平送給陸賈一百個奴婢、五十乘車馬、五百萬錢做為飲食費。

賞析與點評

陸賈是一位傑出的謀士，曾為劉邦講說秦漢興亡的大道理，深受其讚賞。又曾出使南越國，讓南越王去其帝號，維護了中國的統一。這次陸賈「將相和」一言，安定了漢室。其功勞極大，故陳平重重的賞賜了他。

太后使使告代王[1]，欲徙王趙。代王謝之，願守代邊。太后乃立兄子呂祿為趙王，追尊祿父建成康侯釋之為趙昭王。

注釋　1 代王：即後來的漢文帝。

譯文　太后派使臣告知代王劉恆，準備改封他到趙國為王。代王謝絕了，自稱願守代地邊境。於是，太后封立其兄之子呂祿為趙王，追尊呂祿的父親建成侯呂釋之為趙昭王。

高皇后八年（公元前一八〇年）

冬，十月，辛丑，立呂肅王子東平侯通為燕王，封通弟莊為東平侯。

譯文　冬季，十月，辛丑，太后封立呂肅王之子東平侯呂通為燕王；封呂通之弟呂莊為東平侯。

太后為外孫魯王偃年少孤弱。夏，四月，丁酉，封張敖前姬兩子，侈為新都侯，壽為樂昌侯，以輔魯王。又封中大謁者張釋為建陵侯，以其勸王諸呂，賞之也。

譯文　太后因為外孫魯王張偃年少孤弱，夏季，四月，丁酉，封張敖姬妾所生二子張侈為新都侯、張壽為樂昌侯，以輔助魯王張偃。太后又封中大謁者張釋為建陵侯，以獎賞他勸大臣封立諸呂為王。

秋，七月，太后病甚，乃令趙王祿為上將軍，居北軍；呂王產居南軍。太后誡產、祿曰：「呂氏之王，大臣弗平。我即崩，帝年少，大臣恐為變。必據兵衛宮，慎毋送喪，為人所制！」辛巳，太后崩，遺詔：大赦天下，以呂王產為相國，以呂祿女為帝后。高后已葬，以左丞相審食其為帝太傅。

譯文　秋季，七月，太后病重，於是下令任命趙王呂祿為上將軍，統領北軍；呂王呂產統領南軍。太后告誡呂產、呂祿說：「封立呂氏為王，大臣心中多不服。我就要去世，皇帝年幼，恐怕大臣們乘機向呂氏發難。你們務必要統率禁軍，嚴守宮廷，千萬不要為送喪而輕離重地，以免被人所制！」辛巳，太后去世，留下遺詔：大赦天下，命呂王呂產為相國，以呂祿之女為皇后。太后喪事處理完畢，朝廷改任左丞相審食其為皇帝太傅。

諸呂欲為亂，畏大臣絳、灌等，未敢發。朱虛侯以呂祿女為婦，故知其謀，乃陰令人告其兄齊王，欲令發兵西[1]，朱虛侯、東牟侯為內應，以誅諸呂，立齊王為帝。齊王乃與其舅駟鈞、郎中令祝午、中尉魏勃陰謀發兵。齊相召平弗聽。八月，丙午，齊王欲使人誅相。相聞之，乃發卒衛王宮。魏勃紿[2]召平曰：「王欲發兵，非有漢虎符驗也。而相君圍王固善，勃請為君將兵衛王。」召平信之。勃既將兵，遂圍相府，召平自殺。於是齊王以駟鈞為相，魏勃為將軍，祝午為內史，悉發國中兵。使祝午東詐琅邪王曰：「呂氏作亂，齊王發兵欲西誅之。齊王自以年少，不習兵革之事，願舉國委大王。大王，自高帝將也。請大王幸之臨淄，見齊王計事。」琅邪王信之，西馳見齊王。齊王因留琅邪王，而使祝午盡發琅邪國兵，並將之。琅邪王說齊王曰：「大王，高皇帝適長孫也，當立。今諸大臣狐疑未有所定，而澤於劉氏最為長年，大臣固待澤決計。今大王留臣，無為也，不如使我入關計事。」齊王以為然，乃益具車送琅邪王。琅邪王既行，齊遂舉兵西攻濟南。遺諸侯王書，陳諸呂之罪，欲舉兵誅之。

注釋

1 發兵西：出兵西入關中。2 紿：欺騙。

譯文

諸呂打算作亂，因懼怕大臣周勃、灌嬰等人，未敢貿然行事。朱虛侯劉章娶呂祿之女為妻，因而得知呂氏的陰謀，就暗中派人告知其兄齊王劉襄，讓齊王統兵西征，朱虛侯、東牟侯為他做內應，圖謀誅除呂氏，立齊王為皇帝。齊王就與他舅父駟鈞、郎中令祝午、中尉魏勃暗中密謀發兵。齊相召平反對舉兵。八月，丙午，齊王準備派人殺國相召平；召平得知，就發兵包圍了王宮。魏勃欺騙召平說：「齊王沒有漢朝廷的發兵虎符，就要發兵，這是違法的。你發兵包圍了齊王本是對的，我請求為你帶兵入宮軟禁齊王。」召平信以為真，讓魏勃指揮軍隊。魏勃掌握統兵權之後，就命令包圍相府；召平自殺。於是，齊王命駟鈞為相，魏勃為將軍，祝午為內史，徵發齊國的全部兵員。齊王派祝午到東面的琅邪國，欺騙琅邪王劉澤說：「呂氏在京中發動變亂，齊王發兵，準備西入關中誅除呂氏。齊王因為自己年輕，又不懂得軍旅戰陣之事，自願把整個齊國聽命於大王的指揮。

大王您在高祖時就已統兵為將，富有軍事經驗；請大王光臨齊都臨淄，與齊王面商大事。」琅邪王信以為真，迅速趕往臨淄見齊王。齊王乘機扣留了琅邪王，而指令祝午全部徵發琅邪國的兵員，一併由自己統領。琅邪王對齊王說：「大王是高祖皇帝的嫡長孫，應當立為皇帝；現在朝中大臣對立誰為帝猶豫不定，而我在劉氏宗室中年齡最大，大臣們本當等着我商議擇立皇帝的大計。現在大王留我在此處，我無所作為，不如讓我入關計議立帝之事。」齊王認為他說得有道理，就準備了許多車輛為琅邪王送行。琅邪王走後，齊王就出兵向西攻濟南國；齊王還致書於各諸侯王，歷數呂氏的罪狀，表明自己起兵滅呂的決心。

相國呂產等聞之，乃遣潁陰侯灌嬰將兵擊之。灌嬰至滎陽，謀曰：「諸呂擁兵關中，欲危劉氏而自立。今我破齊還報，此益呂氏之資也。」乃留屯滎陽，使使諭齊王及諸侯與連和，以待呂氏變，共誅之。齊王聞之，乃還兵西界待約。

譯文

相國呂產等人聽聞齊王舉兵，就派潁陰侯灌嬰統兵征伐。灌嬰率軍行至滎陽，與其部下計議說：「呂氏在關中手握重兵，圖謀篡奪劉氏天下，自立為帝。如果我們現在打敗齊軍，回報朝廷，這就增強了呂氏的力量。」於是，灌嬰就在滎陽屯兵據守，並派人告知齊王和諸侯，約定聯合在一起，靜待呂氏發起變亂，即一同誅滅呂氏。齊王得知此意，就退兵到齊國的西部邊界，待機而動。

呂祿、呂產欲作亂，內憚絳侯、朱虛等，外畏齊、楚兵，又恐灌嬰畔之。欲待灌嬰兵與齊合而發，猶豫未決。當是時，濟川王太、淮陽王武、常山王朝及魯王張偃皆年少，未之國，居長安；趙王祿、梁王產各將兵居南、北軍。皆呂氏之人也。列侯羣臣莫自堅其命[1]。太尉絳侯勃不得主兵。曲周侯酈商老病，其子寄與呂祿善。絳侯乃與丞相陳平謀，使人劫酈商，令其子寄往紿說呂祿曰：「高帝與呂后共定天下，劉氏所立九王，呂氏所立三王，皆大臣之議，事已布告諸侯，皆以為宜。今太后崩，帝少，而足下佩趙王印，不急之國守藩，乃為上將，將兵留此，為大臣諸侯所疑。足下何不歸將印，以兵屬[2]太尉，請梁王歸相國印，與大臣盟而之國。齊兵必罷，大臣得安，足下高枕而王千里，此萬世之利也。」呂祿信然其計，欲以兵屬太尉。使人報呂產及諸呂老人，或以為便，或曰不便，計猶豫未有所決。呂祿信酈寄，時與出遊獵，過其姑呂嬃。嬃大怒曰：「若為將而棄軍，呂氏今無處矣！」乃悉出珠玉、寶器散堂下，曰：「毋為他人守也！」

注釋

1 莫自堅其命：不敢確定能否保命。2 屬：交給。

譯文

呂祿、呂產想發起變亂，但內懼朝中絳侯周勃、朱虛侯劉章等人，外怕齊國和楚國等宗室諸王的重兵，又恐手握軍權的灌嬰背叛呂氏，打算等灌嬰所率漢兵與齊軍交戰之後再動手，所以猶豫未決。此時，濟川王劉太、淮陽王劉武、常山王劉朝及魯王張偃都年幼，沒有就職於封地，居住於長安；趙王呂祿、梁王呂產分別統率南軍和北軍，都是呂氏一黨。列侯羣臣不敢確定能否保命。太尉絳侯周勃手中沒有軍權。曲周侯酈商年老有病，其子酈寄與呂祿交好。絳侯就與丞相陳平商定一個計策，派人劫持了酈商，讓他兒子酈寄去欺騙呂祿說：「高祖皇帝與呂后共同安定天下，立劉氏九人為王，立呂氏三人為王，都是經過朝廷大臣議定的，並已向天下諸侯公開宣佈，諸侯都認為理應如此。現在太后駕崩，皇帝年幼，您身佩趙王大印，不立即返回封國鎮守，卻出任上將，率兵留在京師，必然會受到大臣和諸侯王的猜忌。您為何不交出將印，把軍權還給太尉，請梁王歸還相國大印給朝廷，您二人與朝廷大臣盟誓後各歸封國？這樣，齊兵必會撤走，大臣也得以心安，您高枕無憂地去做方圓千里的一國之王，這是造福於子孫萬代的事。」呂祿相信了酈寄的計謀，想把軍隊交給太尉統率；派人把這個打算告知呂產及呂氏長輩，有人同意，有人反對，計策猶豫未決。呂祿信任酈寄，經常結伴外出遊獵，途中曾前往拜見其姑母呂嬃。呂嬃大怒說：「你身為上將而輕易地離開軍中，呂氏如今將無處容身了！」呂嬃把家中的珠玉、寶器全拿出來，拋散到堂下，說：「不要為別人守着這些東西了！」

九月，庚申旦，平陽侯窋[1]行御史大夫事，見相國產計事。郎中令賈壽使從齊來，因數[2]產曰：「王不早之國，今雖欲行，尚可得邪！」具以灌嬰與齊、楚合從欲誅諸呂告產，且趣產急入宮。平陽侯頗聞其語，馳告丞相、太尉。太尉欲入北軍，不得入。襄平侯紀通尚[3]符節，乃令持節矯內太尉北軍[4]。太尉復令酈寄與典客劉揭先說呂祿曰：「帝使太尉守北軍，欲足下之國。急歸將印辭去。不然，禍且起。」呂祿以為酈況[5]不欺己，遂解印屬典客，而以兵授太尉。太尉至軍，呂祿已去。太尉入軍門，行令軍中曰：「為呂氏右袒[6]，為劉氏左袒！」軍中皆左袒，太尉遂將北軍。然尚有南軍。丞相平乃召朱虛侯章佐太尉，太尉令朱虛侯監軍門，令平陽侯告衛尉：「毋入相國產殿門。」呂產不知呂祿已去北軍，乃入未央宮，欲為亂。至殿門，弗得入，徘徊往來。平陽侯恐弗勝，馳語太尉。太尉尚恐不勝諸呂，未敢公言誅之，乃謂朱虛侯曰：「急入宮衛帝！」朱虛侯請卒，太尉予卒千餘人。入未央宮門，見產廷中。日餔時，遂擊產，產走。天風大起，以故其從官亂，莫敢鬥，逐產，殺之郎中府吏廁中。朱虛侯已殺產，帝命謁者持節勞朱虛侯。朱虛侯欲奪其節，謁者不肯。朱虛侯則從與載，因節信馳走，斬長樂衛尉呂更始。還，馳入北軍報太尉。太尉起，拜賀朱虛侯曰：「所患獨呂產。今已誅，天下定矣！」遂遣人分部悉捕諸呂男女，無少長皆斬之。辛酉，捕斬呂祿而笞殺呂嬃，使人誅燕王呂通而廢魯王張偃。戊辰，徙濟川王王梁。遣朱虛侯章以誅諸呂事告齊王，令罷兵。

注釋

1 平陽侯窋：曹窋，曹參之子。2 數：指責。3 尚：掌管。4 持節矯內太尉北軍：指偽稱奉皇帝之命讓周勃進入北軍。5 酈況：即酈寄。6 右袒：露出右邊臂膀。

譯文

九月，庚申清晨，行使御史大夫職權的平陽侯曹窋，前來與相國呂產議事。郎中令賈壽出使齊國返回，指責呂產說：「大王不早些去封國，現在即便是想去，還能夠嗎！」賈壽把灌嬰已與齊、楚兩國聯合欲誅滅呂氏的事告訴了呂產，並且催呂產迅速入據皇宮，設法自保。平陽侯曹窋聽到了賈壽的話，快馬加鞭，趕來向丞相和太尉報告。太尉想進入北軍營壘，但被阻止不得入內。襄平侯紀通負責掌管皇帝符節，太尉便命令他持節，偽稱奉皇帝之命允許太尉進入北軍營壘。太尉又命令酈寄和典客劉揭先去勸說呂祿：「皇帝指派太尉代行北軍指揮職務，要您前去封國。立即交出將印，告辭赴國！否則，將有禍事發生！」呂祿認為酈寄不會欺騙自己，就解下將軍印綬交給典客劉揭，而把北軍交給太尉指揮。太尉進入北軍時，呂祿已經離去。太尉進入軍門，下令軍中說：「擁護呂氏的袒露右臂膀，擁護劉氏的袒露左臂膀！」軍中將士全都袒露左臂膀。太尉就這樣取得了北軍的指揮權。但是，還有南軍未被控制。丞相陳平召來朱虛侯劉章輔佐太尉。太尉令朱虛侯監守軍門，又令平陽侯曹窋告訴統率宮門禁衛軍的衛尉說：「不許相國呂產進入殿門！」呂產不知呂祿已離開北軍，進入未央宮，準備作亂。呂產來到殿門前，無法入內，在殿門外徘徊往來。平陽侯恐怕難以制止呂產入宮，策馬告知太尉。太尉還怕未必能戰勝諸呂，沒敢公開宣稱誅除呂氏，就對朱虛侯說：「立即入宮保衛皇帝！」朱虛侯請求派兵同往，太尉撥給他一千多士兵。朱虛侯進入未央宮門，見到呂產正在廷中。時近傍晚，朱虛侯立即率兵向呂產衝擊，呂產逃走。天空狂風大作，因此呂產所帶黨羽親信慌亂，都不敢接戰搏鬥；朱虛侯等人追逐呂產，在郎中府的廁所中將呂產殺死。朱虛侯已殺呂產，皇帝派謁者持皇帝之節前來慰勞朱虛侯。朱虛侯要奪皇帝之節，謁者不放手，朱虛侯就與持節的謁者共乘一車，憑着皇帝之節，驅車疾馳，斬長樂衞尉呂更始。事畢返回，馳入北軍，報知太尉。太尉起立向朱虛侯拜賀說：「最令人擔憂的就是呂產。現在呂產被殺，天下已定！」於是，太尉派人分頭逮捕所有呂氏男女，不論老小一律處斬。辛酉，捕斬呂祿，將呂嬃亂棒打死，派人殺燕王呂通，廢除魯王張偃。戊辰，改封濟川王劉太為梁王，派朱虛侯劉章去告知齊王，呂氏已被誅滅，令齊罷兵。

賞析與點評

陳平和周勃劫持酈商以要脅酈寄，屬於權宜之計，手法並不光彩。但在這個關鍵時刻，終於能夠蒙騙了呂祿，讓周勃有機會控制北軍，形勢才改變過來。

四、張騫鑿空

本篇導讀——

五帝時期的中國，遷徙往來無常處、逐水草而居的遊牧活動是生活的主旋律，原始農業雖有了一定的基礎，但仍待進一步發展。到了夏、商時期，城邑有了很大的發展，農耕與遊牧的重要性便逐漸倒轉。到了商末周初，以農業生產為主，輔以官府手工業的經濟生活日益重要，終於形成西周農耕文明的基礎。除了少部分官員和商人，華夏民族的大部分成員主要是農業生產者。他們安土重遷，很少離開自己的家鄉。這種情況在戰國時期有一些改變，除了愈來愈多的人員投身軍旅，也有大量農民被徵調擔任後勤補給的工作。但是，總的來説，農戶佔中國人口的絕對多數。自此以後，華夏民族便較少注視外部世界的事務。除了回應外族入侵帶來的壓力外，中國統治階層的目光很少超越長城，到達北緯四十至五十度之間的草原帶。因此，當漢武帝為了孤立匈奴，以斷其右臂，徵求熟悉異域的專才時，具有這方面才能的人真是屈指可數。張騫的應募顯示這位堅韌不拔的郎官的自信心。經歷重重波折後，他終於成功地將關於西域的全面訊息帶返中國（包括新疆、中亞的阿姆河與錫爾河之間的兩河地區、印度、波斯一帶的地理知識），史稱「張騫鑿空」。這個空前的舉措，最終成就了中西文明的接軌，並構建了著名的「陸上絲綢之路」。這個溝通中外交通的大動脈，一直發揮良好的作用，直到一千多年後才被「海上絲綢之路」所取代。今天，我們身處全球化的最前端，愚昧的閉關鎖國政策當然要趕緊拋棄。只有全方位地改革開放，才能適應中國未來的發展。作為一個合格的公民，當然也需要開拓胸襟，放眼世界，不讓我們的先輩張騫專美於前。

《通鑑》卷十八　漢紀十

漢武帝元朔三年（公元前一二六年）

夏，四月，……初，匈奴降者言：「月氏故居敦煌、祁連間，為強國，匈奴冒頓攻破之。老上單于殺月氏王，以其頭為飲器。餘眾遁逃遠去，怨匈奴，無與共擊之。」上募能通使月氏者，漢中張騫以郎應募，出隴西，徑匈奴中；單于得之，留騫十餘歲。騫得間亡，鄉[1]月氏西走，數十日，至大宛。大宛聞漢之饒財，欲通不得，見騫，喜，為發導譯抵康居，傳致大月氏。大月氏太子為王，既擊大夏，分其地而居之，地肥饒，少寇，殊無報胡之心。騫留歲餘，竟不能得月氏要領，乃還；並南山，欲從羌中歸，復為匈奴所得，留歲餘。會伊稚斜逐於單，匈奴國內亂，騫乃與堂邑氏奴甘父逃歸。上拜騫為太中大夫，甘父為奉使君。騫初行時百餘人，去十三歲，唯二人得還。

注釋

1 鄉：通「向」。

譯文

夏天四月，……起初，匈奴歸降漢朝廷的人說：「月氏原來居住在敦煌和祁連山之間，是一個強國，匈奴冒頓單于攻破了它。老上單于殺了月氏國王，把他的頭蓋骨做成了飲酒的器皿。其餘的月氏部眾逃走到遠方，怨恨匈奴，但沒有人與他們聯合去進攻匈奴。」武帝就招募能出使月氏國的人。漢中人張騫以郎官的身份應募，從隴西郡出發，直接進入匈奴的腹地；匈奴單于捉住了張騫，把他拘留了十多年。張騫得到機會逃脫，向着月氏國所在的西方走去，過了數十日，到達大宛國。大宛國早就聽說中國富有，想通使結好，卻不能實現，見到張騫，十分高興，替他安排了嚮導和翻譯，抵達康居國，再轉送到大月氏國。大月氏原來的太子做了國王，進攻大夏國之後，分割了大夏國的土地而安居下來，當地土地肥沃富饒，很少有外敵入侵，已沒有絲毫向匈奴復仇的打算了。張騫滯留了一年多，終究不知道月氏人打的甚麼主意，就啟程返回；張騫沿着南山走，想通過羌人的居住地返歸，又被匈奴人捉住了，拘留了一年多。正逢伊稚斜驅逐於單，匈奴國內混亂，張騫就和堂邑氏的奴隸甘父逃脫歸來。武帝任命張騫為太中大夫，甘父為奉使君。張騫當初出發時有一百多人，離開漢朝十三年，只有他們二人得以生還。

賞析與點評

漢廷擬聯絡月氏，遂有張騫出使西域。由於匈奴強盛，張騫第一次出使障礙重重，前後經過十三年才回到漢地。歷盡千辛萬苦的張騫，雖然未能成功與月氏結盟，但帶回來的關於中亞和印度的地理知識，卻讓人耳目一新，成為開創兩漢與西域交通的一大契機。

《通鑒》卷十九　漢紀十一

漢武帝元狩元年（公元前一二二年）

（夏，五月。）初，張騫自月氏還，具為天子言西域諸國風俗：「大宛在漢正西，可萬里。其俗土著[1]，耕田；多善馬，馬汗血；有城郭、室屋，如中國。其東北則烏孫，東則于闐。于闐之西，則水皆西流注西海，其東，水東流注鹽澤。鹽澤潛行地下，其南則河源出焉。鹽澤去長安五千里。匈奴右方居鹽澤以東，至隴西長城，南接羌，鬲[2]漢道焉。烏孫、康居、奄蔡、大月氏，皆行國，隨畜牧，與匈奴同俗。大夏在大宛西南，與大宛同俗。臣在大夏時，見邛竹杖、蜀布，問曰：『安得此？』大夏國人曰：『吾賈人往市之身毒[3]。』身毒在大夏東南可數千里，其俗土著，與大夏同。以騫度之，大夏去漢萬二千里，居漢西南；今身毒國又居大夏東南數千里，有蜀物，此其去蜀不遠矣。今使大夏，從羌中，險，羌人惡之；少北，則為匈奴所得；從蜀，宜徑，又無寇。」

注釋　1 土著：指定居。2 鬲：通「隔」。3 身毒：古代稱印度。

譯文

（夏季五月。）當初，張騫從月氏國回到漢朝後，向漢武帝詳細介紹了西域各國的風土民情：「大宛國在我國正西方約一萬里處。當地人定居，耕種田地，多產好馬，馬汗像血一樣紅；有城郭、房屋，與中國相同。大宛國東北為烏孫國，它的東面為于闐國。于闐以西，河水都向西流入西海；以東的河水則向東流入鹽澤。鹽澤一帶河流在地下流淌，成為暗河，往南就是黃河源頭。鹽澤距長安約五千里。匈奴國的西界在鹽澤東面，直到隴西長城，南面與羌人部落接壤，將我國通往西域的道路隔斷。烏孫、康居、奄蔡、大月氏都是遊牧國家。隨牲畜逐水草而居，風俗與匈奴一樣，大夏國在大宛西南方，其風俗與大宛相同。我在大夏時，曾見到我國邛山出產的竹杖和蜀地的布，我問他們：『這東西是從哪裏得來的？』大夏人說：『是我國商人去身毒買來的。』身毒國在大夏東南約幾千里之外，習俗是定居，與大夏一樣。據我估計，既然大夏在我國西南一萬二千里外的地方，而身毒國又在大夏東南幾千里外，且有我國蜀地的東西，說明身毒距蜀地不太遠。如今我國出使大夏，如取道羌人地區，道路險惡，羌人又厭惡；如從稍北一些的地區走，便會落入匈奴人手中；而通過蜀地，應當是直路，又沒有強盜。」

天子既聞大宛及大夏、安息之屬皆大國，多奇物，土著，頗與中國同業，而兵弱，貴漢財物。其北有大月氏、康居之屬，兵強，可以賂遺設利朝也。誠得而以義屬之，則廣地萬里，重九譯，致殊俗，威德遍於四海，欣然以騫言為然。乃令騫因蜀、犍為發間使王然于等四道並出，出駹，出冉，出徙，出邛、僰，指求身毒國，各行一二千里，其北方閉[1]氐、莋，南方閉巂、昆明。昆明之屬無君長，善寇盜，輒殺略漢使，終莫得通。於是漢以求身毒道，始通滇國。滇王當羌謂漢使者曰：「漢孰與我大？」及夜郎侯亦然。以道不通，故各自以為一州主，不知漢廣大。使者還，因盛言滇大國，足事親附；天子注意焉，乃復事西南夷。

注釋

1 閉：受阻於。

譯文

漢武帝聽到大宛及大夏、安息等都是大國，多產奇異之物，人民定居，頗與中國相同，但軍事力量薄弱，喜愛中國財物；北面大月氏、康居等國，兵力強盛，但可以用賄賂、引誘的方法使他們歸附中國，如果真能不通過戰爭就爭取到他們的歸附，那麼，中國的疆域可以擴大萬里，遠方的人將通過九重翻譯來朝見，風俗各異的國家將歸入中國版圖，天子的威德將遍佈四海。因此，漢武帝欣然同意了張騫的建議，命張騫從蜀郡、犍為派王然于等人作為使者，由駹，冉，徙，邛、僰等四道向身毒國進發。各路使者分別走出一二千里之後，北路被阻於氐、筰，南路被阻於巂、昆明。昆明一帶沒有君長，盜匪眾多，經常劫殺漢朝使者，所以始終無人能通過其地。這次漢朝使者為尋訪去往身毒國的道路，才第一次通滇國，滇王當羌問漢朝使者說：「漢朝與我國相比，誰大呢？」夜郎王也向漢朝使者提出相同的疑問。因為道路阻塞，他們都各霸一方為王，不知漢朝的廣大。使者回國後，一再強調滇國是大國，值得爭取它歸附，引起了漢武帝的注意，於是重新開始經營西南夷地區。

賞析與點評

成語「夜郎自大」，表示見聞寡淺，是在張騫出使西南時出現的。由於地理的阻塞，夜郎的君長竟不知漢地的廣大。不幸的是，時至今天，世界上仍有很多「夜郎」這類國家。

《通鑑》卷二十　漢紀十二

武帝元鼎二年（公元前一一五年）

渾邪王既降漢，漢兵擊逐匈奴於幕北，自鹽澤以東空無匈奴，西域道可通。於是張騫建言：「烏孫王昆莫本為匈奴臣，後兵稍強，不肯復朝事匈奴，匈奴攻不勝而遠之。今單于新困於漢，而故渾邪地空無人，蠻夷俗戀故地，又貪漢財物，今誠以此時厚幣賂烏孫，招以益東，居故渾邪之地，與漢結昆弟，其勢宜聽，聽則是斷匈奴右臂也。既連烏孫，自其西大夏之屬皆可招來而為外臣。」天子以為然，拜騫為中郎將，將三百人，馬各二匹，牛羊以萬數，賫金幣帛直數千巨萬；多持節副使，道可便，遣之他旁國。

譯文

渾邪王歸降漢朝以後，漢軍將匈奴勢力驅逐到大沙漠以北，自鹽澤以東，不見匈奴蹤跡，前往西域的道路可以通行。於是張騫建議說：「烏孫王昆莫本來是匈奴的藩屬，後來兵力漸強，不肯再事奉匈奴，匈奴派兵征服，未能取勝，於是遠去。如今匈奴單于剛剛受到我朝的沉重打擊，而過去的渾邪王轄地又空曠無人，蠻夷之族的習俗依戀故地，又貪圖我朝的財物，如果現在我們用豐厚的禮物拉攏烏孫，招他們東遷，到過去的渾邪王轄地居住，與我朝結為兄弟之國，他們勢將聽從我朝的調遣，聽從了就等於斷了匈奴的右臂一般。與烏孫結盟之後，其西面的大夏等國也都能招來成為我朝的藩屬。」漢武帝認為有理，便任命張騫為中郎將，率領三百人，每人馬二匹，以及數以萬計的牛羊和價值數千萬錢的黃金繒帛，又任命多人為手持天子符節的副使，沿途如有通往別國的道路，都會派出一副使。

騫既至烏孫，昆莫見騫，禮節甚倨。騫諭指曰：「烏孫能東居故地，則漢遣公主為夫人，結為兄弟，共距匈奴，匈奴不足破也。」烏孫自以遠漢，未知其大小；素服屬匈奴日久，且又近之，其大臣皆畏匈奴，不欲移徙。騫留久之，不能得其要領，因分遣副使使大宛、康居、大月氏、大夏、安息、身毒、于闐及諸旁國，烏孫發譯道送騫還，使數十人，馬數十匹，隨騫報謝，因令窺漢大小。是歲，騫還，到，拜為大行。後歲餘，騫所遣使通大夏之屬者，皆頗與其人俱來，於是西域始通於漢矣。

譯文

張騫到達烏孫之後，烏孫王昆莫接見了他，但態度十分傲慢，禮數不周。張騫轉達漢武帝的諭旨說：「如果烏孫能夠向東返回故土居住，那麼我大漢將把公主許配給國王為夫人，兩國結為兄弟之邦，共同抗拒匈奴，則匈奴不能不破敗。」然而，烏孫自己因距漢朝太遠，不知漢朝是大是小，且長期以來一直是匈奴的藩屬，與匈奴相距又近，朝中大臣全都畏懼匈奴，不願東遷。張騫在烏孫呆了很久，一直得不到明確的答覆，便向大宛、康居、大月氏、大夏、安息、身毒、于闐及附近各國分別派出副使進行聯絡。烏孫派翻譯、嚮導送張騫回國，又派數十人、馬數十匹隨張騫到漢朝報聘答謝，乘機了解漢朝的大小強弱。本年，張騫回到長安，漢武帝任命他為大行。一年多以後，張騫所派出使大夏等國的副使大部分都與該國使臣一同回來，這樣，西域各國就開始與漢朝聯繫往來了。

賞析與點評

自三國以後，中國已很少關注亞洲西部的情狀。張騫及其下屬所到達的國家，最遠可能已經是地中海東岸。差不多到了本世紀初，中國與這些地區的聯繫才再次緊密起來，而且關係也大大超過了漢代。這說明中國人的眼光不再只局限於中國本土了。這些都標誌着中國的整體力量正在逐步提升。

西域凡三十六國，南北有大山，中央有河，東西六千餘里，南北千餘里，東則接漢玉門、陽關，西則限以葱嶺。河有兩源，一出葱嶺，一出于闐，合流東注鹽澤。鹽澤去玉門、陽關三百餘里。自玉門、陽關出西域有兩道：從鄯善傍南山北，循河西行至莎車，為南道；南道西逾葱嶺，則出大月氏、安息。自車師前王廷隨北山循河西行至疏勒，為北道；北道西逾葱嶺，則出大宛、康居、奄蔡焉。故皆役屬匈奴，匈奴西邊日逐王，置僮僕都尉，使領西域，常居焉耆、危須、尉黎間，賦稅諸國，取富給焉。

譯文

西域共有三十六個國家，南北為大山，中部有河流，東西長六千餘里，南北寬千餘里，東部與漢朝的玉門、陽關相連接，西部直到葱嶺。中部河流有兩個源頭，一出於葱嶺，一出於于闐，合流後注入鹽澤。鹽澤離玉門、陽關三百餘里。從玉門、陽關前往西域有兩條道路：從鄯善沿南山北麓前行，順着河流向西到莎車，是南道；從南道向西越過葱嶺，就到了大月氏、安息。從車師前王廷順着北山沿河流西行到疏勒，是北道；從北道向西越過葱嶺，就到了大宛、康居、奄蔡。以前，西域各國都受匈奴統治。匈奴西部的日逐王設置僮僕都尉統轄西域各國，常駐於焉耆、危須、尉黎一帶，向西域各國徵收賦稅，掠取各國的財富。

烏孫王既不肯東還，漢乃於渾邪王故地置酒泉郡，稍發徙民以充實之；後又分置武威郡，以絕匈奴與羌通之道。

譯文　既然烏孫王不肯東還，漢朝便在渾邪王舊轄地區設置酒泉郡，逐漸從內地遷徙百姓來充實這一地區。以後，又從酒泉分出部分地區設置武威郡，用以隔斷匈奴與羌人部落的聯絡通道。

天子得宛汗血馬，愛之，名曰「天馬」。使者相望於道以求之。諸使外國，一輩大者數百，少者百餘人，人所賫操大放[1]博望侯時，其後益習而衰少焉。漢率一歲中使多者十餘，少者五六輩；遠者八九歲，近者數歲而反。

注釋　1 所賫操大放：攜帶的禮品相當於。賫：攜。放：仿。

譯文　漢武帝得到大宛出的汗血馬，非常喜愛，命名為「天馬」，去大宛搜求的使者在路上接連不斷。漢朝出使外國的各個使團，大的一行數百人，小的一百多人，所帶禮品等物與張騫出使時大致相當，以後隨着對西域情況的日益熟悉，使團人員及攜帶之物也逐漸減少。大約在一年之中，漢朝派往西域各國的使者，多時十餘批，少時五六批；其中路遠的要八九年，較近的也要數年才能回來。

漢武帝元鼎六年（公元前一一一年）

博望侯既以通西域尊貴，其吏士爭上書言外國奇怪利害求使。天子為其絕遠，非人所樂旃[1]，聽其言，予節，募吏民，毋問所從來，為具備人眾遣之，以廣其道。來還，不能毋侵盜幣物及使失指，天子為其習之，輒覆按致重罪，以激怒令贖，復求使，使端無窮，而輕犯法。其吏卒亦輒復盛推外國所有，言大者予節，言小者為副，故妄言無行之徒皆爭效之。其使皆貧人子，私[2]縣官賫物，欲賤市以私其利。外國亦厭漢使，人人有言輕重，度漢兵遠不能至，而禁其食物以苦漢使。漢使乏絕，積怨至相攻擊。而樓蘭、車師，小國當空道，攻漢使王恢等尤甚，而匈奴奇兵又時遮擊之。使者爭言西域皆有城邑，兵弱易擊。於是天子遣浮沮將軍公孫賀將萬五千騎，出九原二千餘里，至浮沮井而還；匈河將軍趙破奴將萬餘騎出令居[3]數千里，至匈河水而還；以斥逐匈奴，不使遮漢使，皆不見匈奴一人。乃分武威、

酒泉地置張掖、敦煌郡，徙民以實之。

注釋

1 樂斾（粵：佩；普：pèi）：斾原指插在車上的旗子，喻為樂於擔當出使的任務。2 私：私佔。3 令居：在今甘肅永登西北，是由湟水流域通向河西走廊的軍事要衝。

譯文

博望侯張騫因出使西域而獲得尊貴的地位後，他的部下爭相上書朝廷，陳說外國的奇異之事和利害關係，要求出使。漢武帝因西域道路極為遙遠，一般人不願前往，所以聽從所請，賜給符節，准許招募官吏百姓，不問出身，為他們治裝配備人員後派出，以擴大出使的道路。這些人返回時，不可避免地會出現偷盜禮品財物或違背朝廷旨意的現象。漢武帝因他們熟習出使之事，所以治以重罪，以激怒他們，讓他們立功贖罪，再次請求出使。這些人屢次出使外國，而對犯法之事看得很輕。使臣的隨從官吏和士卒也每每盛讚外國事物，會說的被賜予正使符節，不大會說的就封為副使。因此，很多浮誇而無品行的人都爭相效法。這些出使外國的人都是貧家子弟，他們將所帶的國家財物私自佔有，打算賤賣後私吞利益。西域各國也厭惡每個漢使所說之事輕重不一，估計漢朝軍隊路遠難至，就拒絕為漢使提供食物，給他們製造困難。漢使在缺乏糧食供應的情況下，常常積怨，甚至和各國相互攻擊。樓蘭、車師兩個小國，地處漢朝通往西域的通道上，攻擊漢使王恢等尤其厲害，匈奴軍隊也時常阻攔襲擊漢使。使臣們爭相報告朝廷，說西域各國都有城鎮，兵力單弱，容易攻擊。於是，漢武帝派浮沮將軍公孫賀率騎兵一萬五千人從九原出塞二千餘里，至浮沮井而還，又派匈河將軍趙破奴率騎兵一萬餘人從令居出塞數千里，至匈河水而還，目的是為了驅逐匈奴，讓漢使不受阻攔，但沒有遇到一個匈奴人。於是分割武威、酒泉二郡土地，增設張掖、敦煌二郡，遷徙內地民眾充實該地。

賞析與點評

武帝設立河西四郡，保障了中國與西域的交往，值得我們特別的重視。位於四郡最前端的是敦煌，成為中外文化文流的橋頭堡。近世以前中外交通的樞紐，便在敦煌，其歷史地位不言而喻。

五、巫蠱之禍

本篇導讀——

如何評價漢武帝，其實是一個難題。他具有雄才大略，加上曾努力推獎儒學，建立察舉制度和士人政府。這方面的優異表現，讓他獲得很多稱讚。另一方面，他崇信武力、迷信方士、用刑嚴峻等，也招致了嚴厲抨擊。不過，他晚年也深切反省，「痛下輪臺之詔」，表示對多年窮兵黷武、濫用民力的懊悔，並採取了一些有效的補救措施，讓老百姓得到喘息的機會，防止了漢朝走上傾覆之路。不過，一個好大喜功的君王，何以能在晚年走出自己的陰暗面呢？原來，武帝晚年經歷了一個倫常巨變，付出了極沉重的代價，最後才反思己過，痛改前非。這個極沉重的代價就是「巫蠱之禍」，武帝所付出的是他的皇后、太子和兩個皇孫的性命。我們雖然不是帝王將相，但一生中也必然會犯這個那個錯誤，且往往迷途而不知反省，付上很大的代價。通過對這些歷史人物慘痛經驗的了解，也許能幫助我們避免重蹈類似的覆轍。

《通鑑》卷二十二　漢紀十四

漢武帝征和元年（公元前九二年）

（夏。）上居建章宮，見一男子帶劍入中龍華門，疑其異人，命收之。男子捐[1]劍走，逐之弗獲。上怒，斬門候。冬，十一月，發三輔騎士大搜上林，閉長安城門索；十一日乃解。巫蠱始起。

注釋

1 捐：拋棄。

譯文

（夏季，）漢武帝住在建章宮，看到一個男子帶劍進入中龍華門，懷疑是不尋常的人，便命人捕捉。該男子棄劍逃跑，侍衛們追趕，未能擒獲。漢武帝大怒，將掌管宮門出入的門候處死。冬季，十一月，漢武帝徵調三輔地區的騎兵對上林苑進行大搜查，並下令關閉長安城門進行搜索，十一天後解除戒嚴。巫蠱之禍開始出現了。

丞相公孫賀夫人君孺，衛皇后姊也，賀由是有寵。賀子敬聲代父為太僕，驕奢不奉法，擅用北軍錢千九百萬；發覺，下獄。是時詔捕陽陵大俠朱安世甚急，賀自請逐捕安世以贖敬聲罪，上許之。後果得安世。安世笑曰：「丞相禍及宗矣！」遂從獄中上書，告「敬聲與陽石公主私通；上且上甘泉，使巫當馳道埋偶人，祝詛上，有惡言。」

譯文

丞相公孫賀的夫人衛君孺，是衛皇后的姐姐，公孫賀因此受到寵信。公孫賀的兒子公孫敬聲接替父親擔任太僕，驕橫奢侈，不遵守法紀，擅自動用北軍軍費一千九百萬錢，事情敗露後被捕下獄。這時，漢武帝正詔令各地緊急通緝陽陵大俠客朱安世，於是公孫賀請求漢武帝讓他負責追捕朱安世，來為其子公孫敬聲贖罪，漢武帝批准了他的請求。後來，公孫賀果然將朱安世逮捕。朱安世卻笑着說：「丞相將要禍及全族了！」於是從獄中上書朝廷，揭發說：「公孫敬聲與陽石公主私通；他得知皇上將要前往甘泉宮，便讓巫師在皇上專用的馳道上埋藏木偶人，詛咒皇上，口出惡言。」

漢武帝征和二年（公元前九一年）

春，正月，下賀獄，案驗；父子死獄中，家族[1]。以涿郡太守劉屈氂[2]為丞相，封澎侯。屈氂，中山靖王子也。

譯文　春季，正月，公孫賀被逮捕下獄，經調查罪名屬實，父子二人都死於獄中，並被滅族。漢武帝任命涿郡太守劉屈氂為丞相，封其為澎侯。劉屈氂是中山靖王劉勝的兒子。

注釋　1 族：族誅。2 氂：（粵：毛；普：máo）：氂即長毛。

閏（四）月，諸邑公主、陽石公主及皇后弟[1]子長平侯伉皆巫蠱誅。

譯文　閏四月，諸邑公主、陽石公主及衞皇后之弟衞青的兒子長平侯衞伉，都因巫蠱案而被處死。

注釋　1 皇后弟：指衞青。

初，上年二十九乃生戾太子[1]，甚愛之。及長，性仁恕溫謹，上嫌其材能少，不類己；……皇后、太子寵寖衰，常有不自安之意。上覺之，謂大將軍青曰：「漢家庶事草創，加四夷侵陵中國，朕不變更制度，後世無法；不出師征伐，天下不安；為此者不得不勞民。若後世又如朕所為，是襲亡秦之跡也。太子敦重好靜，必能安天下，不使朕憂。欲求守文之主，安有賢於太子者乎！聞皇后與太子有不安之意，豈有之邪？可以意曉之。」大將軍頓首謝。皇后聞之，脫簪請罪。太子每諫征伐四夷，上笑曰：「吾當其勞，以逸遺汝，不亦可乎！」

注釋

1 戾太子：武帝嫡長子劉據，謚戾。戾音「淚」，《戰國策．秦攻魏取寧邑》說：「獲戾於大國」，喻蒙受冤屈而獲罪。

譯文

當初，漢武帝二十九歲時才有了戾太子，對他非常喜愛。太子長大後，性格仁慈寬厚、溫和謹慎，漢武帝嫌他不像自己。……皇后、太子因皇上對他們的寵愛逐漸減少，常常有不能自安的感覺。漢武帝察覺後，對大將軍衛青說：「我朝有很多事都還處於草創階段，再加上周圍的外族對我國的侵擾不斷，朕如不變更制度，後代就將失去準則依據；如不出師征伐，天下就不能安定，因此不能不使百姓們受些勞苦。但倘若後代也像朕這樣去做，就等於重蹈了秦朝滅亡的覆轍。太子性格穩重好靜，肯定能安定天下，不會讓朕憂慮。要找一個能夠以文治國的君主，還能有誰比太子更強呢！聽說皇后和太子有不安的感覺，難道真是如此嗎？你可以把朕的意思轉告他們。」衛青叩頭感謝。皇后聽說後，摘掉首飾向漢武帝請罪。每當太子勸阻征伐四方時，漢武帝就笑着說：「由我來擔當艱苦重任，而將安逸留給你，不也挺好嗎！」

賞析與點評

武帝知道了不對，卻不能改過，還給自己藉口。這種輕率的態度，需要付上高昂的代價。

上每行幸，常以後事[1]付太子，宮內付皇后；有所平決，還，白其最，上亦無異，有時不省也。上用法嚴，多任深刻吏[2]；太子寬厚，多所平反，雖得百姓心，而用法大臣皆不悅。皇后恐久獲罪，每戒太子，宜留取上意，不應擅有所縱捨。上聞之，是太子而非皇后。羣臣寬厚長者皆附太子，而深酷用法者皆毀之；邪臣多黨與，故太子譽少而毀多。衛青薨，臣下無復外家為據[3]，競欲構[4]太子。

注釋

1 後事：留守京師的工作。2 深刻吏：深刻，意為刻毒。深刻吏，如張湯一類酷吏。
3 據：依靠。4 構：構陷，陷害。

譯文

漢武帝每次出外巡遊，經常將留下的事交付給太子，宮中事務交付給皇后。如果有所裁決，待漢武帝回來後就將其中最重要的向他報告，漢武帝也沒有不同意的，有時甚至不過問。漢武帝用法嚴厲，任用的多是酷吏；而太子待人寬厚，經常將被處罰過重的事從輕發落。太子這樣做雖然得百姓之心，但那些執法大臣都不高興。皇后害怕長此下去會獲罪，經常告誡太子，應注意順從皇上的意思，不應擅自有所縱容寬赦。漢武帝聽說後，認為太子是對的，而皇后不對。羣臣中，為人寬厚的都依附太子，而用法嚴苛的則都詆譭太子。由於奸邪的臣子大多結黨，所以為太子說好話的少，說壞話的多。衞青去世後，那些臣子認為太子不再有母親娘家的依靠，便競相陷害太子。

賞析與點評

形勢對太子極之不利，恰似把羊投入虎口。

上與諸子疏，皇后希得見。太子嘗謁皇后，移日乃出。黃門蘇文告上曰：「太子與宮人戲。」上益太子宮人滿二百人。太子後知之，心銜[1]文。文與小黃門常融、王弼等常微伺太子過，輒增加白之[2]。皇后切齒，使太子白誅文等。太子曰：「第勿為過，何畏文等！上聰明，不信邪佞，不足憂也！」上嘗小不平[3]，使常融召太子，融言「太子有喜色」，上嘿[4]然。及太子至，上察其貌，有涕泣處，而佯語笑，上怪之；更微問，知其情，乃誅融。皇后亦善自防閑，避嫌疑，雖久無寵，尚被禮遇。

注釋

1 銜：痛恨。2 增加白之：增加，重言增飾。白，告訴。意為興風作浪的向武帝報告。3 不平：身體不適。4 嘿（粵：默；普：mò）：感歎。

譯文

漢武帝與兒子們很少在一起，與皇后也難得見面。一次，太子進宮謁見皇后，過了大半天才從宮中出來。黃門蘇文向漢武帝造謠說：「太子調戲宮女。」於是漢武帝將太子宮中的宮女增加到二百人。後來太子知道了，便對蘇文懷恨。蘇文與小黃門常融、王弼等經常暗中尋找太子的過失，然後再去添枝加葉地向漢武帝報告。對此，皇后恨得咬牙切齒，讓太子稟明皇上殺死蘇文等人。太子說：「只要我不做錯事，又何必怕蘇文等人！皇上聖明，不會相信邪惡讒言，用不着憂慮。」

有一次，漢武帝感到身體有點不舒服，派常融去召太子，常融回來後對漢武帝言道：「太子面帶喜色。」漢武帝默然無語。及至太子來到，漢武帝觀其神色，見他臉上有淚痕，卻強裝有說有笑，漢武帝感到很奇怪，再暗中查問，才得知事情真相，於是將常融處死。皇后自己也小心防備，遠避嫌疑，所以儘管已有很長時間不再得寵，卻仍能使漢武帝以禮相待。

賞析與點評

小人為博取主子一點信任，都喜歡打小報告。即使精明的主子，也很容易受到蒙蔽。因此，諸葛亮才提出「親賢人，遠小人」之忠告。武帝雖然此次能察覺真相，處死了一個常融，但身邊還有很多的「常融」。武帝未能防患於未然，終於導致家庭巨變。

是時，方士及諸神巫多聚京師，率皆左道惑眾，變幻無所不為。女巫往來宮中，教美人度[1]，每屋輒埋木人祭祀之；因忌恚[2]詈[3]，更相告訐，以為祝詛[4]上，無道。上怒，所殺後宮延及大臣，死者數百人。上心既以為疑，嘗晝寢，夢木人數千持杖欲擊上，上驚寤，因是體不平，遂苦忽忽善忘。江充自以與太子及衛氏有隙[5]，見上年老，恐晏駕[6]後為太子所誅，因是為姦，言上疾祟在巫蠱。於是上以充為使者，治巫蠱獄。充將胡巫掘地求偶人，捕蠱及夜祠、視鬼，染污令有處[7]，輒收捕驗治，燒鐵鉗灼，強服之。民轉相誣以巫蠱，吏輒劾以為大逆無道；自京師、三輔連及郡、國，坐而死者前後數萬人。

注釋

1 度：避過厄困。2 恚（粵：會；普：huì）：憤怒。3 詈（粵：吏；普：lì）：責罵。4 祝詛：利用符咒、邪術詛咒。5 有隙：隙，嫌隙，冤仇。江充初受重用於武帝時，曾因太子派親信到甘泉宮探望武帝，因馬車駛入天子專用的馳道，被江充拘捕。太子懇請江充不追究，以免驚擾武帝，為江充拒絕。事件令江充更受武帝信任。6 晏駕：逝世。7 捕蠱及夜祠、視鬼，染污令有處：古注曰：捕夜祠及視鬼之人，而充遣巫污染地上為祠祭之處，以誣其人。

譯文

這時，方士和各類神巫多聚集在京師長安，大都是以左道旁門的奇幻邪術迷惑眾人，無所不為。一些女巫往來宮中，教宮中美人躲避困厄的辦法，在每間屋裏都埋上木頭人，進行祭祀。因相互妒忌爭吵時，就輪番告發對方詛咒皇上、大逆不道。漢武帝大怒，將被告發的人處死，後宮妃嬪、宮女以及受牽連的大臣共殺了數百人。漢武帝產生疑心以後，有一次，在白天小睡，夢見有好幾千木頭人手持棍棒想要襲擊他，霍然驚醒，從此感到身體不舒服，精神恍惚，記憶力大減。江充自以為與太子及皇后有嫌隙，見漢武帝年紀已老，害怕皇上去世後被太子誅殺，便定下奸謀，說皇上的病是因為有巫蠱作祟造成的。於是漢武帝派江充為使者，負責查出巫蠱案。江充率領胡人巫師到各處掘地尋找木頭人，並逮捕了那些用巫術害人，夜間守禱祝及自稱能見到鬼魂的人，又命人事先在一些地方灑上血污，然後對被捕之人進行審訊，將那些染上血污的地方指為他們以邪術害人之處，並施以鐵鉗燒灼的酷刑，強迫他們認罪。於是百姓們相互誣指對方用巫蠱害人；官吏則每每參劾別人為大逆不道。從京師長安、三輔到各郡、國，因此而死的先後共有數萬人。

是時，上春秋[1]高，疑左右皆為蠱祝詛；有與無，莫敢訟其冤者。充既知上意，因胡巫檀何言：「宮中有蠱氣；不除之，上終不差。」上乃使充入宮，至省中，壞御座，掘地求蠱；又使按道侯韓說、御史章贛、黃門蘇文等助充。充先治後宮希幸夫人，以次及皇后、太子宮，掘地縱橫，太子、皇后無復施牀處。充云：「於太子宮得木人尤多，又有帛書，所言不道；當奏聞。」太子懼，問少傅石德。德懼為師傅並誅，因謂太子曰：「前丞相父子、兩公主及衛氏皆坐此，今巫與使者掘地得徵驗，不知巫置之邪，將實有也，無以自明。可矯以節收捕充等繫獄[2]，窮治其姦詐。且上疾在甘泉[3]，皇后及家吏請問皆不報；上存亡未可知，而姦臣如此，太子將不念秦扶蘇事[4]邪！」太子曰：「吾人子，安得擅誅！不如歸謝，幸得無罪。」太子將往之甘泉，而江充持太子甚急；太子計不知所出，遂從石德計。秋，七月，壬午，太子使客詐為使者，收捕充等；按道侯說疑使者有詐，不肯受詔，客格殺說。太子自臨斬充，罵曰：「趙虜！前亂乃國王父子不足[5]邪！乃復亂吾父子也！」又炙[6]胡巫上林中。

注釋

1 春秋：年紀。2 矯以節收捕充等繫獄：指偽造符節，假稱武帝的命令以緝捕江充和胡巫等人。3 甘泉：漢武帝離宮之一，規模僅次於長安未央宮。巫蠱之禍發生時，武帝居於此宮，太子無法面見武帝。4 秦扶蘇事：指趙高、李斯在秦始皇逝世後，偽造其命令賜死太子扶蘇。5 前亂乃國王父子不足：指江充曾告發趙太子陰私，讓他被廢。6 炙：燒死。

譯文

此時漢武帝年事已高，懷疑左右都用巫蠱詛咒他，而當時的人不管做了還是沒做，都不敢因為這種事訴冤。江充知道了皇帝的心思，就讓胡巫檀何說：「宮中有蠱氣，不清除，皇上就不會康復。」武帝於是派江充入宮，到了大殿，拆掉御座，掘地搜蠱。武帝又派了按道侯韓說、御史章贛，黃門蘇文等人協助江充調查。江充先在後宮不受寵的夫人那裏找，再到皇后和太子宮裏找。在地上橫挖豎掘，太子、皇后想找一處平穩的地方安放床榻都不行。江充回奏說：「在太子宮找到的木人最多，還有帛書，寫的都是大逆不道的話，應當向皇上奏明。」太子害怕了，問少傅石德應該怎麼辦。石德怕身為太子師傅會一起牽連被殺，就對太子說：「前丞相父子、兩公主及衞氏家族的人都因巫蠱獲罪，現在胡巫和使者掘地找到這些東西，不知是他們放在那裏的，還是那裏真有，這樣的情形太子是無法分辨清楚的。不如假傳聖旨，收捕江充等關押起來，審問清楚再說。而且皇上在甘泉宮臥病，皇后及東宮家吏請安都沒有回音；皇上存亡與否尚未可知，奸臣如此弄權，太子就沒想到秦扶蘇的往事麼？」太子說：「我身為皇上之子，怎麼能擅自誅殺官員？不如去皇上那裏謝罪，也許僥倖無事。」太子將要前往甘泉宮，而江充追究太子很是急迫；太子一時想不出對付的辦法，就聽了石德的計策。秋季，七月壬午，太子派人假裝成使者，收捕江充等人。按道侯韓說懷疑使者有詐，不肯奉詔，太子派去的人就殺了韓說。太子親自劍斬江充，罵道：「趙虜！你在趙國陷害國君父子還不夠麼，還要害我們父子。」又在上林苑中燒死了胡巫。

賞析與點評

這些事情真是有理說不清。看太子的反應，肯定是江充栽贓嫁禍。太子是儲君，卻蒙受此莫大的冤屈。是誰引致這個災禍，責任不是很清楚嗎！這種情況，在歷史上也很常見。孔子說「為君難」，大概是對志得意滿、掌握生殺大權的人的一種忠告！忘記了這些話，不但「災禍及身」，也必然會「禍及子孫」。所以，對付江充這類無賴，最好還是早早拒之於門外為佳。

太子使舍人無且持節夜入未央宮殿長秋門，因長御[1]倚華具白皇后，發中廄車載射士，出武庫兵，發長樂宮衛卒。長安擾亂，言太子反。蘇文迸走，得亡歸甘泉，說太子無狀。上曰：「太子必懼，又忿充等，故有此變。」乃使使召太子。使者不敢進，歸報云：「太子反已成，欲斬臣，臣逃歸。」上大怒。丞相屈氂聞變，挺身逃，亡其印綬，使長史乘疾置[2]以聞。上問：「丞相何為？」對曰：「丞相祕之，未敢發兵。」上怒曰：「事籍籍如此，何謂祕也！丞相無周公之風矣[3]，周公不誅管、蔡乎！」乃賜丞相璽書曰：「捕斬反者，自有賞罰。以牛車為櫓[4]，毋接短兵[5]，多殺傷士眾！堅閉城門，毋令反者得出！」太子宣言告令百官云：「帝在甘泉病困，疑有變；姦臣欲作亂。」上於是從甘泉來，幸城西建章宮，詔發三輔近縣兵，部中二千石以下，丞相兼將之。太子亦遣使者矯制赦長安中都官囚徒，命少傅石德及賓客張光等分將；使長安囚如侯持節發長水及宣曲胡騎，皆以裝會。侍郎馬通使長安，因追捕如侯，告胡人曰：「節有詐，勿聽也！」遂斬如侯，引騎入長安；又發楫棹士以予大鴻臚商丘成。初，漢節純赤，以太子持赤節，故更為黃旄加上以相別。

注釋

1 長御：隸屬皇后的管事。2 疾置：驛站快馬。3 丞相無周公之風矣：古注曰：屈氂於太子為兄弟，故以周公之事責之。4 以牛車為櫓：以車作盾。5 接短兵：交戰。

譯文

太子派侍從門客無且攜帶符節乘夜進入未央宮長秋門，通過長御女官倚華將一切報告皇后，然後調發皇家的馬車運載射手，打開武器庫拿出武器，又調發長樂宮的衞卒。長安城中一片混亂，紛紛傳言：「太子造反。」蘇文得以逃出長安，來到甘泉宮，向漢武帝報告說太子很不像話。漢武帝說道：「太子肯定是害怕了，又憤恨江充等人，所以發生這樣的變故。」因而派使臣召太子前來。使臣不敢進入長安，回去報告說：「太子已經造反，要殺我，我逃了回來。」漢武帝大怒。丞相劉屈氂聽到事變消息後，抽身就逃，連丞相的官印、綬帶都丟掉了，派長史乘驛站快馬奏報漢武帝。漢武帝問道：「丞相是怎麼做的？」長史回答說：「丞相封鎖消息，沒敢發兵。」漢武帝生氣地說：「事情已經這樣沸沸揚揚，還有甚麼祕密可言！丞相沒有周公的遺風，難道周公能不殺管叔和蔡叔嗎！」於是給丞相頒賜印有璽印的詔書，命令他：「捕殺叛逆者，朕自會賞罰分明。應用牛車作為掩護，不要和叛逆者短兵相接，殺傷過多兵卒！緊守城門，決不能讓叛軍衝出長安城！」太子發表宣言，向文武百官發出號令說：「皇上因病困居甘泉宮，我懷疑可能發生了變故，奸臣們想乘機叛亂。」漢武帝於是從甘泉宮返回，來到長安城西建章宮，頒佈詔書徵調三輔附近各縣的軍隊，部署中二千石以下官員，歸丞相兼職統轄。太子也派使者假傳聖旨，將關在長安中都官獄中的囚徒赦免放出，命少傅石德及門客張光等分別統轄；又派長安囚徒如侯持符節徵發長水和宣曲兩地的胡人騎兵，一律全副武裝前來會合。侍郎馬通受漢武帝派遣來到長安，得知此事後立即追趕前去，將如侯逮捕，並告訴胡人：「如侯帶來的符節是假的，不能聽他調遣！」於是將如侯處死，帶領胡人騎兵開進長安；又徵調船兵楫棹士，交給大鴻臚商丘成指揮。當初，漢朝的符節是純赤色，因太子用赤色符節，所以在漢武帝所發的符節上改加黃纓以示區別。

太子立車北軍南門外，召護北軍使者任安，與節，令發兵。安拜受節；入，閉門不出。太子引兵去，毆四市[1]人凡數萬眾，至長樂西闕下，逢丞相軍，合戰五日，死者數萬人，血流入溝中。民間皆云「太子反」，以故眾不附太子，丞相附兵寖多。

注釋

1 毆四市：毆，驅。四市，長安的東、南、西、北四市。

譯文

太子來到北軍軍營南門之外，站在車上，將護北軍使者任安召出，頒與符節，命令任安發兵。但任安拜受符節後，卻返回營中，閉門不出。太子帶人離去，將長安四市的百姓約數萬人強行武裝起來，到長樂宮西門外，正遇到丞相劉屈氂率領的軍隊，雙方會戰五天，死亡數萬人，鮮血像水一樣流入街邊的水溝。民間都說「太子謀反」，所以人們不依附太子，而丞相一邊的兵力卻不斷加強。

庚寅，太子兵敗，南奔覆盎城門。……詔遣宗正劉長、執金吾劉敢奉策收皇后璽綬，后自殺。

譯文　庚寅，太子兵敗，由長安城南面的覆盎門逃跑。……漢武帝下詔派宗正劉長、執金吾劉敢攜帶皇帝的諭旨收回衞皇后的印璽和綬帶，衞皇后自殺。

……上怒甚，羣下憂懼，不知所出。壺關三老茂[1]上書曰：「臣聞父者猶天，母者猶地，子猶萬物也，故天平，地安，物乃茂成；父慈，母愛，子乃孝順。今皇太子為漢適嗣，承萬世之業，體祖宗之重，親則皇帝之宗子也。江充，布衣之人，閭閻之隸臣耳；陛下顯而用之，銜至尊之命以迫蹴皇太子，造飾姦詐，羣邪錯繆，是以親戚之路鬲塞而不通。太子進則不得見上，退則困於亂臣，獨冤結而無告，不忍忿忿之心，起而殺充，恐懼逋逃，子盜父兵，以救難自免耳；臣竊以為無邪心。詩曰：『營營青蠅，止于藩。愷悌君子，無信讒言。讒言罔極，交亂四國。』[2]往者江充讒殺趙太子，天下莫不聞。陛下不省察，深過[3]太子，發盛怒，舉大兵而求之，三公自將；智者不敢言，辯士不敢說，臣竊痛之！唯陛下寬心慰意，少察所親，毋患太子之非，亟罷甲兵，無令太子久亡！臣不勝惓惓，出一旦之命，待罪建章宮下！」書奏，天子感寤，然尚未顯言赦之也。

注釋

1 三老茂：三老，漢地方專管教化的官員，是亭長的上級。據荀悅《漢紀》，茂姓令孤。2「詩曰」句：出自《詩・小雅・青蠅》；顏師古說：「言青蠅來往，止於藩籬，變白作黑，讒人構毀，間親令疏，樂易之君子不當信用。」曹子建〈贈白馬王彪〉云：「讒巧令親疏」。3 過：責備。

譯文

為了太子的事情，武帝很生氣，羣臣也不知該怎麼辦。壺關三老令孤茂就上書說：「臣聽說：父親就如同上天，母親就如同大地，而子女就像是萬物一樣，所以天地能平安，萬物才能茂盛有成；父慈母愛，子女才會孝順。現在皇太子為漢朝的嫡子，荷承萬世的功業，體納祖先的重責大任，就血親而言，是皇帝嫡出的長子。而江充呢？不過是一個布衣百姓，鄉里間的一個賤臣罷了；陛下卻使之居顯位而重用他，他就奉着皇上的命令來逼迫太子，造作掩飾他的奸邪欺詐，一般邪惡小人也都跟着發生差誤；因此，親戚間的情感，就被阻隔而不能相溝通了。太子因為進則不得見到皇上，退則受困於亂臣，獨自含着冤屈愁怨而無處告訴，因為忍不下心中那一股憤怒不平之氣，就起來把江充殺掉，又為了恐懼而戴罪逃竄，於是便是子盜父兵，那也只不過是希望能救助他的災難，以自求多福，圖能免於刑責而已；我認為皇太子這樣做，並沒有甚麼邪惡不軌的心思。《詩經・小雅・青蠅》上說：「那往來不停的蒼蠅，會污染潔白的東西，使它變得又髒又黑，所以應該讓它停到那遠遠的園圃的籬笆上去，不要讓它飛到宮室裏。和樂平易的君子，也不要聽信讒言，因為那讒佞的小人，也會變善為惡，所以應該把他遺棄到荒野之外，不要讓他在朝廷裏面。要知道，如果讓讒言無限制流傳，連四方的諸侯國都會相互混亂起來，所以應該要深察啊！」從前江充在趙國的時候，曾經讒殺趙太子，這件事情天下人沒有不知道的。陛下不去省察它，卻去深責皇太子，發了大脾氣，派出大軍要去搜捕他，由丞相率兵。這種事情，聰明的人是不敢進諫的，辯士也不敢去說它，但是我私底下卻覺得非常痛心！所以請求陛下能放寬心情，慰安心意，稍微去注意一下所該親近的人，不要憂慮皇太子的過失，趕快罷兵，不要讓皇太子長久在外逃亡！這是我的一片忠心赤誠，冒死陳述，待罪建章宮下。」奏章上聞以後，天子有所覺悟，但是沒有明令赦免太子的罪。

賞析與點評

漢代以孝治天下，故皇帝的謚號均有「孝」字，如孝文帝、孝景帝。選拔人才也以「孝子廉吏」為主，也十分重視《孝經》。然而，武帝晚年因年老多病，遂起猜疑之心，最後竟輕信讒言，置皇后、太子於極為兇險的境地。三老說：「父慈、母愛，子乃孝順」，真是千古不易之理。武帝反其道而行，致使太子申訴無門，終於使妻、兒、孫子一同被害。所謂「虎毒不食子」，宜乎武帝後來追悔不已。自古及今，無數權勢名位顯赫的人物，因為聽信讒言，往往也走上與武帝相似的歧路。不禁讓人想起孔子回答子張問知人之明時說的話：「浸潤之譖，膚受之愬，不行焉，可謂明也已。」（意為像水滴浸潤物品那樣不知不覺的讒言和似乎是切身之痛的誣告，在你那兒都行不通，那就算有知人之明了。）

太子亡，東至湖，……八月，辛亥，吏圍捕太子。太子自度不得脫，即入室距戶自經[1]。……皇孫二人並皆遇害。

注釋　1 距戶自經：距戶，指關閉門戶；自經，指自縊而死。

譯文　太子逃亡到京師東面的湖縣。……八月辛亥，官吏圍捕太子，太子估計被抓到後也不能倖免，就進屋關上門自縊而死。……兩個年幼的皇孫也同時遇害。

六、充國屯田

本篇導讀——

自古以來，中國西北沿邊居住了大量少數民族，他們的風俗習慣、生活方式與漢人有許多的差異，雙方容易發生摩擦。而部分漢族官吏的顢頇腐敗，也常激化民族之間的矛盾，導致衝突不斷，例如漢宣帝時的西羌叛變，正是由無能的官員執行粗暴的民族高壓政策所造成。後來，宣帝委任了熟悉邊務的老將趙充國，事情終於有了轉機。趙氏恩威並施，又採用合適的安撫政策，不貪小功，終於在短時期內收到實效，讓邊境回復安寧。在軍事部署上，趙充國以兵精糧足為作戰基礎，提出要因地制宜以軍屯來減輕軍費開支和確保軍糧供應，獲得宣帝的支持。這種以政治為主，以軍事為輔的手段來處理民族間的衝突，成為中國古代處理少數民族關係的典範。

《通鑑》卷二十六　漢紀十八

孝宣皇帝神爵元年（公元前六一年）

（春，正月。）義渠安國[1]至羌中，召先零諸豪三十餘人，以尤桀黠者皆斬之；縱兵擊其種人，斬首千餘級。於是諸降羌及歸義羌侯楊玉等怨怒，無所信鄉，遂劫略小種，背畔犯塞，攻城邑，殺長吏。安國以騎都尉將騎三千屯備羌；至浩亹，為虜所擊，失亡車重、兵器甚眾。安國引還，至令居，以聞。

注釋

1 義渠安國：義渠原是居於山西太原的外族，後來以族名為姓。安國，當時是光祿大夫。

譯文

（春天正月，）義渠安國到達羌中，召集先零部落眾首領三十餘人前來，將其中最為桀驁狡猾者全部殺死，又縱兵襲擊先零人，斬首一千餘級。於是引起歸附漢朝的各羌人部落和歸義羌侯楊玉的憤怒怨恨，不再信任、順服漢朝，於是劫掠弱小種族，侵犯漢朝邊塞，攻打城池，殺傷官吏。義渠安國以騎都尉身份率領三千騎兵防備羌人，進至浩亹，遭到羌人襲擊，損失了很多車馬輜重和武器。義渠安國率兵撤退，到達令居，奏聞朝廷。

時趙充國年七十餘，上老之，使丙吉問誰可將者。充國對曰：「無逾於老臣者矣！」上遣問焉，曰：「將軍度羌虜何如？當用幾人？」充國曰：「百聞不如一見。兵難遙度，臣願馳至金城，圖上方略。羌戎小夷，逆天背畔，滅亡不久，願陛下以屬老臣，勿以為憂！」上笑曰：「諾。」乃大發兵詣金城。夏，四月，遣充國將之，以擊西羌。

譯文

此時，趙充國年紀已七十多歲，漢宣帝認為他已年老，派丙吉前去問他誰能擔任大將。趙充國回答說：「誰也不如我合適。」漢宣帝又派人問他說：「你估計羌人會怎樣？應當派多少人？」趙充國說：「百聞不如一見，行兵打仗之事難以遙測，我願趕到金城，畫出地圖，制定方略，再上奏陛下。羌人不過是戎夷小種，逆天背叛，不久就會滅亡，希望陛下將此事交給老臣來辦，不必擔憂。」漢宣帝笑着說：「可以。」於是調發大兵前往金城。夏季，四月，派趙充國率領金城軍隊進攻西羌。

賞析與點評

人生七十古來稀。趙充國因熟悉西羌軍務，被漢宣帝徵詢有關人選。充國遂自薦，認為沒有人比自己更合適。這種為國盡忠的報國之心，真稱得上「烈士暮年，壯心不已」。既而宣帝問以用兵方略，充國答稱：「百聞不如一見。」又指出「兵難遙度」，只能在實地視察後才可準確籌劃。最後皇帝也一一同意了。由此可見，宣帝屬於精明能幹的領袖，處事謹慎。充國則絕無大言炎炎、好大喜功的毛病，對用兵之道有一定的看法和信心。君臣相知，是成功的基礎。

六月，……趙充國至金城，須[1]兵滿萬騎，欲渡河，恐為虜所遮[2]，即夜遣三校銜枚先渡，渡，輒營陳；會明畢，遂以次盡渡。虜數十百騎來，出入軍傍，充國曰：「吾士馬新倦，不可馳逐，此皆驍騎難制，又恐其為誘兵也。擊虜以殄滅為期，小利不足貪！」令軍勿擊。遣騎候四望峽中無虜，夜，引兵上至落都，召諸校司馬謂曰：「吾知羌虜不能為兵矣！使虜發數千人守杜[3]四望峽中，兵豈得入哉！」

注釋　1 須：等待。2 遮：截擊。3 守杜：堵塞。

譯文

六月，……趙充國來到金城，等騎兵集結到一萬名時，打算渡過黃河，怕遭羌軍攔擊，便於夜晚派出三名軍校悄無聲息地先行偷渡，渡河後立即設立營陣，正巧天色已明，於是大軍依次全部渡過黃河。羌軍約百名騎兵出現在漢軍附近，趙充國說：「我軍現在兵馬勞乏，不能奔馳追擊，這都是敵人的精銳騎兵，不易制服，又怕是敵人的誘兵。我們此戰的目標是要將敵軍全部消滅，不能貪圖小利！」下令全軍不准出擊。趙充國派人到四望峽偵察，發現峽中並無敵兵。夜晚，趙充國率軍穿過四望峽，抵達落都山，召集各位軍校、司馬說道：「我知道羌人不懂用兵之法了。假如羌人派兵數千，堵塞着四望峽，我軍怎麼進得去呢！」

充國常以遠斥候為務，行必為戰備，止必堅營壁，尤能持重，愛士卒，先計而後戰。遂西至西部都尉府，日饗軍士，士皆欲為用。虜數挑戰，充國堅守。捕得生口，言羌豪相數責曰：「語汝無反，今天子遣趙將軍來，年八九十矣，善為兵；今請欲壹鬥而死[1]，可得邪！」初，罕、幵豪靡當兒使弟雕庫來告都尉曰：「先零欲反。」後數日，果反。雕庫種人頗在先零中，都尉即留雕庫為質。充國以為無罪，乃遣歸告種豪：「大兵誅有罪者，明白自別，毋取並滅。天子告諸羌人：

犯法者能相捕斬，除罪，仍以功大小賜錢有差；又以其所捕妻子、財物盡與之。」充國計欲以威信招降罕、幵及劫略者，解散虜謀，徼其疲劇，乃擊之。

注釋

1 欲壹鬥而死：指羌欲決一死戰。

譯文

趙充國經常注意向遠處派出偵察兵，行軍時一定做好戰鬥準備，紮營時一定使營壘堅固，他特別老成持重，愛護士卒，必先制定好作戰計畫，然後再進行戰鬥。他率軍向西來到西部都尉府，每天都用豐富的飲食讓將士們飽餐，將士們都願意為他所用。羌軍多次挑戰，趙充國堅守不出。漢軍從抓到的羌軍俘虜口中得知，羌人各部首領多次相互責備說：「告訴你不要造反，如今天子派趙將軍率軍前來，趙將軍已然八九十歲了，善於用兵，現在我們就是想一戰而死，辦得到嗎！」最初，罕、幵兩部首領靡當派其弟雕庫來報告西部都尉說：「先零部企圖造反。」幾天後，先零部果然造反。雕庫同族的人有不少在先零部中，於是都尉將雕庫留為人質。趙充國認為雕庫無罪，便將其放回，讓他轉告羌人各部首領說：「大兵前來，只殺有罪之人，請你們自相區別，不要與有罪者一同去死。天子要我告訴各部羌人，犯法者只要能主動捕殺同黨，就可免罪，仍按功勞大小賜給數量不同的錢財，並將捕殺之人的妻子兒女和財物全部賜給他。」趙充國打算先以威信招降罕、幵及其他被先零部脅迫的羌人部落，瓦解羌人聯合叛漢的計畫，等到他們疲憊不堪時，再發動攻擊。

賞析與點評

古人說：「國之大事，在祀與戎。」（《左傳·成公十三年》）趙充國行軍和部署均能針對現實情勢，謹慎從事。又重視利用以政治手段分化敵人，以求將對方孤立，增加自己的取勝機會。

時上已發內郡兵屯邊者合六萬人矣。酒泉太守辛武賢奏言：「郡兵皆屯備南山，北邊空虛，勢不可久。若至秋冬乃進兵，此虜在境外之冊[1]。今虜朝夕為寇，土地寒苦，漢馬不耐冬，不如以七月上旬繼三十日糧，分兵出張掖、酒泉，合擊罕、幵在鮮水上者。雖不能盡誅，但奪其畜產，虜其妻子，復引兵還。冬復擊之，大兵仍出，虜必震壞。」天子下其書充國，令議之。充國以為：「一馬自負三十日食，為米二斛四斗，麥八斛，又有衣裝、兵器，難以追逐。虜必商[2]軍進退，稍引去，逐水草，入山林。隨而深入，虜即據前險，守後阨，以絕糧道，必有傷危之憂，為夷狄笑，千載不可復。而武賢以為可奪其畜產，虜其妻子，此殆空言，非至計也。先零首為畔逆，它種劫略，故臣愚冊，欲捐罕、开闇昧之過，隱而勿章，先行先零之誅以震動之，宜悔過反善，因赦其罪，選擇良吏知其俗者，拊循和輯。此全師保勝安邊之策。」

注釋　1冊：同「策」。2商：計度。

譯文　此時，漢宣帝已徵發內地郡國的軍隊達六萬人。酒泉太守辛武賢上奏說：「各郡軍隊都屯紮在南山，使北部邊疆空虛，其勢難以長久。如等到秋冬季節再出兵，那是敵人遠在邊境之外的策略，如今羌人日夜不停地進行侵擾，當地氣候寒冷，漢軍馬匹不能過冬，不如在七月上旬，攜帶三十日糧，自張掖、酒泉分路出兵，合擊鮮水之畔的罕、开兩部羌人。雖不能全部剿滅，但可奪其畜產，擄其妻子兒女，然後率兵退還，到冬天再次進攻。大軍頻繁出擊，羌人必定震恐。」漢宣帝將辛武賢的奏章交給趙充國，命他發表意見。趙充國認為：「每匹馬要載負一名戰士三十日的糧食，即米二斛四斗，麥八斛，再加上行裝、武器，難以追擊。敵人必然會估計出我軍進退的時間，稍稍撤退，追逐水草，深入山林。我軍隨之深入，敵人就佔據前方險要，扼守後方通路，斷絕我軍糧道，必使我軍有傷亡危險的憂慮，受到夷狄之人的嘲笑，這種恥辱千年也無法報復。而辛武賢認為可以擄奪羌人的畜產、妻子兒女等，恐怕是一派空話，不是最好的計策。先零為叛逆禍首，其他部族只是被其脅迫，所以，我的計畫是：捨棄罕、幵兩部昏昧不明的過失，暫時隱忍不宣，先誅討先零，以震動羌人，他們將會悔過，反過來向善，再赦免其罪，挑選了解他們風俗的優秀官吏，前往安撫和解。這才是既能保全部隊，又能獲取勝利、保證邊疆安定的策略。」

賞析與點評

對遙遠的西北用兵，必須準確籌算軍糧。趙充國主張以精兵來減低對糧食的需求。他也詳細分析敵我形勢，指出辛武賢的建議絕不可行。他用具體數字讓大家一目了然，從而減少內部的分歧，以便選擇合適的軍事策略。

天子下其書，公卿議者咸以為「先零兵盛而負罕、幵之助。不先破罕、幵，先零未可圖也。」上乃拜侍中許壽為強弩將軍，即拜酒泉太守武賢為破羌將軍，賜璽書嘉納其冊。以書敕讓充國曰：「今轉輸並起，百姓煩擾，將軍將萬餘之眾，不早及秋共水草之利，爭其畜食，欲至冬，虜皆當畜食，多藏匿山中，依險阻，將軍士寒，手足皸瘃[1]，寧有利哉！將軍不念中國之費，欲以歲數而勝敵，將軍誰不樂此者！今詔破羌將軍武賢等將兵，以七月擊羌。將軍其引兵並進，勿復有疑！」

注釋

1 皸瘃（粵：軍足；普：jūn zhú）：皮膚受嚴寒而坼裂成瘡，即長凍瘡。

譯文

漢宣帝將趙充國的奏章交給公卿大臣們討論，大家都認為：「先零兵力強盛，又依仗罕、幵的幫助，如不先破罕、幵，就不能進攻先零。」於是漢宣帝任命侍中許延壽為強弩將軍，就地任命酒泉太守辛武賢為破羌將軍，頒賜詔書嘉勉辛武賢的建議，並寫信責備趙充國說：「如今到處都在向前方輸送軍糧，使百姓受到煩擾，將軍率領大軍一萬餘人，不及早利用秋季水草茂盛的時機，爭奪羌人的牲畜、糧食，卻要等到冬季再行出擊，但那時羌人都會積蓄糧食，多數藏匿於深山之中，據守險要，而將軍士卒寒苦，手足皸裂，難道會有利嗎！將軍不念國家耗費巨大，只想拖延數年而取勝，哪位將軍不願這樣！現在詔令破羌將軍辛武賢等率兵於七月進擊罕羌，將軍率兵同時出擊，不得再有遲疑！」

充國上書曰：「陛下前幸賜書，欲使人諭罕，以大軍當至，漢不誅罕以解其謀。臣故遣开豪雕庫宣天子至德；罕、开之屬皆聞知明詔。今先零羌楊玉阻石山木，候便為寇，罕羌未有所犯，乃置先零，先擊罕，釋有罪，誅無辜，起壹難，就兩害，誠非陛下本計也。臣聞兵法：『攻不足者守有餘。』又曰：『善戰者致人，不致於人。』今罕羌欲為敦煌、酒泉寇，宜飭兵馬，練戰士，以須其至。坐得致敵之術，以逸擊勞，取勝之道也。今恐二郡兵少，不足以守，而發之行攻，釋致虜之術而從為虜所致之道，臣愚以為不便。先零羌欲為背畔，故與罕、开解仇結約，然其私心不能無恐漢兵而罕、开背之也。臣愚以為其計常欲先赴罕、开之急以堅其約。先擊罕羌，先零必助之。今虜馬肥、糧食方饒，擊之恐不能傷害，適使先零得施德於罕羌，堅其約，合其黨。虜交堅黨，合精兵二萬餘人，迫脅諸小種，附著者稍眾，莫須之屬不輕得離也。如是，虜兵寖多，誅之用力數倍。臣恐國家憂累，由十年數，不二三歲而已。於臣之計，先誅先零已，則罕、开之屬不煩兵而服矣。先零已誅而罕、开不服，涉正月擊之，得計之理，又其時也。以今進兵，誠不見其利。」戊申，充國上奏。秋，七月，甲寅，璽書報，從充國計焉。

譯文

趙充國上書漢宣帝說：「陛下上次賜我書信，打算派人勸諭罕部羌人，大軍將會前來，但漢朝並不是要征討他們，以此來瓦解羌人聯合叛漢的計畫。所以我派开部首領雕庫去宣示天子盛德，罕、幵兩部羌人都已聽到了天子的明詔。如今先零羌首領楊玉憑藉山中岩木自保，並尋機出山騷擾，而罕羌並無冒犯行為，卻放過有罪的先零，先打無辜的罕羌，一個部族起來叛亂，卻給兩個部族留下傷害，實在違背陛下原來的計畫！我聽説兵法上講：『不足以進攻的力量，用於防守卻能有餘。』又説：『善於打仗的人，能主動引誘敵人，而不被敵人所引誘。』如今罕羌企圖進犯敦煌、酒泉，本應整頓兵馬，訓練士卒，等待敵人前來，坐在那裏，用引誘敵人的戰術，以逸擊勞，這才是取勝之道。現在唯恐二郡兵力單薄，不足防守，卻出兵進攻，放棄引誘敵人的戰術，而被敵人所引誘，我認為不利。先零羌打算背叛我朝，所以才與罕、幵化解怨仇，締結盟約，但其內心深處不能不害怕漢軍一到而罕、幵卻背叛他。我認為先零時常希望能先為罕、幵解救危急，以鞏固他們的聯盟。先攻罕羌，先零肯定會援助他們。現在罕、幵羌人的馬匹正肥，糧食正多，攻擊他們，恐怕不能造成傷害，而正好使先零有機會施德於羌，鞏固其聯盟，團結其黨羽。先零鞏固其聯盟之後，會合精兵二萬餘人，脅迫其他弱小部族，歸附者逐漸增多，像莫須部羌人之類的弱小部族，要想脱離其控制就不容易了。果真如此，則羌人兵力逐漸增多，要征討他們，就需增加幾倍的力量，我恐怕國家的憂煩困擾，當以十年計，而不只二三年了。按我的計畫，先誅殺了先零，則罕、幵之流不必再勞煩軍隊，就可順服。如先零已經誅殺，而罕、幵等仍不肯屈服，等到明年正月再攻擊他們，則不但合理，而且適時。現在進兵，實在看不到有甚麼利益！」戊申，趙充國奏聞朝廷。秋季，七月甲寅，漢宣帝頒賜詔書，採納趙充國的計畫。

充國乃引兵至先零在所。虜久屯聚，懈弛，望見大軍，棄車重，欲渡湟水，道阨狹；充國徐行驅之。或曰：「逐利行遲。」充國曰：「此窮寇，不可迫也。緩之則走不顧，急之則還致死。」諸校皆曰：「善。」虜赴水溺死者數百。降及斬首五百餘人。虜馬、牛、羊十萬餘頭，車四千餘兩。兵至罕地，令軍毋燔聚落、芻牧田中。罕羌聞之，喜曰：「漢果不擊我矣！」豪靡忘使人來言：「願得還復故地。」充國以聞，未報。靡忘來自歸，充國賜飲食，遣還諭種人。護軍以下皆爭之曰：「此反虜，不可擅遣！」充國曰：「諸君但欲便文自營，非為公家忠計也！」語未卒，璽書報，令靡忘以贖論。後罕竟不煩兵而下。

譯文

於是趙充國率兵進抵先零地區。羌人屯兵已久，戒備鬆懈，忽見漢軍大兵來到，慌忙拋棄車馬輜重，企圖渡過湟水。道路狹窄，趙充國率軍緩緩前行，驅趕羌軍。有人對趙充國說：「要取得戰果，推進速度不宜遲緩。」趙充國說：「這是走投無路的敵兵，不可逼迫太急。緩慢追擊，他們只逃跑不回頭；逼迫太急，則回頭死戰。」各位軍校都說：「有理。」羌人掉入水中淹死數百人，投降及被漢軍所殺達數百人，漢軍繳獲馬、牛、羊十萬多頭，車四千多輛。漢軍行至罕地，趙充國下令不得焚燒罕羌的村落，不得在罕羌的耕地中牧馬。罕羌聽說後，高興地說：「漢軍果然不打我們！」其首領靡忘派人前來對趙充國說：「希望能讓我們回到原來的地方。」趙充國上奏朝廷，未得到回音。靡忘親自前來歸降，趙充國賜其飲食，派他回去告諭本部羌人。護軍及以下將領都說：「靡忘是國家叛逆，不能擅自放走！」趙充國說：「你們都只是為了文墨之便，自我營護，並不是忠心為國家着想！」話未講完，詔書來到，命靡忘將功贖罪。後罕羌終於未用兵而平定。

賞析與點評

兵法說：「窮寇莫追。」趙充國久於軍旅，深明這個道理。因此，充國緩追敗寇的策略是合適的，終於讓漢軍取得豐盛的戰果。此外，充國又能堅守信諾，讓歸降的羌族領袖真切感受漢朝的恩德，大大舒緩雙方的矛盾。

上詔破羌、強弩將軍詣屯所，以十二月與充國合，進擊先零。時羌降者萬餘人矣，充國度其必壞，欲罷騎兵，屯田以待其敝。作奏未上，會得進兵璽書，充國子中郎將卬懼，使客諫充國曰：「誠令兵出，破軍殺將，以傾國家，將軍守之可也。即利與病，又何足爭？一旦不合上意，遣繡衣來責將軍，將軍之身不能自保，何國家之安！」充國歎曰：「是何言之不忠也！本用吾言，羌虜得至是邪！往者舉可先行羌者，吾舉辛武賢；丞相御史復白遣義渠安國，竟沮敗羌。金城、湟中穀斛八錢，吾謂耿中丞：『糴[1]三百萬斛穀，羌人不敢動矣！』耿中丞請糴百萬斛，乃得四十萬斛耳；義渠再使且費其半。失此二冊，羌人致敢為逆。失之毫釐，差以千里，是既然矣。今兵久不決，四夷卒有動搖，相因而起，雖有知者不能善其後，羌獨足憂邪？吾固以死守之，明主可為忠言。」

注釋

1 糴（粵：笛；普：dí）：購買。

譯文

漢宣帝下詔書命破羌將軍辛武賢、強弩將軍許延壽率兵前往趙充國屯兵之處，於十二月與趙充國會合，進攻先零。當時，羌人投降漢軍已一萬有餘了，趙充國估計羌人肯定要失敗，打算撤除騎兵，以步兵在當地屯墾戍衛，等待羌人因自身疲憊而敗亡。奏章寫好，還未上奏，恰於此時接到漢宣帝命其進兵的詔書。趙充國的兒子中郎將趙卬感到害怕，便讓幕僚去勸趙充國說：「假如出兵會損兵折將，傾覆國家，將軍堅持己見，防守不出也還可以。而如果只是利與弊的區別，又有甚麼可爭執的呢？一旦違背了皇上之意，派御史前來責問，將軍本身不能自保，又怎能保證國家的安全！」趙充國歎息說：「這話是多麼不忠！若是原來就採納我的意見，羌人能發展到這一步嗎！當初，推薦先去西羌巡行的人選，我推薦了辛武賢；而丞相、御史又奏請皇上，派義渠安國前去，結果敗壞了大事。金城、湟中地區穀價一斛八錢，我曾對司農中丞耿壽昌說：『只要我們購買三百萬斛穀物儲備，羌人就不敢輕舉妄動了。』而耿壽昌請求購買一百萬斛，實際只得四十萬斛而已，義渠安國再次出行，又用去一半。這兩項計畫都未實現，才使羌人敢於叛逆。正所謂失之毫釐，差以千里！如今戰事長期不能結束，如果四方蠻夷突然動搖，借機相繼起兵造反，即使高明的人也無法收拾，豈只是羌人值得憂慮！我誓死也要堅持我的意見，皇上聖明，可以向他陳述我的忠言。」

遂上屯田奏曰：「臣所將吏士、馬牛食所用糧穀、茭藁[1]，調度甚廣，難久不解，役不息，恐生它變，為明主憂，誠非素定廟勝之冊。且羌易以計破，難用兵

碎也，故臣愚心以為擊之不便！計度臨羌東至浩亹，羌虜故田及公田，民所未墾，可二千頃以上，其間郵亭多壞敗者。臣前部士入山，伐林木六萬餘枚，在水次。臣願罷騎兵，留步兵萬二百八十一人，分屯要害處，冰解漕下，繕鄉亭，浚溝渠，治湟峽以西道橋七十所，令可至鮮水左右。田事[2]出，賦[3]人二十畝；至四月草生，發郡騎及屬國胡騎各千，就草為田者遊兵，以充入金城郡，益積畜，省大費。今大司農[4]所轉穀至者，足支萬人一歲食，謹上田處及器用簿。」

注釋

1 茭稾：喂牲口的乾草。2 田事：春耕時。3 賦：給予。4 大司農：九卿之一，主管國家財政。

譯文

於是，趙充國上書請求屯田說：「我率領的將士、馬牛食用的糧食、草料須大範圍地從各處徵調，羌亂長久不能解除，則徭役不會止息，又恐發生其他變故，為陛下增加憂慮，確實不是朝廷克敵制勝的上策。況且，對羌人之叛，用智謀瓦解較易，用武力鎮壓則較難，所以我認為進攻不是上策！據估計，從臨羌向東至浩亹，羌人舊有的私田和公田，民眾沒有開墾的荒地，約有二千頃以上，其間驛站多數頹壞。我以前曾派士卒入山，砍伐林木六萬餘株，存於湟水之濱。我建議：撤除騎兵，留步兵一萬二百八十一人，分別屯駐在要害地區，待到河水解凍，木材順流而下，正好用來修繕鄉亭，疏浚溝渠，在湟峽以西建造橋樑七十座，使至鮮水一帶的道路暢通。明年春耕時，每名屯田兵卒分給二十畝土地；到四月草木長出後，徵調郡屬騎兵和屬國胡人騎兵各一千，到草地為屯田者充當警衞。屯田收穫的糧食，運入金城郡，增加積蓄，節省大量費用。現在大司農運來的糧食，足夠一萬人一年所食，謹呈上屯田區劃及需用器具清冊。」

賞析與點評

趙充國在取得重大勝利後，隨即削減兵員，規劃屯田事宜，以減輕國家的財政負擔。屯田可減省糧食運輸，也可進行一些地方建設，更對原居於此的叛羌造成壓力和分化，真是一舉數得。宣帝擔心軍員數目減少會導致叛羌的襲擊，充國也作了精確的分析和準備。

上報曰：「即如將軍之計，虜當何時伏誅？兵當何時得決？孰計其便，復奏。」

譯文

漢宣帝下詔詢問趙充國說：「如按照將軍的計畫，羌人叛亂當何時可以剿滅？戰事當何時能夠結束？仔細研究出最佳方案，再次上奏！」

充國上狀曰：「臣聞帝王之兵，以全取勝，是以貴謀而賤戰。『百戰而百勝，非善之善者也，故先為不可勝以待敵之可勝。』蠻夷習俗雖殊於禮義之國，然其欲避害就利，愛親戚，畏死亡，一也。今虜亡其美地薦草，愁於寄託，遠遁，骨肉心離，人有畔志。而明主班師罷兵，萬人留田，順天時，因地利，以待可勝之虜，雖未即伏辜，兵決可期月而望，羌虜瓦解，前後降者萬七百餘人，及受言去者凡七十輩，此坐支解羌虜之具也。臣謹條不出兵留田便宜十二事：步兵九校、吏士萬人留屯，以為武備，因田致穀，威德並行，一也。又因排折[1]羌虜，令不得歸肥饒之地，貧破其眾，以成羌虜相畔之漸，二也。居民得並田作，不失農業，三也。軍馬一月之食，度支田士一歲，罷騎兵以省大費，四也。至春，省甲士卒，循河、湟漕穀[2]至臨羌，以示羌虜，揚威武，傳世折衝之具，五也。以閒暇時，下先所伐材，繕治郵亭，充入金城，六也。兵出，乘危徼幸，不出，令反畔之虜竄於風寒之地，離[3]霜露、疾疫、瘃墮[4]之患，坐得必勝之道，七也。無經阻、遠追、死傷之害，八也。內不損威武之重，外不令虜得乘間之勢，九也。又亡驚動河南大幵[5]使生它變之憂，十也。治隍峽中道橋，令可至鮮水以制西域，伸威千里，從枕席[6]上過師，十一也。大費既省，繇役豫息，以戒不虞，十二也。留屯田得十二便，出兵失十二利，唯明詔采擇！」上復賜報曰：「兵決可期月而望者，謂今冬邪，謂何時也？將軍獨不計虜聞兵頗罷，且丁壯相聚，攻擾田者及道上屯兵，復殺略人民，將何以止之？將軍孰計復奏！」

注釋　1 排折：排斥。2 漕穀：用水道轉運糧食。3 離：遭遇。4 瘃墮：凍傷。5 大幵：居於河西走廊南面的羌人。6 枕席：比喻安穩。

譯文　趙充國上奏說：「我聽說，帝王的軍隊，應當不受甚麼損失就能取得勝利，所以重視謀略，輕視拚殺。《孫子兵法》說：『百戰百勝，並非高手中的高手，所以應先使自己立於不敗之地，再等待可以戰勝敵人的機會。』蠻夷外族的習俗雖與我們禮義之邦有所不同，但希望躲避危害，爭取有利，愛護親屬，懼怕死亡，則與我們一樣。現在，羌人喪失了他們肥美的土地和茂盛的牧草，逃到遙遠的荒山野地，為自己的寄身之地而發愁，骨肉離心，人人都產生了背叛之念。而此時陛下班師罷兵，留下萬人屯田，順應天時，利用地利，等待戰勝羌人的機會。羌人雖未立即剿滅，然可望於一年之內結束戰事。羌人已在迅速瓦解之中，前後共有一萬七百餘人投降，接受我方勸告，回去說服自己的同伴不再與朝廷為敵的共有七十批，這些人恰是瓦解羌人的工具。我謹歸納了不出兵而留兵屯田的十二項有益之處：九位步兵指揮官和萬名官兵留此屯田，進行戰備，耕田積糧，威德並行，此其一。因屯田而排斥羌人，不讓他們回到肥沃的土地上去，使其部眾貧困破敗，以促成羌人相互背叛的趨勢，此其二。居民得以一同耕作，不破壞農業，此其三。騎兵和戰馬一個月的食用，能夠屯田士兵維持一年，撤除騎兵可節省大量費用，此其四。春天來臨，調集士卒，順黃河和湟水將糧食運到臨羌，向羌人顯示威力，這是後世禦敵的資本，此其五。農閒時，將以前砍伐的木材運來，修繕驛站，將物資輸入金城，此其六。如果現在出兵，冒險而無必勝把握；暫不出兵，則使叛逆羌人流竄於風寒之地，遭受霜露、瘟疫、凍傷的災患，我們則坐着得到必勝的機會，此其七。可以避免遭遇險阻、深入追擊和將士死傷的損害，此其八。對內不使朝廷的威嚴受到損害，對外不給羌人以可乘之機，此其九。又不會驚動在河西走廊南面的羌族而產生新的事變，增加陛下的憂慮，此其十。修建湟峽中的橋樑，使至鮮水的道路暢通，以控制西域，揚威千里之外，方便如在枕席上行軍，此其十一。大費用既已節省，便可不徵發傜役，以防止出現預想不到的變故，此其十二。留兵屯田可得此十二項便利，出兵攻擊則失此十二項便利，請陛下英明抉擇！」漢宣帝再次回覆說：「你說可望於一年之中結束戰事，是說今年冬季嗎？還是何時？難道你不考慮羌人聽說我們撤除騎兵，會集結精鋭，攻襲騷擾屯田兵卒和道路上的守軍，再次殺掠百姓，我們將用甚麼辦法來制止？將軍深入思考後再次上奏。」

充國復奏曰：「臣聞兵以計為本，故多算勝少算。先零羌精兵，今餘不過七八千人，失地遠客分散，飢凍畔還者不絕。臣愚以為虜破壞可日月冀，遠在來春，故曰兵決可期月而望。竊見北邊自敦煌至遼東萬一千五百餘里，乘塞列地有吏卒數千人，虜數以大眾攻之而不能害。今騎兵雖罷，虜見屯田之士精兵萬人，從今盡三月，虜馬羸瘦，必不敢捐其妻子於它種中，遠涉山河而來為寇；亦不敢將其累重[1]，還歸故地。是臣之愚計所以度虜且必瓦解其處，不戰而自破之冊也。至於虜小寇盜，時殺人民，其原未可卒禁[2]。臣聞戰不必勝，不苟接刃；攻不必取，不苟勞眾。誠令兵出，雖不能滅先零，但能令虜絕不為小寇，則出兵可也。即今同是，而釋坐勝之道，從乘危之勢，往終不見利，空內自罷敝，貶重以自損，非所以示蠻夷也。又大兵一出，還不可復留，湟中亦未可空，如是，徭役復更發也。臣愚以為不便。臣竊自惟念：奉詔出塞，引軍遠擊，窮天子之精兵，散車甲於山野，雖亡尺寸之功，偷得避嫌之便，而亡後咎餘責，此人臣不忠之利，非明主社稷之福也！」

注釋

1 累重：重重的行裝。2 卒禁：完全禁止。

譯文

趙充國再次上奏說：「我聽說，軍事行動以謀略為根本，所以多算勝於少算。」先零羌之精兵，如今剩下不過七八千人，喪失了原有的土地，分散於遠離家鄉的地區，捱餓受凍，不斷有人叛逃回家。我認為他們崩潰敗亡是指日可待的，最遠在明年春天，所以說可望於一年中結束戰事。我看到，北部邊疆自敦煌直到遼東，共一萬一千五百多里，守衛邊塞的官吏和戍卒有數千人，敵人多次以大兵攻擊，都不能取勝。現在即使撤除騎兵，而羌人見有屯田戍衛的精兵萬人，且從現在開始，到三月底，羌人馬匹瘦弱，必不敢將妻子兒女丟在其他部族，遠涉山河前來侵擾；也不敢將其行裝送還家鄉。這正是我預計他們必將就地瓦解，不戰自破而制定的策略。至於羌人小規模的侵擾擄掠，偶爾殺傷百姓，原本就無法完全禁絕。我聽說，打仗如無必勝的把握，就不能輕易與敵人交手；進攻如無必取的把握，就不能輕易勞師動眾。如果發兵出擊，即使不能滅亡先零，但能禁絕羌人小規模的侵擾活動，則可以出兵。如果今天同樣不能禁絕，卻放棄坐而取勝的機會，採取危險的行動，到底得不到好處，還白白使自己內部疲憊、破敗，貶低國家威嚴而損害自己，不能這樣對付蠻夷外族。再者大兵一出，返回時便不可再留，而湟中又不能無人戍守，如果這樣，則徭役又將興起，我認為實無益處。

我自己思量，如果尊奉陛下的詔令出塞，率兵遠襲羌人，用盡天子的精兵，將車馬、甲冑散落在山野之中，即使立不到尺寸之功，也能苟且避免嫌疑，過後還能不負責任，不受指責。然而，這些個人的好處卻是對陛下的不忠，不是明主和國家之福！」

賞析與點評

趙充國的軍事思想充滿光輝，值得我們借鑒，包括「帝王之兵，以全取勝，是以貴謀而賤戰」、「百戰而百勝，非善之善者也，故先為不可勝以待敵之可勝」、「萬人留田，順天時，因地利，以待可勝之虜」、「兵以計為本，故多算勝少算」、「戰不必勝，不苟接刃；攻不必取，不苟勞眾」。雖然這些軍事觀點並不全是由趙充國發明，但他都能因應實況加以利用。他又總結了屯田的十二個好處，終於獲得朝廷上下的同意。

充國奏每上，輒下公卿議臣。初是充國計者什三；中什五；最後什八。有詔詰前言不便者，皆頓首服。魏相曰：「臣愚不習兵事利害。後將軍[1]數畫軍冊，其言常是，臣任其計必可用也。」上於是報充國，嘉納之；亦以破羌、強弩將軍

數言當擊，以是兩從其計，詔兩將軍與中郎將卬出擊。強弩出，降四千餘人；破羌斬首二千級；中郎將卬斬首降者亦二千餘級；而充國所降復得五千餘人。詔罷兵，獨充國留屯田。

注釋

1 後將軍：趙充國官拜後將軍。

譯文

趙充國每次上奏，漢宣帝都發給公卿大臣討論研究。開始，認為趙充國意見正確的人佔十分之三，後增加到十分之五，最後更增至十分之八。漢宣帝詰問起初不同意趙充國意見的人為甚麼改變觀點，這些人都叩首承認自己原來的意見不對。丞相魏相說：「我對軍事上的利害關係不了解，後將軍趙充國曾多次籌畫軍事方略，他的意見通常都很正確，我擔保他的計畫一定行得通。」於是漢宣帝回覆趙充國，嘉勉並採納了趙充國的計畫，又因破羌將軍辛武賢、強弩將軍許延壽多次建議進兵攻擊，所以也同時批准，下詔命兩將軍與中郎將趙卬率部出擊。許延壽出擊羌人，招降四千餘人；辛武賢斬首二千級；趙卬斬首及招降也有二千餘人；而趙充國又招降了五千餘人。漢宣帝下詔罷兵，只留下趙充國在當地負責屯田事務。

孝宣皇帝神爵二年（公元前六〇年）

夏，五月，趙充國奏言：「羌本可五萬人軍，凡斬首七千六百級，降者三萬一千二百人，溺河湟、餓死者五六千人，定計遺脫與煎鞏、黃羝俱亡者不過四千人。羌靡忘等自詭必得[1]，請罷屯兵！」奏可。充國振旅[2]而還。

注釋

1 自詭必得：古注曰：詭，責也。自以為憂，責言必能得之。2 振旅：整頓軍隊。

譯文

夏季，五月，趙充國上奏說：「羌人部眾和軍隊本大約五萬人，前後被斬首共七千六百人，投降三萬一千二百人，在黃河、湟水中淹死以及餓死的有五六千人，計算起來，剩下跟隨其首領煎鞏、黃羝一起逃亡的不過四千人。現已歸降的羌人首領靡忘等自己保證可以擒獲這些人，所以我請求罷除屯田部隊。」漢宣帝批准所奏。趙充國整頓軍隊返回。

所善浩星賜[1]迎說充國曰：「眾人皆以破羌、強弩出擊，多斬首、生降，虜以破壞。然有識者以為虜勢窮困，兵雖不出，必自服矣。將軍即見，宜歸功於二將軍出擊，非愚臣所及。如此，將軍計未失也。」充國曰：「吾年老矣，爵位已極，豈嫌伐一時事以欺明主哉！兵勢，國之大事，當為後法。老臣不以餘命壹為陛下明言兵之利害，卒死，誰當復言之者！」卒以其意對。上然其計，罷遣辛武賢歸酒泉太守官，充國復為後將軍。

注釋

1 浩星賜：複姓浩星，名賜。

譯文

趙充國的好友浩星賜前往迎接趙充國，對他說：「大家都認為破羌、強弩二將軍率兵出擊，多有斬獲、招降，所以才使羌人敗亡。然而，有見識的人則認為羌人已到窮途末路，即使不發兵出擊，也會很快自行投降。將軍見到皇上時，應歸功於破羌、強弩二位將軍率兵出擊，你自己並不能與之相比。這樣做對你並無甚麼損失。」趙充國說：「我年歲大了，爵位也到頭了，豈能為避免誇耀一時功勞的嫌疑而欺騙皇上！軍事措施是國家大事，應當為後人立下榜樣。我如不利用自己的餘生專為皇上明白分析軍事上的利害，一旦去世，誰能再對皇上說這些呢！」終於將自己的想法奏明漢宣帝。漢宣帝接受了他的意見，免除辛武賢破羌將軍職務，派其仍回酒泉太守原任。趙充國恢復了後將軍職務。

賞析與點評

趙充國說：「兵勢，國之大事，當為後法。老臣不以餘命壹為陛下明言兵之利害，卒死，誰當復言之者！」文天祥《正氣歌》說：「天地有正氣，雜然賦流形……是氣所磅礴，凜冽萬古存，當其貫日月，生死安足論。」林則徐說：「苟利國家死生以，不以禍福趨避之。」三人對國家的忠誠，對正義的堅持，遠遠高於個人的榮辱，是我們做人處事的楷模。

秋，羌若零、離留、且種、兒庫共斬先零大豪猶非、楊玉首，及諸豪弟澤、陽雕、良兒、靡忘皆帥煎鞏、黃羝之屬四千餘人降。漢封若零、弟澤二人為帥眾王，餘皆為侯、為君。初置金城屬國以處降羌。

譯文

秋季，羌人若零、離留、且種、兒庫共同將先零首領猶非、楊玉斬殺。羌人各部首領弟澤、陽雕、良兒、靡忘都分別率領煎鞏、黃羝所屬四千餘人歸降漢朝。漢宣帝封若零、弟澤二人為帥眾王，其他人都被封侯、封君。開始設置金城屬國，安置歸降的羌人。

《通鑒》卷二十七　漢紀十九

漢宣帝甘露二年（公元前五二年）

是歲，營平壯武侯趙充國薨。先是，充國以老乞骸骨，賜安車、駟馬、黃金，罷就弟。朝廷每有四夷大議，常與參兵謀、問籌策焉。

譯文　這一年，營平侯趙充國去世。先前，趙充國因年老請求退休。漢宣帝賜給他安車、駕一車的四匹馬和黃金，解除他的職務，讓他回家休養。每當朝廷有關於四方外夷的大事商議，趙充國仍參與議定戰略，為朝廷顧問、籌畫。

七、漢末清議

本篇導讀——

光武帝崇尚氣節，選拔官員以德行為先，故東漢士人大多崇尚名節、敢言直諫。中葉以後，外戚相繼當政，引致士人的嚴厲批評。其後，宦官日益得勢，不但權勢熏天，更廣植黨羽，以權謀私，造成吏治腐敗。與此同時，東漢太學規模龐大，人數眾多，一唱百和，頗能對日趨衰敗的政治多加針砭，形成清議的風氣。由於宦官當權，士人與外戚由對立走到合作，終於激化了衝突。宦官依賴帝王的信任，把持內廷事務，故對於朝臣和太學生的攻擊始終佔據上風。因此，部分較為急進的官員採取激烈的手段，對當權宦官在地方的親戚子弟加以捕殺，引致宦官的反彈，指控官員與士人結黨營私，結果導致黨錮之禍的發生。黨錮之禍共有兩次，本課題所選為第一次黨錮，涉及的時代為東漢桓帝（一四七——一六七年在位）。當時朝臣李膺、陳蕃和太學生郭泰、賈彪等聯合，猛烈抨擊宦官亂政，並捕殺他們為禍鄉里的親戚和依附者。

宦官遂以「共為部黨，誹訕朝廷」的罪名，把李膺等二百多名「黨人」拘禁。後來藉口天變示警，將黨人赦歸故里，但卻禁錮終身。

通鑑卷五十五　漢紀四十七

孝桓皇帝延熹七年（公元一六四年）

春，二月，丙戌，邟[1]鄉忠侯黃瓊薨。將葬，四方遠近名士會者六七千人。

注釋　1 邟（粵：抗；普：kāng）：在潁川縣。

譯文　春季，二月丙戌，邟鄉侯黃瓊去世。臨下葬時，四方遠近知名人士前來弔喪的有六七千人。

初，瓊之教授於家。徐穉[1]從之諮訪大義，及瓊貴，穉絕不復交。至是，穉

往弔之，進酹，哀哭而去，人莫知者。諸名士推問喪宰，宰曰：「先時有一書生來，衣粗薄而哭之哀，不記姓字。」眾曰：「必徐孺子也。」於是選能言者陳留茅容輕騎追之，及於塗。容為沽酒市肉，穉為飲食。容問國家之事，穉不答。更問稼穡之事，穉乃答之。容還，以語諸人，或曰：「孔子云：『可與言而不與言，失人。』然則孺子其失人乎？」太原郭泰曰：「不然。孺子之為人，清潔高廉，飢不可得食，寒不可得衣，而為季偉飲酒食肉，此為已知季偉之賢故也。所以不答國事者，是其智可及，其愚不可及也。」

注釋

1 徐穉：《後漢書》卷五十三載：字孺子，豫章南昌人也。家貧，常自耕稼，非其力不食。恭儉義讓，所居服其德。……時陳蕃為太守，以禮請署功曹，穉不免之，既謁而退。蕃在郡不接賓客，唯穉來特設一榻，去則懸之。

譯文

最初，黃瓊在家中教授經書時，徐穉曾經向他詢問要旨，到黃瓊地位尊貴以後，徐穉就和黃瓊絕交，不再來往。黃瓊去世，徐穉前往弔喪，以酒灑地表示祭奠，放聲痛哭後離去，別人都不知道他是誰。弔喪的知名人士們詢問主持喪事的人，他說：「早些時候的確有一位儒生來過這裏，他衣着粗糙單薄，哭聲悲哀，不記得他的姓名。」大家都說：「肯定是徐穉。」於是選派善於言辭的陳留人茅容，跨上快馬急忙去追趕他，在半途追到。茅容為徐穉沽酒買肉，請他一道飲食。當茅容問及國家大事時，徐穉不作回答。茅容改變話題，談論耕種和收穫穀物的事，徐穉才回答他。茅容返回以後，將上述情況告訴大家。有人說：「孔子曾經說過：『遇上可以交談的人，卻不和他談論，未免有失於人。』這樣說來，徐穉豈不是有失於人嗎？」太原人郭泰說：「不是這樣。徐穉為人清高廉潔，他飢餓時不會輕易接受別人的食物，寒冷時不會隨便穿別人的衣服。而他答應茅容的邀請，一道飲酒食肉，這是因為已經知道茅容賢能的緣故。所以不回答國家大事，是由於他的智慧我們可以趕得上，他的故作愚昧我們卻趕不上。」

泰博學，善談論。初遊雒陽，時人莫識，陳留符融一見嗟異，因以介於河南尹李膺。膺與相見，曰：「吾見士多矣，未有如郭林宗[1]者也。其聰識通朗，高雅密博，今之華夏，鮮見其儔。」遂與為友，於是名震京師。後歸鄉里，衣冠諸儒送至河上，車數千兩，膺唯與泰同舟而濟，眾賓望之，以為神仙焉。

注釋

1 郭林宗：郭泰字林宗。

譯文

郭泰學問淵博，善於言談議論。他剛到京都洛陽留學時，當時的人並不知道他。陳留人符融一見他就讚歎驚異，因而將他推薦給河南尹李膺。李膺跟他見面後說：「我見過的讀書人很多，卻從來沒有遇到過像郭泰你這樣的人。你聰慧通達，高雅縝密，在今天的中國，很少有人能與你相比。」便和他結交為好友，於是郭泰的名聲立刻震動京城洛陽。後來，郭泰從洛陽啟程返回家鄉時，官員和士紳以及儒生將他送到黃河渡口，車子多達數千輛。只有李膺和郭泰同船渡河，前來送行的各位賓客望着他倆，認為簡直是神仙。

泰性明知人，好獎訓士類，周遊郡國。茅容，年四十餘，耕於野，與等輩避雨樹下，眾皆夷踞相對，容獨危坐愈恭；泰見而異之，因請寓宿。旦日，容殺雞為饌，泰謂為己設；容分半食母，餘半庋[1]置，自以草蔬與客同飯。泰曰：「卿賢哉遠矣！郭林宗猶減三牲之具以供賓旅，而卿如此，乃我友也。」起，對之揖，勸令從學，卒為盛德。鉅鹿孟敏，客居太原，荷甑[2]墮地，不顧而去。泰見而問其意，對曰：「甑已破矣，視之何益！」泰以為有分決，與之言，知其德性，因勸令遊學，遂知名當世。陳留申屠蟠，家貧，傭為漆工；鄢陵庾乘，少給事縣廷為門士；泰見而奇之，其後皆為名士。自餘或出於屠沽、卒伍，因泰獎進成名者甚眾。

注釋　1 庋（粵：鬼；普：guǐ）：櫥櫃。2 荷甑（粵：贈；普：zèng）：肩上的瓦罐。

譯文　郭泰善於識別人的賢愚善惡，喜歡獎勵和教導讀書人，足跡遍佈四方。茅容年齡已經四十餘歲，在田野中耕作時和一羣同伴到樹底下避雨，大家都隨便地坐在地上，只有茅容正襟危坐，非常恭敬。郭泰路過，見此情景，大為驚異，因而向茅容請求借宿。第二天，茅容殺雞作為食品，郭泰以為是為自己準備的，但茅容分了半隻雞侍奉母親，將其餘半隻雞收藏在櫥櫃裏，自己用粗劣的蔬菜和客人一同吃飯。郭泰說：「你的賢良大大地超過了普通人。我自己尚且減少對父母親的供養來款待客人，而你卻是這樣，真是我的好友。」於是，郭泰站起身來，向他作揖，勸他讀書學習。茅容最終成為很有德行的人。鉅鹿人孟敏，在太原郡客居，肩上扛的瓦罐摔在地上，他一眼不看便離開了。郭泰見此情景，問他為甚麼這樣，孟敏回答說：「瓦罐已經破碎了，看它有甚麼益處？」郭泰認為他有分辨和決斷能力，於是和他交談，了解他的天賦和秉性，因而勸他外出求學。結果孟敏成為聞名當世的人。陳留人申屠蟠家境貧困，受僱於人做漆工，鄢陵人庾乘年少時在縣府擔任門卒，郭泰見到他們，對他們另眼相待，後來他們都成為知名的人士。其他人，有的是屠戶出身，有的是賣酒出身，有的是士卒出身，因受到郭泰的獎勵和引薦而成名的很多。

或問范滂曰：「郭林宗何如人？」滂曰：「隱不違親，貞不絕俗，天子不得臣，諸侯不得友，吾不知其他。」

譯文　有人詢問范滂說：「郭泰是個甚麼樣的人？」范滂回答說：「隱居而不離開雙親，堅貞而不離棄世俗，天子不能使他為臣下，諸侯不能使他為友，除此之外，我不知道還有別的。」

泰嘗舉有道，不就，同郡宋沖素服其德，以為自漢元以來，未見其匹，嘗勸之仕。泰曰：「吾夜觀乾象，晝察人事，天之所廢，不可支也，吾將優遊卒歲而已。」然猶周旋京師，誨誘不息。徐稺以書戒之曰：「大木將顛，非一繩所維，何

為棲棲不遑寧處！」泰感寤曰：「謹拜斯言，以為師表。」

譯文

郭泰曾經被地方官府推薦為「有道」人才，郭泰不肯接受。同郡人宋沖一向佩服郭泰的品德和學問，認為自從漢朝建立以來，沒有人能超過他，曾經勸他出去做官。郭泰說：「我夜間觀看天象，白天考察人事，上天要滅亡的，人力不能支持，我將悠閒地過日子而已。」但他還是經常到京都洛陽，不停地教誨和勸誘人們讀書求學。徐穉寫信警告他說：「大樹快要倒下，不是一根繩子所能拴住的，為何奔波忙碌，不能安定下來！」郭泰有所感悟而說：「恭敬地拜受你的話，當做老師的指教。」

賞析與點評

郭泰和徐穉都是當世名士，而處世的方式卻有所差別。郭泰大概仍秉執孔子「知其不可而為之」的精神；徐穉則洞見大難將至，政治已回天乏術，故寫信提點郭泰。他說：「大木將顛，非一繩所維」，真是明察之言。

孝桓皇帝延熹八年（公元一六五年）

（春，正月。）帝多內寵，宮女至五六千人，及驅役從使復兼倍於此，而鄧后恃尊驕忌，與帝所幸郭貴人更相譖訴。癸亥，廢皇后鄧氏，送暴室[1]，以憂死。

注釋　1 暴室：囚禁被廢黜後宮妃嬪的地方。

譯文　（春天正月。）桓帝有許多妃子，宮女達到五六千人，其他供驅使的僕役，還是這數目的兩倍。鄧皇后仗恃她的尊貴地位，驕傲忌妒，跟桓帝寵倖的郭貴人互相誣陷和控告。癸亥，鄧皇后被廢，送往暴室監禁。鄧皇后憂憤而死。

三月。……宛陵大姓羊元羣罷北海郡，臧污狼藉；郡舍溷軒[1]有奇巧，亦載之以歸。河南尹李膺表按其罪；元羣行賂宦官，膺竟反坐。單超[2]弟遷為山陽太守，以罪繫獄，廷尉馮緄[3]考[4]致其死；中官相黨，共飛章誣緄以罪。中常侍蘇康、管霸，固[5]天下良田美業，州郡不敢詰，大司農劉祐移書所在，依科品沒入之；帝大怒，與膺、緄俱輸作左校。

注釋

1 溷軒：厠所。2 單（粵：善；普：shàn）超：桓帝的親信宦官，封為新豐侯，食邑二萬戶。3 馮緄（粵：滾；普：gǔn）：人名。4 考：通「拷」。5 固：障固，意思是賤價強奪。

譯文

宛陵縣大族羊元羣，在北海郡太守任上被罷免。他貪贓枉法，聲名狼藉，郡府中厠所裏裝有精巧的設備，都被他載運回家。河南尹李膺向朝廷上表，請求審查和驗問羊元羣的罪行。羊元羣向宦官們行賄，李膺竟被宦官們指控為誣告，遭受「反坐」之罪。單超的弟弟單遷擔任山陽郡太守，因為犯法被囚禁在監獄，廷尉馮緄將他拷打致死。於是宦官們互相結黨，共同起草匿名信，誣告馮緄有罪。中常侍蘇康、管霸用賤價強買天下良田美業，州郡官府不敢追究，大司農劉祐向當地發送公文，依照法令，予以沒收。桓帝大為震怒，下令把劉祐和李膺、馮緄，都一道送往左校營，罰服苦役。

十一月，壬子，……：陳蕃[1]數言李膺、馮緄、劉祐之枉，請加原宥，升之爵任，言及反覆，誠辭懇切，以至流涕；帝不聽。應奉上疏曰：「夫忠賢武將，國之心膂。竊見左校弛刑徒馮緄、劉祐、李膺等，誅舉邪臣，肆之以法；陛下既不

聽察，而猥受譖訴，遂令忠臣同慜元惡，自春迄冬，不蒙降恕，遐邇觀聽，為之歎息。夫立政之要，記功忘失；是以武帝捨安國於徒中，宣帝征張敞於亡命。緄前討蠻荊，均吉甫之功；祐數臨督司，有不吐茹[2]之節；膺著威幽、并，遺愛度遼。今三垂蠢動，王旅未振，乞原[3]膺等，以備不虞。」書奏，乃悉免其刑。久之，李膺復拜司隸校尉。時小黃門張讓弟朔為野王令，貪殘無道，畏膺威嚴，逃還京師，匿於兄家合柱中。膺知其狀，率吏卒破柱取朔，付雒陽獄，受辭畢，即殺之。讓訴冤於帝，帝召膺，詰以不先請便加誅之意。對曰：「昔仲尼為魯司寇，七日而誅少正卯[4]。今臣到官已積一旬，私懼以稽留為愆，不意獲速疾之罪。誠自知釁責，死不旋踵，特乞留五日，克殄元惡，退就鼎鑊，始生之願也。」帝無復言，顧謂讓曰：「此汝弟之罪，司隸何愆！」乃遣出。自此諸黃門、常侍皆鞠躬屏氣，休沐不敢出宮省。帝怪問其故，並叩頭泣曰：「畏李校尉。」時朝廷日亂，綱紀頹弛，而膺獨持風裁，以聲名自高，士有被其容接者，名為登龍門云。

注釋

1 陳蕃：《汝南先賢傳》曰：「陳蕃字仲舉，汝南平輿人。有室荒蕪不掃除，曰：『大丈夫當為國家掃天下。』值漢桓之末，閹豎用事，外戚豪橫。及拜太傅，與大將軍竇武謀誅宦官，反為所害。」 2 不吐茹：不畏強暴，也不欺柔弱。 3 原：赦免。 4 誅少正卯：事見《荀子・宥坐》和《孔子家語・始誅》。孔子誅少正卯的故事曾廣泛流傳，但很多學者認為此說與孔子的思想有差異，未必可靠。

譯文

十一月壬子，……陳蕃多次向桓帝陳訴李膺、馮緄、劉祐所遭受的冤枉，請求加以原諒，恢復官職。他再三請求，言辭懇切，甚至流淚，但桓帝不肯接受。應奉上書說：「忠臣良將，是國家的心腹和脊樑。我認為，左校營弛刑徒馮緄、劉祐、李膺等人誅殺和彈劾奸臣，完全符合國家法令。陛下既不聽取他們的陳述，調查了解事情的真相，卻輕信別人的誣告，結果使忠臣良將跟大奸大惡同罪，自春季直到冬季，仍然不能蒙受寬恕。遠近的人們看到和聽到後，無不為之歎息。處理政事的關鍵在於，要記住臣下的功勞，忘掉他們的過失。所以，漢武帝從囚徒中選拔韓安國，宣帝從逃亡犯中徵召張敞。馮緄從前討伐荊州的叛蠻，曾有和吉甫同等的功勞。劉祐曾多次主持司法，有不畏懼強暴和不欺侮柔弱的氣節。李膺的聲威震動幽州、并州，在北疆留下仁愛。而今，三面的邊陲都有戰事，而朝廷的軍隊又都沒有班師回京，請求陛下寬赦李膺等人，以備發生意料不到的變化。」奏章呈上，桓帝這才下令免除三人全部的刑罰。過了很久，李膺被重新任命為司隸校尉。當時小黃門張讓的弟弟張朔擔任野王縣的縣令，貪污殘暴，沒有德政，因為畏懼李膺的嚴厲，逃回京都洛陽，躲在他哥哥張讓家的合柱中。李膺得知這個情況以後，率領吏卒破開合柱，將張朔逮捕，交付洛陽監獄，聽完供詞，立即處決。張讓向桓帝訴冤，桓帝召見李膺，責問他為甚麼不先請求批准就加以誅殺。李膺回答說：「從前孔子擔任魯國的大司寇，七天便把少正卯處決，而今我到職已經十天，害怕因拖延時間而獲罪，想不到竟會因行動太快而獲罪。我深知自己罪責嚴重，死在眼前，特地向陛下請求，讓我再在職位上停留五天，一定拿獲元兇歸案，然後再受烹刑，這才是我的願望。」桓帝無話可說，回過頭來對張讓說：「這都是你弟弟的罪，司隸校尉有甚麼過失？」於是，命李膺退出。從此，所有的黃門、中常侍，都謹慎恭敬，不敢大聲呼吸，甚至連休假日也不敢出宮。桓帝覺得很奇怪，問他們究竟是怎麼一回事。大家一齊叩頭哭泣說：「我們害怕司隸校尉李膺。」當時，朝廷的政治，一天比一天混亂，法度崩塌破壞，然而，只有李膺仍然維護朝綱，執法裁奪，因此聲望一天比一天高，凡是讀書的士人，能夠被他容納或接見的，都稱之為「登龍門」。

賞析與點評

《世說新語・德行》說：「陳仲舉言為士則，行為世範，登車攬轡，有澄清天下之志。」陳蕃是東漢士大夫的表率，漢末清議的代表人物，在第二次黨錮之禍中不幸被宦官殺害。

孝桓皇帝延熹九年（公元一六六年）

汝南太守宗資以范滂為功曹，南陽太守成瑨以岑晊為功曹，皆委心聽任，使之褒善糾違，肅清朝府。滂尤剛勁，疾惡如仇。滂甥李頌，素無行，中常侍唐衡以屬資，資用為吏；滂寢而不召。資遷怒，捶書佐朱零，零仰曰：「范滂清裁，今日寧受笞而死，滂不可違。」資乃止。郡中中人以下，莫不怨之。於是二郡為謠曰：「汝南太守范孟博，南陽宗資主畫諾；南陽太守岑公孝，弘農成瑨但坐嘯。」

譯文

汝南郡太守宗資任命范滂為功曹，南陽郡太守成瑨任命岑晊為功曹，都非常信任，讓他們獎勵善良，懲罰邪惡，整頓和澄清太守府的吏治。范滂尤其剛毅強勁，看見罪惡猶如見到仇敵。范滂的外甥李頌一向沒有德行，中常侍唐衡將他託付給汝南郡太守宗資，宗資任用李頌為吏，范滂卻將公文擱置案頭，不肯召見。宗資遷怒他人，捶打書佐朱零。朱零抬頭對宗資說：「這是范滂剛正的決斷，今天我寧願被笞打而死，也不違背范滂的決定。」宗資方才作罷。郡太守府中的中級官吏以下無不怨恨。於是，兩郡就傳出諷刺性的謠言說：「汝南郡的太守是范滂，南陽郡人宗資只不過負責在文書上簽字。南陽郡的太守是岑晊，弘農郡人成瑨只是閒坐着吟詠。」

太學諸生三萬餘人，郭泰及潁川賈彪為其冠，與李膺、陳蕃、王暢更相褒重。學[1]中語曰：「天下模楷，李元禮；不畏強禦，陳仲舉；天下俊秀，王叔茂。」於是中外承風，競以臧否[2]相尚，自公卿以下，莫不畏其貶議，屣履到門。

注釋

1 學：太學。2 臧否（粵：鄙；普：pǐ）：臧是讚美，否是否認、貶低。臧否，指評論是非得失。

譯文

太學學生共有三萬餘人，郭泰和潁川郡人賈彪是他們的首領。他倆和李膺、陳蕃、王暢互相褒揚標榜。學生中間流行這樣一句讚美他們的話：「天下楷模是李膺，不怕強梁橫暴是陳蕃，天下才智出眾是王暢。」於是朝廷內外受這樣的風氣影響，競相以品評朝政的是非得失為時尚，自三公九卿以下的朝廷大臣，無不害怕受到這種輿論的譴責和非議，都爭先恐後地登門和他們結交。

賞析與點評

這種高自標榜的風氣，大概是東漢外戚、宦官相繼當權，政治極度腐敗下的一種反彈。到了兩次黨錮之後，士人受到嚴酷的打壓，清議之風遂一變而為崇尚玄理、明哲保身的清談。

宛有富賈張汎者，與後宮有親，又善雕鏤玩好之物，頗以賂遺中宮，以此得顯位，用勢縱橫。岑晊與賊曹史張牧勸成瑨收捕汎等，既而遇赦；瑨竟誅之，並收其宗族賓客，殺二百餘人，後乃奏聞。小黃門晉陽趙津，貪橫放恣，為一縣巨患。太原太守平原劉瓆使郡吏王允討捕，亦於赦後殺之。於是中常侍侯覽使張汎妻上書訟冤，宦官因緣譖訴瑨、瓆。帝大怒，徵瑨、瓆，皆下獄。有司承旨，奏瑨、瓆罪當棄市。

譯文

宛縣有一位富商名叫張汎，他和皇宮的某一位妃子沾點親戚，而又善於雕刻供人賞玩嗜好的物品，經常不斷地送給宦官作禮物，因此，在地方上很有地位，仗恃權勢橫行霸道。岑晊和賊曹史張牧說服太守成瑨，將張汎等人逮捕。不久遇着朝廷頒佈大赦令，成瑨竟然不顧，將張汎誅殺，並收捕他的宗族和賓客共二百餘人，全部處死，事後方才奏報朝廷。小黃門晉陽縣人趙津，貪污殘暴，驕縱恣肆，成了全縣的大禍害。太原郡太守平原郡人劉瓆，派遣郡吏王允將趙津逮捕，也是在朝廷頒佈赦令之後，將趙津誅殺。於是中常侍侯覽指使張汎的妻子，向朝廷上書替張汎鳴冤，宦官又趁着這個機會，誣陷成瑨和劉瓆。桓帝勃然大怒，將成瑨、劉瓆二人囚禁。有關官員秉承宦官的意旨，彈劾成瑨、劉瓆罪大惡極，應當綁赴刑場，斬首示眾。

山陽太守翟超以郡人張儉為東部督郵。侯覽家在防東，殘暴百姓。覽喪母還家，大起塋塚。儉舉奏覽罪，而覽伺候遮截，章竟不上。儉遂破覽塚宅，藉沒資財，具奏其狀，復不得御。徐璜[1]兄子宣為下邳令，暴虐尤甚。嘗求故汝南太守李皓女不能得，遂將吏卒至家，載其女歸，戲射殺之。東海相汝南黃浮聞之，收宣家屬，無少長，悉考之。掾史以下固爭，浮曰：「徐宣國賊，今日殺之，明日坐死，足以瞑目矣！」即案宣罪棄市，暴其屍，於是宦官訴冤於帝，帝大怒，超、浮並坐髡鉗，輸作左校。

注釋

1 徐璜：受桓帝重用的宦官，封為武原侯。

譯文

山陽郡太守翟超任命該郡人張儉擔任東部督郵。中常侍侯覽家在防東縣，殘害百姓。侯覽母親病故時，他回到家鄉興建高大的墳墓。張儉向朝廷上書，彈劾侯覽的罪行，然而侯覽伺機攔截張儉的奏章，使奏章無法呈送到皇帝面前。於是張儉便摧毀侯覽的墳墓和住宅，沒收所有的家貲財產，再詳細奏報侯覽的罪狀。奏章仍然不能上達。中常侍徐璜的姪兒徐宣，擔任下邳縣令，更加殘暴酷虐。他曾經要求娶前汝南郡太守李皓的女兒為妻，因為沒有得手，就率領吏卒衝進李家，將李皓的女兒搶回自己家中，以箭射女作為遊戲，將她殺死。東海國宰相汝南郡人黃浮聽說這件事後，逮捕徐宣和他的家屬，不分男女老幼，一律用嚴刑拷問。掾史以下的屬吏竭力勸阻，黃浮說：「徐宣是國家的蟊賊，今天殺掉他，明天我坐罪抵命，死也瞑目。」立即判處將徐宣綁赴刑場斬首，屍體示眾。於是宦官向桓帝控訴，桓帝勃然大怒，翟超、黃浮兩人都被坐罪，判處髡刑，並送往左校營罰服苦役。

賞析與點評

當權的宦官和他們的親屬，真是無法無天。

河內張成，善風角，推占當赦[1]，教子殺人。司隸李膺督促收捕，既而逢宥獲免；膺愈懷憤疾，竟案殺之。成素以方伎交通宦官，帝亦頗訊其占；宦官教成弟子牢修上書，告「膺等養太學遊士，交結諸郡生徒，更相驅馳，共為部黨，誹訕朝廷，疑亂風俗。」於是天子震怒，班下郡國，逮捕黨人，布告天下，使同忿疾。案經三府，太尉陳蕃卻之曰：「今所案者，皆海內人譽，憂國忠公之臣，此等猶將十世宥[2]也，豈有罪名不章[3]而致收掠者乎！」不肯平署。帝愈怒，遂下膺等於黃門北寺獄，其辭所連及，太僕潁川杜密、御史中丞陳翔及陳寔、范滂之徒二百餘人。或逃遁不獲，皆懸金購募，使者四出相望。陳寔曰：「吾不就獄，眾無所恃。」乃自往請囚。范滂至獄，獄吏謂曰：「凡坐繫者，皆祭皋陶。」滂曰：「皋陶，古之直臣，知滂無罪，將理之於帝，如其有罪，祭之何益！」眾人由此亦止。陳蕃復上書極諫，帝諱其言切，託以蕃辟召[4]非其人，策免之。

注釋

1 推占當赦：按：張成與宦官交通，又與桓帝認識，應是預先知悉會有大赦。2 宥：免罪。3 章：彰顯。4 辟召：選用官員。

譯文

河南尹人張成精通占候之術，他預先推算朝廷將要頒佈大赦令，就教他的兒子殺人。司隸校尉李膺督促屬吏，逮捕張成父子。不久，果然遇着朝廷頒佈赦令，應該赦免。李膺心中更加憤怒，竟將張成父子處斬。但張成一向用占候術結交宦官，桓帝有時候也向張成訊問占候。於是宦官指使張成的徒弟牢修上書，控告「李膺等人專門蓄養太學的遊士，結交各郡派到京都洛陽求學的學生和門徒，互相標榜，結成朋黨，誹謗朝廷，迷惑和擾亂風俗。」奏章呈上後，桓帝盛怒，下詔各郡、各封國，逮捕黨人，並且明白佈告天下，使大家同仇敵愾。公文經過太尉、司徒、司空三府，太尉陳蕃將詔書退回，說：「這次所搜捕的，都是海內享有盛名，憂心國事，忠於國家的大臣，即令他們犯了甚麼罪過，也應該寬恕十世。豈有罪名曖昧不明，而遭致逮捕拷打？」拒絕聯合簽署。桓帝更加發怒，便直接下令，逮捕李膺等人，囚禁在黃門北寺監獄。李膺等人的供詞牽連涉及到的有太僕潁川郡人杜密、御史中丞陳翔，以及陳寔、范滂等二百餘人。有的人事先逃亡，未能逮捕歸案，朝廷則懸賞緝拿，派遣出去搜捕黨人的使者，到處可以見到。陳寔說：「我不到監獄，大家都沒有依靠。」於是，自己前往監獄請求囚禁。范滂被捕，送到監獄，獄吏對他說：「凡是獲罪繫獄的人犯，都要祭拜皋陶。」范滂回答說：「皋陶是古代的正直大臣，如果他知道我范滂沒有犯罪，將會代我向天帝申訴，如果我犯了罪，祭祀他又有甚麼裨益？」所以，其他的囚犯也都不再祭祀。陳蕃再次上書，極力規勸桓帝。桓帝忌諱陳蕃言辭激切，假託陳蕃選用官員不稱職，下詔免除陳蕃的官職。

《通鑒》卷五十六　漢紀四十八

孝桓皇帝永康元年（公元一六七年）

五月，壬子晦[1]，日有食之。陳蕃既免，朝臣震栗，莫敢復為黨人言者。賈彪曰：「吾不西行，大禍不解。」乃入雒陽，說城門校尉竇武、尚書魏郡霍諝等，使訟之。武上疏曰：「陛下即位以來，未聞善政，常侍、黃門，競行譎詐，妄爵非人。伏尋西京，佞臣執政，終喪天下。今不慮前事之失，復循覆車之軌。臣恐二世之難，必將復及，趙高之變，不朝則夕。近者姦臣牢修造設黨議，遂收前司隸校尉李膺等逮考，連及數百人。曠年拘錄，事無效驗。臣惟膺等建忠抗節，志經王室，此誠陛下稷、契、伊、呂之佐；而虛為姦臣賊子之所誣枉，天下寒心，海內失望。惟陛下留神澄省，時見理出，以厭人鬼喁喁之心。今臺閣近臣，尚書朱寓、荀緄、劉祐、魏朗、劉矩、尹勳等，皆國之貞士，朝之良佐；尚書郎張陵、嬀皓、苑康、楊喬、邊韶、戴恢等，文質彬彬，明達國典，內外之職，羣才並列。而陛下委任近習，專樹饕餮，外典州郡，內幹心膂，宜以次貶黜，案罪糾罰；信任忠良，平決臧否，使邪正毀譽，各得其所，寶愛天官，唯善是授，如此，咎徵可消，天應可待。間者有嘉禾、芝草、黃龍之見。夫瑞生必於嘉士，福至實由善人，在德為瑞，無德為災。陛下所行不合天意，不宜稱慶。」書奏，因以病上還城門校尉、槐里侯印綬。霍諝亦為表請。帝意稍解，使中常侍王甫就獄訊黨人范滂等，皆三木囊頭，暴於階下，甫以次辨詰曰：「卿等更相拔舉，迭為脣齒，其意如何？」滂曰：「仲尼之言：『見善如不及，見惡如探湯[2]。』滂欲使善善同其清，惡惡同其污，謂王政之所願聞，不悟更以為黨。古之修善，自求多福。今之修善，身陷大戮。身死之日，願埋滂於首陽山側，上不負皇天，下不愧夷、齊。」甫愍然為之改容，乃得並解桎梏。李膺等又多引[3]宦官子弟，宦官懼，請帝以天時[4]宜赦。六月，庚申，赦天下，改元；黨人二百餘人皆歸田里，書名三府，禁錮終身。

注釋　1 晦：每月的最後一天。2 如探湯：湯指滾水，喻去之疾也。3 引：牽連。4 天時：天象，指日食。

譯文　五月壬子的最後一天，發生日食。陳蕃被免職以後，朝廷文武大臣大為震動恐懼，再沒有人敢向朝廷替黨人求情。賈彪說：「我如果不西去京都洛陽一趟，大禍不可能解除。」於是，他就親自來到洛陽，說服城門校尉竇武、尚書魏郡人霍諝等人，使他們出面營救黨人。竇武上書說：「自陛下即位以來，並沒有聽說施行過善政。常侍、黃門卻奸詐百出，競相謀取封爵。回溯西京長安時代，阿諛奉承的官員掌握朝廷大權，終於失去天下。而今不但不憂慮失敗的往事，反而又走到使車輛翻覆的軌道上，我恐怕秦朝二世胡亥覆亡的災難，一定會再度降臨，趙高一類的變亂，也早晚都會發生。最近，因奸臣牢修捏造出朋黨之議，就逮捕前司隸校尉李膺等入獄，進行拷問，牽連到數百人之多，經年囚禁，事情並無真實證據。我認為，李膺等人秉着忠心，堅持節操，志在籌畫治理王室大事，他們都真正是陛下的后稷、子契、伊尹、呂尚一類的輔佐大臣，卻被加上虛構罪名，遭受奸臣賊子的冤枉陷害，以致天下寒心，海內失望。唯有請陛下留心澄清考察，立即賜予釋放，以滿足天地鬼神翹首盼望的心願。而今，尚書臺的親近大臣，如尚書朱寓、荀緄、劉祐、魏郎、劉矩、尹勳等人，都是國家的忠貞之士，朝廷的賢良輔佐。尚書郎張陵、嬀皓、苑康、楊喬、邊韶、戴恢等人，舉止文雅，通達國家的典章制度，朝廷內外的文武官員，英才並列。然而，陛下卻偏偏信任左右親近，依靠奸佞邪惡，讓他們在外主管州郡，在內作為心腹。應該把這批奸佞邪惡之徒陸續加以廢黜，調查和審問他們的罪狀，進行懲罰。信任忠良，分辨善惡和是非，使邪惡和正直、誹謗和榮譽各有所歸。遵照上天的旨意，將官位授給善良的人。果真如此，天象災異的徵兆可以消除，上天的祥瑞指日可待。近來，雖偶爾也有嘉禾、靈芝草、黃龍等出現，但是，祥瑞發生，一定是因為有賢才，福佑降臨，一定是由於有善人，如果有恩德，它就是吉祥，沒有恩德，它就是災禍。而今陛下的行為不符合天意，所以不應該慶賀。」奏章呈上後，竇武即稱病辭職，並繳還城門校尉、槐里侯的印信。霍諝也上書營救黨人。桓帝的怒氣稍稍化解，派中常侍王甫前往監獄審問范滂等黨人。范滂等人頸戴大枷，手腕戴着鐵銬，腳掛鐵鐐，布袋蒙住頭臉，暴露在臺階下面。王甫逐一詰問說：「你們互相推舉保薦，像嘴唇和牙齒一樣地結成一黨，究竟有甚麼企圖？」范滂回答說：「孔子有言：『看見善，立刻學習都來不及。看見惡，就好像把手插到滚水裏，應該馬上停止。』我希望獎勵善良使大家同樣清廉，嫉恨惡人使大家都明白其卑污所在。本以為朝廷會鼓勵我們這麼做，從沒有想到這是結黨。古代人修德積善，可以為自己謀取多福。而今修德積善，卻身陷死罪。我死後，但願將我的屍首埋葬在首陽山之側，上不辜負皇天，下不愧對伯夷、叔齊。」王甫深為范滂的言辭而動容，可憐他們的無辜遭遇，於是命有關官吏解除他們身上的刑具。而李膺等人在口供中，又牽連出許多宦官子弟，宦官們也深恐事態繼續擴大。於是請求桓帝，用發生日食作為藉口，將他們赦免。六月庚申，桓帝下詔，大赦天下，改年號。黨人共二百餘人，都遣送回各人的故鄉；將他們的姓名編寫成冊，分送太尉、司徒、司空三府，終身不許再出來做官。

賞析與點評

賈彪、竇武等的行事和言論，反映當時朝廷尚有不少廉能正直的官員。只是桓帝是非不分，讓政治無法走上平坦的道路。諺語説：「誰為為之？孰令致之？」是誰促成宦官亂政呢？這個問題，值得大家三思。

三國兩晉南北朝

引論三

東漢中期以來，由於不斷有年幼的皇帝在位，造成宦官干政的局面。至東漢末年，宦官更盤踞內廷。他們用人唯私，子弟親黨佈散州郡，導致地方吏治日益腐敗。民生困頓，權貴橫行，終於引致民變四起，其中勢力最強是張角的「黃巾軍」。張角打着「蒼天已死，黃天當立，歲在甲子，天下大吉」的口號，廣泛地吸收信眾。到了中平元年（一八四年）二月，張角被追隨者唐周所告發。張角見事機洩露，乃命令所屬三十六方，一時俱起。張角自稱「天公將軍」，弟弟張寶稱「地公將軍」、張梁稱「人公將軍」。黃巾軍到處攻打郡縣，焚燒官府。旬月之間，全國響應，京師洛陽震動。漢靈帝隨即與羣臣商議應對之策。北地太守皇甫嵩奏請解除黨禁。靈帝問計於中常侍呂強，終於決定下詔大赦黨人。當時黃巾軍主力活動於冀州、南陽、潁川等地區。漢廷命北中郎將盧植率軍攻打冀州地區張角所部黃巾軍，左中郎將皇甫嵩、右中郎將朱儁、騎都尉曹操率兵攻打潁川黃巾軍。雖然皇甫嵩、盧植等均多次取勝，但黃巾軍人數眾多，分佈極廣，也不可能快速撲滅。加上靈帝誤信宦官左豐，把連破張角、將之圍困於廣宗[1]的盧植徵還京師治罪，改命中郎將董卓進攻廣宗，讓董卓有機會擁兵自重。

中平六年（一八九年），外戚何進欲誅除宦官，但為何太后所阻撓，便聽從袁紹的建議，請董卓領兵入宮。由於事機不密，為宦官知悉，他們先把何進殺掉。董卓遂佔領洛陽，並引兵進宮大誅宦官，最後廢掉少帝，立劉協繼位，是為漢獻帝。董卓不久就殺害了少帝及何太后，又自立為相，專斷朝政。一位學者曾經指出，自從董卓控制朝政後，各地的州牧、太守、刺史等紛紛起兵，藉口以討伐董卓為名，其實是為了建立割據政權。至此，漢末混戰展開，而東漢政權名存實亡。[2]此後，三國時代逐漸展開。

由一八四年開始，除西晉[3]一段短暫的統一外，直到五八九年隋朝滅陳統一全國，中國一直處於分裂的局面。從東漢分裂到三國結束共九十七年。從西晉滅亡至隋文帝滅陳共二百七十四年。前者以曹操統一北方後，乘勢南下，卻在赤壁之戰中慘敗為關鍵；後者可以北魏統一北方後，孝文帝實行全面的漢化政策，標誌着胡、漢文化的大融合，是成就隋唐統一的重要契機。兩者對中國歷史的演進有着極為深遠的影響，值得關注。

1 廣宗，在河北。

2 韓復智等《秦漢史》，第一三二—一三三頁。

3 在二八〇年滅吳、結束三國分裂，到三一六年愍帝被擄，東晉在南方建國。

魏晉之際，中國政治黑暗，民生困苦，士人生命難有保障，遂出現了好談玄說理的清談名士。當中，阮咸、劉伶、向秀、嵇康、阮籍、山濤、王戎合稱「竹林七賢」。當時司馬氏已實際掌握了曹魏政權，故對不依附的名士往往藉故殺戮。七人之中，阮籍、嵇康尤具代表性，故劉勰《文心雕龍》說：「正始明道，詩雜仙心。何晏之徒，率多浮淺。惟嵇志清峻，阮旨遙深，故能標焉。」說明了阮籍和嵇康是當時兩位最優秀的詩人、思想家。名士好談玄理，即對哲學問題的探究，課題包括：言意之辨、有無之辨、名教與自然關係、才性論和形神論等。以「名教與自然」關係為例，又可分為三個論題，即「名教本於自然」[4]、「越名教而任自然」[5]、「名教即自然」[6]。由於嵇康之妻是曹魏宗室女，故被司馬氏視為潛在敵人。當山濤推薦他做官，他寫了〈與山巨源絕交書〉表示自己有「七不堪」和「二不可」，而平日言論更「非湯武而薄周孔」，絕對不適合為官。此時，與嵇康素有恩怨的鍾會，藉口其言論「傷風敗俗」，趁機勸說司馬昭將之處死。嵇康臨刑前，三千名太學生聯名上書請求赦免嵇康，但沒有獲准。在刑場上，嵇康顧視日影，從容彈奏一曲《廣陵散》，曲罷歎道：「袁孝尼[7]嘗請學此散，吾靳固不與，《廣陵散》於

---

4 由王弼提出。
5 由嵇康提出。
6 由向秀提出，再經郭象發揮。
7 名準，字孝尼，入晉後，官至給事中。

今絕矣！」[8]，遂從容赴死，時年四十。

司馬氏取代曹氏，建晉，結束三國時代。西晉統一中國不到二十年，便陷入內憂外患。晉武帝平吳後，納孫皓妃嬪數千人於後宮，因內寵甚多，常乘羊車恣其所往，其荒殆可知。又認為曹魏未曾封建，使王室孤立而速亡，遂大封同姓宗室，終於導致八王之亂。漢末魏晉，中原動盪，胡人大量內徙，與漢人雜居，引起嚴重的民族矛盾。適值晉室內亂，諸王互相攻伐，匈奴人劉淵遂乘時在并州自立，稱漢王，建立漢國[9]，並在三〇四年稱帝。劉淵年青時已經深嗜漢文化，曾拜上黨人崔遊為師，學習了《詩》、《書》和《易》。劉淵尤好《左氏春秋》及《孫吳兵法》，認為文武兼備才能獲世人欣賞，因而習武。劉淵臂力過人，善於射擊，可謂文武雙全。三一〇年劉淵逝世，兒子劉聰繼位。劉聰也學習漢人典籍，通曉百家之學，深受漢化。他先後派兵攻破洛陽和長安，俘虜並殺害懷帝、愍帝，終於覆滅了動盪的西晉政權，開啟了五胡紛擾、晉室南渡的局面。這次分裂長達二百年之久。直至北魏孝文帝遷都洛陽，中國始漸漸再有一個文化復興的中心。以後又經爾朱榮之亂，機運中絕。直到隋、唐，依然是起於西北，統一

---

8 嵇康也是音樂大師，曾作〈聲無哀樂論〉；《廣陵散》以戰國時聶政刺殺韓王的故事為題材，包括「取韓」、「衝冠」、「發怒」、「投劍」等段落的曲譜。金庸在長篇武俠小說《笑傲江湖》中曾借用這個故事，而作曲家顧家輝、填詞人黃霑合作撰寫、許冠傑演唱的〈滄海一聲笑〉，成為家喻戶曉的世紀金曲。

9 以漢室繼承者自居，後改為前趙。

中國……兼有了向外鬥爭進取以及向內平和伸舒的兩種形勢，十足的象徵出中國大一統盛運的復臨。[10]

北方在長期分裂的過程中，先後出現了匈奴、鮮卑、氐、羯、羌五族共十八個政權，也有漢族人建立的前涼和西涼。這些政權並非同時建立，歷史上常概括地稱這個時代為「五胡十六國」。這些國家，多屬偏據一隅的小政權，當中曾經統一北方的只有前秦和北魏兩個政權。前秦君主苻堅任用王猛，成功進行了政治改革，陸續將北方統一，建立了一個「東極滄海，西併龜茲，南包襄陽，北盡沙漠」的龐大政權。三八三年，苻堅統率八十餘萬大軍南下攻擊東晉。晉軍由丞相謝安率軍抵抗。他派遣謝玄、謝石，帶領八萬北府兵迎擊敵人。兩軍在淝水兩岸列陣對峙。當時苻堅認為可快速擊潰對方，十分輕敵，謝玄得到苻堅派來勸降的朱序的提示，便要求秦軍略向後撤，以便讓晉軍渡河決戰。苻堅企圖乘晉軍半渡淝水時予以截擊，同意後退，但秦軍軍心不穩，一退便陣腳大亂，不能停止。晉軍乘勢渡河並猛烈攻擊，混亂中前秦主將苻融墮馬被殺，朱序又作晉人內應，在陣後大呼「秦兵敗矣」。於是秦軍崩潰，苻堅政權隨即土崩瓦解，北方再度陷於分裂。

五胡雜居內地，長期在漢文化的熏陶下日漸漢化。其中漢化最早的是匈奴劉淵、劉聰父

10 錢穆《國史大綱》第二三五－二三六頁。

子，而鮮卑則感受漢化最深，故北方士大夫仕於鮮卑（北魏）者亦最多。鮮卑並因此得以統一北方諸胡，政權延續亦遠較其他胡族政權為久，並奠定日後隋唐大一統的基礎。歷代外族政權如久居中原，莫不深受漢文化的洗禮，而終於成為中華民族的一份子，如匈奴、鮮卑、突厥、沙陀、契丹、蒙古、滿洲，皆其顯明的例證。自辛亥革命後，孫中山先生首倡五族共和。自古及今，在經歷了無數的轉化與混合後，多個民族共同締構成一個偉大的中華民族。中國文化的綿長發展，實與歷代的民族與文化的不斷融合息息相關。其中，最著名的例子莫過於北魏孝文帝由平城遷都洛陽，堅決執行全面漢化政策。日後唐太宗提倡華夷一家，大概也與其雜有鮮卑血統、成長於關隴的政治環境有密切關係。

八、赤壁之戰

本篇導讀——

漢末羣雄並起，幾番混戰，曹操、孫權、劉備的實力逐漸提升，最終形成三國鼎立局面。這中間，赤壁之戰是一大關鍵。先是，曹操在官渡打敗了「四世三公」之家的袁紹，逐步統一了北方。他遂乘勢南下，希望一舉殲滅荊州劉表和東吳孫權的勢力，一統天下。劉表是漢末名士，擔任荊州牧後，史稱其「招誘有方，威懷兼洽，其姦猾宿賊更為效用，萬里肅清」[1]，但他為人優柔寡斷，稍乏軍事才能。當曹操揮軍南下之際，劉表病逝，次子劉琮繼位，旋即降於曹操。其時劉備勢力單弱，正依附劉表，情勢對他極為不利，因派軍師諸葛亮聯絡孫權，共抗曹軍。孫權謀士魯肅亦深感情勢嚴峻，力主與劉備聯合。適值收到曹操語帶威脅的書信，孫權不

1《後漢書・劉表傳》。

願以「全吳之地，十萬之眾」受制於人，遂召回倚重的大將周瑜。在聽周瑜分析了曹軍的弱點後，孫權決意「聯備抗操」。孫劉聯軍最終在赤壁之戰中大敗曹軍，因之確立三國鼎立的形勢。這一段史事，因名著《三國演義》的傳播而家喻戶曉。但《三國演義》中戲劇化的表達手法，過分凸顯諸葛亮的超羣智慧和誇大周瑜的狷狹氣量，故未必能夠讓我們真確地綜覽全局，掌握成敗的關鍵。讀讀《通鑑》的記載，有助於我們了解歷史真相。赤壁大戰的主角除曹、劉、孫，以及諸葛亮、周瑜外，一些謀士也極引人注目，如魯肅，他們擅於分析敵我形勢，識見超羣，值得重視。

《通鑑》卷六十五　漢紀五十七

孝獻皇帝建安十一年（公元二〇六年）

春，正月，……曹操自將擊高幹[1]，留其世子丕守鄴，使別駕從事崔琰傅之。操圍壺關，三月，壺關降。高幹自入匈奴求救，單于不受；幹獨與數騎亡，欲南奔荊州[2]，上洛都尉王琰捕斬之，并州悉平。

注釋　1高幹：袁紹外甥，并州刺史。2荊州：時劉表為荊州牧，此處代指劉表。

譯文　春天正月，……曹操親自率軍征討高幹，留下世子曹丕鎮守鄴城，派別駕、從事崔琰輔佐曹丕。曹操大軍包圍壺關。三月，壺關投降。高幹親自去向匈奴求救，被匈奴單于拒絕。高幹身邊只剩幾名騎兵衞士，想南逃到荊州去投奔劉表。半路上，被上洛都尉王琰捉獲，斬首。并州全部平定。

初，山陽仲長統遊學至并州，過高幹，幹善遇之，訪以世事。統謂幹曰：「君有雄志而無雄材，好士而不能擇人，所以為君深戒也。」幹雅自多[1]，不悅統言，統遂去之。幹死，荀彧舉統為尚書郎。著論曰《昌言》，其言治亂，略曰：「豪傑之當天命者，未始有天下之分者也，無天下之分，故戰爭者競起焉。角智者皆窮，角力者皆負，形不堪復伉，勢不足復校，乃始羈首係頸，就我之銜紲[2]耳。及繼體之時，豪傑之心既絕，士民之志已定，貴有常家，尊在一人。當此之時，雖下愚之才居之，猶能使恩同天地，威侔鬼神，周、孔數千無所復角[3]其聖，賁、育百萬無所復奮其勇矣。彼後嗣之愚主，見天下莫敢與之違，自謂若天地之不可亡也，乃奔其私嗜，騁其邪欲，君臣宣淫，上下同惡，荒廢庶政，棄忘人物。信任親愛者，盡佞諂容說之人也；寵貴隆豐者，盡后妃姬妾之家也。遂至熬天下之脂膏，斫生民之骨髓，怨毒無聊，禍亂並起，中國擾攘，四夷侵叛，土崩瓦解，一朝而去，昔之為我哺乳之子孫者，今盡是我飲血之寇讎也。至於運徙勢去，猶不覺悟者，豈非富貴生不仁，沉溺致愚疾邪！存亡以之迭代，治亂從此周復，天道常然之大數也。」

注釋

1 自多：過於自信。2 銜綫：控制。3 角：角力，爭勝。

譯文

當初，山陽人仲長統遊學來到并州，拜訪刺史高幹，高幹對他待遇優厚，徵求他對時局的看法。仲長統對高幹說：「你有雄心大志，卻缺乏雄才大略；喜好賢能之士，卻不能鑒別人才。在這些事上面，你要深以為戒。」高幹一向自以為是，對仲長統的話很不高興，仲長統就離開了高幹。高幹死後，荀彧推薦仲長統擔任尚書郎。仲長統撰寫《昌言》，分析國家的安危治亂，主要大意是：「受命於上天的英雄豪傑，並不是從開始時就有統一天下的名分，由於沒有這種名分，所以競爭者紛紛崛起。但到後來，那些仗恃智謀的，智謀窮盡，仗恃力量的，力量枯竭。形勢不允許再對抗，也不足以再較量，於是才被捉住頭，捆住頸，置於我們控制之下。等到第二代統治者繼位時，那些豪傑已不再有爭奪天下的雄心，士大夫與百姓都已習慣於遵從命令，富貴之家已經固定，威權都集中於君主一人手中。在這時候，即使是一個才智低下的人坐在皇帝的寶座上，也能使他的恩德大到與天地相同，使他的威嚴達到與鬼神相似的地步。即使是有幾千個周公和孔子這樣的聖人，也無法再發揮他們的聖明；有百萬個孟賁和夏育之類的勇士，也無處再施展他們的勇力。那些繼承天下的愚蠢帝王，見到天下沒有人敢違抗旨意，就自認為政權像天地一樣不會滅亡，於是隨意發展自己的嗜好，放縱自己的邪惡慾望，君主與臣僚都為所欲為，上下一齊作惡，荒廢朝政，排斥人才。所信任親近的，都是奸佞諂媚的小人；所寵愛提升的，都是後宮妃嬪的家族。以至達到熬盡天下民脂民膏，敲骨吸髓的程度。人民身受怨毒，痛苦不堪，災禍戰亂，同時而起。中原大地紛擾不安，四方外族相繼背叛，政權土崩瓦解，毀於一旦。從前受我養護哺育的小民，如今全都成為喝我鮮血的仇敵。至於那些大勢已去，還不覺悟的人，豈不是富貴產生的麻木不仁，溺愛導致的愚昧頑劣嗎！政權的存亡相互交替，治理與戰亂也不斷周而復始地迴旋，這正是天地運行的規律。」

賞析與點評

仲長統的觀察力頗強，討論政治極為深刻細膩，而所說的問題其實是東漢政治的癥結。這些繼嗣君位的人大都欠缺憂患意識，更不懂得珍惜。所以便失去了自制能力，放縱私慾，過度信任身邊奉承的人，結果是自取滅亡。這正應了孟子所說的「生於憂患，死於安樂」。

烏桓乘天下亂，略[1]有漢民十餘萬戶，袁紹皆立其酋豪為單于，以家人子為己女妻焉。遼西烏桓蹋頓尤強，為紹所厚，故尚兄弟歸之，數入塞為寇，欲助尚復故地。曹操將擊之，鑿平虜渠、泉州渠以通運。

注釋

1 略：擄劫。

譯文

烏桓人乘天下大亂，擄劫漢人十餘萬戶。袁紹把各部落的酋長都封為單于，並以平民家的姑娘做自己的女兒，嫁給那些單于做妻子。遼西烏桓酋長蹋頓的勢力尤其強盛，受到袁紹的厚待，因此袁尚兄弟去投奔蹋頓。蹋頓屢次派兵入塞搶掠，想幫助袁尚恢復舊有的疆土。曹操準備出軍討伐，開鑿平虜渠、泉州渠，以便運輸大軍的糧草。

曹操將擊烏桓。諸將皆曰：「袁尚亡虜耳，夷狄貪而無親，豈能為尚用。今深入征之，劉備必說劉表以襲許，萬一為變，事不可悔。」郭嘉曰：「公雖威震天下，胡恃其遠，必不設備，因其無備，卒然擊之，可破滅也。且袁紹有恩於民夷，而尚兄弟生存。今四州之民，徒以威附，德施未加，舍而南征，尚因[1]烏桓之資，招其死主之臣，胡人一動，民夷俱應，以生蹋頓之心，成覬覦之計，恐青、冀非己之有也。表坐談客耳，自知才不足以御備，重任之則恐不能制，輕任之則備不為用，雖虛國遠征，公無憂矣。」操從之。行至易[2]，郭嘉曰：「兵貴神速。今千里襲人，輜重多，難以趨利，且彼聞之，必為備；不如留輜重，輕兵兼道以出，掩其不意。」

注釋

1因：利用。2易：易縣。

譯文

曹操準備出兵征討烏桓，將領們都說：「袁尚只不過是個逃亡的罪犯，烏桓人貪得無厭而不念舊情，豈能受袁尚利用。如今大軍深入塞外征烏桓，劉備必然勸說劉表乘虛襲擊許都，萬一發生變化，事情就後悔不及了。」郭嘉說：「您雖然威震天下，但烏桓人倚仗距離遙遠，一定不會預先防備，乘其不備，突然襲擊，可以一戰告捷。況且，袁紹對這一地區的百姓以及塞外的異族有恩德，而袁尚兄弟現在還活在世上。如今冀、青、幽、并四州的百姓，只是因畏懼而服從我們，並沒有受過我們的恩德。如果我們離開這裏而率軍南征，袁尚利用烏桓的武力作資本，招集願為恩主效死的部屬，烏桓人一動，四州的百姓及異族都會紛紛響應，這會使蹋頓動心，生出非分的打算，恐怕青州與冀州就不會再在您的控制下了。劉表不過是個只會坐在那裏發議論的人，他自知才幹不能駕御住劉備，重用劉備則害怕控制不住，輕用則劉備不會為他所用。因此，即使我們調走全國兵力遠征，您也不必擔擾。」曹操聽從了郭嘉的意見。大軍進發到易縣，郭嘉提議說：「兵貴神速，如今遠涉千里進行奇襲，輜重太多，難以掌握先機。而且假如烏桓人得到消息，必然加強戒備；不如留下輜重，軍隊輕裝以加倍的速度急進，出其不意地進攻。」

賞析與點評

謀士郭嘉分析北方形勢，極為準確。三國時期，曹操、孫權、劉備均極重視招納賢才。當時人才之眾，為中國歷史上所罕見。

初，琅邪諸葛亮寓居襄陽隆中，每自比管仲、樂毅；時人莫之許[1]也，惟潁川徐庶與崔州平謂為信然。劉備在荊州，訪士於襄陽司馬徽。徽曰：「儒生俗士，豈識時務，識時務者在乎俊傑。此間自有伏龍、鳳雛。」備問為誰，曰：「諸葛孔明、龐士元也。」徐庶見備於新野，備器[2]之。庶謂備曰：「諸葛孔明，臥龍也，將軍豈願見之乎！」備曰：「君與俱來。」庶曰：「此人可就見，不可屈致也，將軍宜枉駕顧之。」

注釋

1 許：稱許。2 器：器重。

譯文

起初，琅邪人諸葛亮寄居襄陽隆中，經常把自己比作管仲和樂毅；但當時人並不認可，只有潁川人徐庶與崔州平認為確是如此。劉備在荊州，向襄陽人司馬徽詢訪人才。司馬徽說：「一般的儒生與俗士，怎麼能認清時務，能認清時務的，只有俊傑之士。在襄陽這裏，自有伏龍與鳳雛。」劉備問是誰，司馬徽說：「就是諸葛亮與龐統。」徐庶在新野縣見到劉備，劉備對徐庶很器重。徐庶對劉備說：「諸葛亮乃是臥龍，將軍願見他嗎？」劉備說：「請你與他一起來。」徐庶說：「這個人，您可以去見他，不可以召喚他來，將軍應當屈駕去拜訪他。」

備由是詣[1]亮，凡三往，乃見。因屏人[2]曰：「漢室傾頹，姦臣竊命，孤不度德量力，欲信[3]大義於天下，而智術淺短，遂用猖蹶[4]，至於今日。然志猶未已，君謂計將安出？」亮曰：「今曹操已擁百萬之眾，挾天子而令諸侯，此誠不可與爭鋒。孫權據有江東，已歷三世，國險而民附，賢能為之用，此可與為援而不可圖也。荊州北據漢、沔，利盡南海，東連吳、會，西通巴、蜀，此用武之國，而其主不能守，此殆天所以資將軍也。益州險塞，沃野千里，天府之土；劉璋暗弱，張魯在北，民殷國富而不知存恤，智能之士思得明君。將軍既帝室之冑，信義著於四海，若跨有荊、益，保其巖阻，撫和戎、越，結好孫權，內修政治，外觀時變，則霸業可成，漢室可興矣。」備曰：「善！」於是與亮情好日密。關羽、張飛不悅，備解之曰：「孤之有孔明，猶魚之有水也。願諸君勿復言。」羽、飛乃止。

注釋

1 詣：拜訪。2 屏人：讓其他人離開，單獨與諸葛亮談論天下事。3 信：通「伸」。4 猖蹶：傾覆。

譯文

劉備於是拜訪諸葛亮，一共去了三次，才見到諸葛亮。於是，劉備讓左右的人都出去，說道：「漢朝王室已經衰敗，奸臣竊據朝政大權，我不度德量力，打算伸張正義於天下，但智謀短淺，以致於遭受挫折，到了今天這個地步。但我的雄心壯志仍然未息，你認為應當如何去作？」諸葛亮說：「如今，曹操已經擁有百萬大軍，挾持天子以號令天下，此人確實不可與他爭鋒。孫權佔據江東，已經歷三代，地勢險要，民心歸附，賢能人才都為他盡力，此人可以與他聯盟，卻不可算計他。荊州地區，北方以漢水、沔水為屏障，南方直通南海，東邊連接吳郡、會稽，西邊可通巴郡、蜀郡，正是用武之地，但主人劉表卻不能守，這恐怕是上天賜給將軍的資本。益州四邊地勢險阻，中有沃野千里，是天府之地，而益州牧劉璋昏庸儒弱，北邊還有張魯相鄰，雖然百姓富庶，官府財力充足，卻不知道珍惜，智士賢才都希望有一個聖明的君主。將軍既是漢朝王室的後裔，信義聞名天下，如果能佔有荊州與益州，據守險要，安撫戎、越等族，與孫權結盟，對內修明政治，對外觀察時局變化，這樣，就能建成霸業，復興漢朝王室了。」劉備說：「很好！」從此與諸葛亮的情誼日益親密。關羽、張飛對此感到不滿，劉備對他們解釋說：「我得到諸葛亮，是如魚得水，希望你們不要再說了。」關羽、張飛才停止抱怨。

賞析與點評

這便是著名的「隆中對」。諸葛亮洞燭先機，已預告了三國大勢。其中，對蜀的估計更是精準異常。只是與東吳關係未能長期和睦共處，最後失掉鼎足三立之局面，由司馬氏統一天下。

孝獻皇帝建安十年（公元二〇八年）

夏，六月，……癸巳，以曹操為丞相。操以冀州別駕從事崔琰為丞相西曹掾，司空東曹掾陳留毛玠為丞相東曹掾，元城令河內司馬朗為主簿，弟懿為文學掾，冀州主簿盧毓為法曹議令史。

譯文

夏季，六月癸巳日，……朝廷任命曹操為丞相。曹操委任冀州別駕、從事崔琰為丞相西曹掾，司空東曹掾陳留人毛玠為丞相東曹掾，元城縣縣令河內人司馬朗為主簿，他弟弟司馬懿為文學掾，冀州主簿盧毓為法曹議令史。

琰、玠並典選舉，其所舉用皆清正之士，雖於時有盛名而行不由本者，終莫得進。拔敦實，斥華偽，進沖遜，抑阿黨。由是天下之士莫不以廉節自勵，雖貴

寵之臣，輿服不敢過度，至乃長吏還者，垢面羸衣，獨乘柴車，軍吏入府，朝服徒行，吏潔於上，俗移於下。操聞之，歎曰：「用人如此，使天下人自治，吾復何為哉！」

譯文

崔琰與毛玠一起負責官員的選拔、任免事務，他們所選用的都是清廉正直的人士。雖然當時名望很高，但品行不佳的人，始終不能獲得任用。他們選拔敦厚務實的人才，排斥只會空談的浮華虛偽之人；進用謙虛和睦的長者，壓抑結黨營私的小人。因此，天下的士大夫無不以清廉的節操來勉勵自己，即便是高官寵臣，車輛、衣服的形式，也不敢超越制度。以至高級官員回家時，蓬頭垢面，衣服破爛，獨自乘坐柴車；文武官員入府辦公時，穿着朝服，徒步從家中走到官署。身居高位的官員都如此廉潔，民間的風俗也隨之改變。曹操知道後，歎息說：「像這樣任用人才，使天下人都自我控制，我還有甚麼可做的呢！」

秋，七月，曹操南擊劉表。……初，劉表二子，琦、琮。表為琮娶其後妻蔡氏之姪，蔡氏遂愛琮而惡琦，表妻弟蔡瑁、外甥張允並得幸於表，日相與毀琦而譽琮。琦不自寧，與諸葛亮謀自安之術，亮不對。後乃共升高樓，因令去梯。謂亮曰：「今日上不至天，下不至地，言出子口，而入吾耳，可以言未？」亮曰：「君不見申生在內而危，重耳居外而安乎？」琦意感悟，陰規出計。會黃祖死，琦求代其任，表乃以琦為江夏太守。表病甚，琦歸省疾。瑁、允恐其見表而父子相感，更有託後之意，乃謂琦曰：「將軍使君撫臨江夏，其任至重；今釋眾擅來，必見譴怒。傷親之歡，重增其疾，非孝敬之道也。」遂遏於戶外，使不得見，琦流涕而去。表卒，瑁、允等遂以琮為嗣。琮以侯印授琦，琦怒，投之地，將因奔喪作難。會曹操軍至，琦奔江南。

譯文

秋季，七月，曹操出軍南征劉表。……起初，劉表有兩個兒子，劉琦與劉琮。劉表把後妻蔡氏的姪女嫁給劉琮，蔡氏就喜愛劉琮而厭惡劉琦。蔡氏的弟弟蔡瑁與劉表的外甥張允都是劉表的親信，他們經常稱讚劉琮，詆譭劉琦。劉琦心中不安，就與諸葛亮商議保護自己的對策，但諸葛亮不回答。後來，劉琦與諸葛亮一起登上高樓，命令左右把梯子撤開，對諸葛亮說：「如今上不着天，下不着地，話從你嘴裏說出，只進入我一個人的耳中，可以說了嗎？」諸葛亮說：「你難道不記得，春秋時晉國的太子申生在國中遭到危險，而他弟弟重耳在外流亡卻終獲平安的事情？」劉琦領悟了諸葛亮的意思，暗中策劃從劉表身邊離開。正好黃祖被孫權殺死，劉琦就請求接替黃祖的職務。劉表於是委任劉琦為江夏郡太守。不久，劉表病重，劉琦從江夏回襄陽來探視。蔡瑁、張允恐怕他與劉表相見，觸動父子感情，劉表可能會立劉琦為繼承人，於是就對劉琦說：「將軍委派你鎮守江夏，責任十分重大。如今你擅離職守，父親見到你一定會生氣。傷害親人的感情，增重他的病勢，不是孝順之道。」他們把劉琦關到門外，不許他與劉表見面，劉琦只好流着眼淚離開。劉表去世後，蔡瑁、張允等就擁立劉琮繼任荊州牧。劉琦大怒，把印信扔到地上，準備藉奔喪的名義起兵討伐劉琮。正在這時，曹操大軍南下荊州，劉琦就投奔江南。

章陵太守蒯越及東曹掾傅巽等勸劉琮降操，曰：「逆順有大體，強弱有定勢。以人臣而拒人主，逆道也；以新造之楚而禦中國，必危也；以劉備而敵曹公，不當也。三者皆短，將何以待敵？且將軍自料何如劉備？若備不足禦曹公，則雖全楚不能以自存也；若足禦曹公，則備不為將軍下也。」琮從之。九月，操至新野，琮遂舉州降，以節迎操。

譯文

章陵郡太守蒯越及東曹掾傅巽等勸劉琮投降曹操，對他說：「逆順有一定的道理，強弱有一定的形勢。以臣屬的身份去抗拒天子，是對國家叛逆；以剛接手的荊州去抵禦朝廷大軍，必會陷入危險；依靠劉備去對抗曹操，一定失敗。這三個方面我們都不行，拿甚麼去對付曹操大軍？而且將軍您自己考慮一下，您比得上劉備嗎？如果劉備擋不住曹操，則即使是投入荊州的全部力量，也不足以自保；如果劉備擋得住曹操，那他就不會再居於將軍之下了。」劉琮聽從了他們的意見。九月，曹操到達新野縣，劉琮就以荊州投降曹操，派人用朝廷過去頒發的符節去迎接曹操。

時劉備屯樊，琮不敢告備。備久之乃覺，……備將其眾去，……比到當陽，眾十餘萬人，輜重數千兩，日行十餘里，別遣關羽乘船數百艘，使會江陵。或謂備曰：「宜速行保江陵，今雖擁大眾，被甲者少，若曹公兵至，何以拒之！」備曰：「夫濟大事必以人為本，今人歸吾，吾何忍棄去！」

譯文

當時，劉備駐軍樊城，劉琮不敢把投降的事告訴劉備。劉備過了很久才察覺，……劉備率領部下撤離，……到達當陽時，跟隨劉備的已有十餘萬人，還有輜重車幾千輛，每天只能走十餘里。劉備另派關羽率部乘幾百艘船，讓他從水路到江陵會師。有人對劉備說：「您應當火速行動，保守江陵。如今人數雖眾，但披有鎧甲的兵士並不多，如果曹軍來到，怎樣抵擋？」劉備說：「要成大事業，必須以民眾為根本，如今百姓來歸附於我，我怎麼忍心捨棄他們而去呢？」

賞析與點評

劉備的決定，從用兵上考慮，實在是不高明，但其行為實深具仁德的本質。因此，我們不能單純以功利的眼光來評價這件事。孟子曾說：「行一不義，殺一不辜而得天下，皆不為也。」這種高尚的情操，在現實上，似乎是過於理想化，但劉備卻真的能夠做到。相比之下，曹操說「寧教我負天下人，莫教天下人負我」的奸雄氣質，真不可同日而語。也就是這種高尚的情操，才使諸葛亮真心悅服，「鞠躬盡瘁，死而後已」。

操以江陵有軍實，恐劉備據之，乃釋輜重，輕軍到襄陽。聞備已過，操將精騎五千急迫之，一日一夜行三百餘里，及於當陽之長阪。備棄妻子，與諸葛亮、

張飛、趙雲等數十騎走，操大獲其人眾輜重。

譯文

曹操知道江陵貯有軍用物資，恐怕劉備先到，佔據江陵，就留下輜重，輕裝前進。到達襄陽後，聽説劉備已經過去，曹操親自率領五千名精鋭騎兵急速追趕，一天一夜跑了三百餘里，在當陽縣的長阪追上劉備。劉備拋下妻子及兒子，與諸葛亮、張飛、趙雲等數十人騎馬逃走，曹操俘獲了大量的人馬輜重。

曹操進軍江陵，以劉琮為青州刺史，封列侯，並蒯越等，侯者凡十五人。釋韓嵩之囚，待以交友之禮，使條品州人優劣，皆擢而用之。以嵩為大鴻臚，蒯越為光祿勳，劉先為尚書，鄧羲為侍中。

譯文

曹操進軍江陵，任命劉琮為青州刺史，封為列侯，連同蒯越等人，被封為侯爵的一共有十五人。曹操下令從獄中釋放韓嵩，用朋友的禮節來接待他，讓韓嵩評價荊州人士的優劣，都加以提拔任用。任命韓嵩為大鴻臚，蒯越為光祿勳，劉先為尚書，鄧羲為侍中。

冬，十月，……初，魯肅聞劉表卒，言於孫權曰：「荊州與國鄰接，江山險固，沃野萬里，士民殷富，若據而有之，此帝王之資也。今劉表新亡，二子不協，軍中諸將，各有彼此。劉備天下梟雄，與操有隙，寄寓於表，表惡其能而不能用也。若備與彼協心，上下齊同，則宜撫安，與結盟好；如有離違，宜別圖之，以濟大事。肅請得奉命弔表二子，並慰勞其軍中用事者，及說備使撫表眾，同心一意，共治曹操，備必喜而從命。如其克諧，天下可定也。今不速往，恐為操所先。」權即遣肅行。

譯文

冬天，十月，……起初，魯肅聽到劉表去世的消息，就對孫權建議説：「荊州與我們相鄰，江山險固，沃野萬里，百姓富足，如果能佔領荊州，就奠定了帝王的基業。現在劉表剛死，他的兩個兒子不和睦，軍中將領也分為兩派。劉備是天下的英雄人物，與曹操矛盾很深，寄居在劉表那裏，劉表嫉妒他的才幹而不能加以重用。如果劉備與劉表的兒子齊心協力，上下團結，我們就應當與他們和平相處，共結盟好。如果劉備與他們離心離德，我們就該另打主意，以成就大業。我請求您派我去向劉表的兩個兒子弔喪，並慰勞他們軍中的主要將領。同時勸説劉備，讓他安撫劉表的部眾，同心一意，共抗曹操，劉備一定會高興地接受的。如果能達到目的，就能平定天下。現在不趕快前去，恐怕就會讓曹操佔先。」孫權立即派魯肅去荊州。

到夏口，聞操已向荊州，晨夜兼道，比至南郡，而琮已降，備南走，肅徑迎之，與備會於當陽長阪。肅宣權旨，論天下事勢，致殷勤之意。且問備曰：「豫州今欲何至？」備曰：「與蒼梧太守吳巨有舊，欲往投之。」肅曰：「孫討虜聰明仁惠，敬賢禮士，江表英豪，咸歸附之，已據有六郡，兵精糧多，足以立事。今為君計，莫若遣腹心自結於東，以共濟世業。而欲投吳巨，巨是凡人，偏在遠郡，行將為人所併，豈足託乎！」備甚悅。肅又謂諸葛亮曰：「我，子瑜友也。」即共定交。子瑜者，亮兄瑾也，避亂江東，為孫權長史。備用肅計，進住鄂縣之樊口。

譯文

魯肅到達夏口，聽說曹操大軍已向荊州進發，便日夜兼程前往，等他到達南郡時，劉琮已經投降曹操，劉備向南撤退。魯肅便直接去見劉備，在當陽的長阪與他相會。魯肅傳達了孫權的意圖，與劉備討論天下大事，對劉備表示誠懇的關心。並且詢問劉備說：「劉豫州，如今您打算到甚麼地方去？」劉備說：「蒼梧郡太守吳巨是我的老朋友，打算去投奔他。」魯肅說：「孫將軍聰明仁惠，敬重與優待賢能之士，江南的英雄豪傑都歸附於他。現在已佔有六郡的土地，兵精糧多，足以成就一番事業。如今為您打算，最好是派遣心腹之人到江東去與孫權將軍聯繫，可以共建大業。而您卻想投奔吳巨，吳巨不過是個凡夫俗子，又在偏遠的邊郡，即將被別人吞併，怎麼可以託身於他呢？」劉備聽後大為高興。魯肅又對諸葛亮說：「我是諸葛子瑜的朋友。」於是諸葛亮與魯肅也成為朋友。諸葛子瑜就是諸葛亮的哥哥諸葛瑾，他避亂到江東，擔任孫權的長史。劉備採納魯肅的計策，進駐鄂縣的樊口。

賞析與點評

魯肅的才智，十分值得重視。與「隆中對」相比，內容的差別在荊州的歸屬。最後也終於如魯肅所料，荊州為孫權所得。劉備當時竟想南下交州，投靠吳巨，若非得魯肅一言驚醒，便沒有孫、劉共抗曹氏的「赤壁之戰」了。由此而論，劉備仍未對孔明言聽計從。事實上，諸葛亮策略的全部展開，仍有待劉備白帝城託孤以後。

曹操自江陵將順江東下。諸葛亮謂劉備曰：「事急矣，請奉命求救於孫將軍。」遂與魯肅俱詣孫權。亮見權於柴桑，說權曰：「海內大亂，將軍起兵江東，劉豫州收眾漢南，與曹操共爭天下。今操芟夷[1]大難，略已平矣，遂破荊州，威震四海。英雄無用武之地，故豫州遁逃至此，願將軍量力而處之！若能以吳、越之眾與中國抗衡，不如早與之絕；若不能，何不按兵束甲，北面而事之！今將軍外託服從之名而內懷猶豫之計，事急而不斷，禍至無日矣。」權曰：「苟如君言，劉豫州何不遂事之乎？」亮曰：「田橫，齊之壯士耳，猶守義不辱；況劉豫州王室之冑，英才蓋世，眾士慕仰，若水之歸海。若事之不濟，此乃天也，安能復為之下乎！」權勃然曰：「吾不能舉全吳之地，十萬之眾，受制於人。吾計決矣！非劉豫州莫可以當曹操者；然豫州新敗之後，安能抗此難乎？」亮曰：「豫州軍雖敗於長阪，今戰士還者及關羽水軍精甲萬人，劉琦合江夏戰士亦不下萬人。曹操之眾，遠來疲敝，聞追豫州，輕騎一日一夜行三百餘里，此所謂『強弩之末勢不能穿魯縞』者也。故《兵法》忌之，曰『必蹶上將軍』。且北方之人，不習水戰；又，荊州之民附操者，逼兵勢耳，非心服也。今將軍誠能命猛將統兵數萬，與豫州協規同力，破操軍必矣。操軍破，必北還；如此，則荊、吳之勢強，鼎足之形成矣。成敗之機，在於今日！」權大悅，與其羣下謀之。

注釋

1 芟夷：剷除。

譯文

曹操從江陵出發，將要順長江東下。諸葛亮對劉備說：「形勢危急，我請求奉命去向孫將軍求救。」於是他就和魯肅一起去見孫權。諸葛亮在柴桑見到孫權，對孫權說：「天下大亂，將軍在長江以東起兵，劉備在漢水以南召集部眾，與曹操共同爭奪天下。現在，曹操基本已經消滅北方的主要強敵，接着南下攻破荊州，威震四海。在曹操大軍面前，英雄無用武之地，所以劉備逃到這裏，希望將軍量力來加以安排。如果將軍能以江東的人馬，與佔據中原的曹操相抗衡，不如及早與曹操斷絕關係；如果不能，為甚麼不早點解除武裝，向他稱臣？現在，將軍表面上服從朝廷，而心中猶豫不決，事情已到危急關頭而不果斷處理，大禍馬上就要臨頭了。」孫權說：「假如像你說的那樣，劉備為甚麼不服從曹操？」諸葛亮說：「田橫，不過是齊國的壯士，還堅守節義，不肯屈辱投降；何況劉備是皇室後裔，英雄才略，舉世無雙，士大夫們對他的仰慕，如同流水歸向大海。如果大事不成，這是天意，怎麼能再居於曹操之下呢？」孫權勃然大怒，說：「我不能把全部吳國故地和十萬精兵拱手奉送，去受曹操的控制。我的主意已定！除劉備以外，沒有能抵擋曹操的人，但劉備新近戰敗，怎麼能擔當這項重任呢？」諸葛亮說：「劉備的軍隊雖然在長阪大敗，但現在陸續回來的戰士和關羽的水軍加起來有一萬精兵，劉琦集結江夏郡的戰士，也不下一萬人。曹操的軍隊遠道而來，已經疲憊。聽說在追趕劉備時，輕騎兵一天一夜走了三百餘里，這正是所謂『強弩射出的箭，到了力量已盡的時候，連魯國薄綢都穿不過』。所以《兵法》以此為禁忌，說『必定會使上將軍受挫』。而且，北方地區的人，不善於進行水戰。另外，荊州地區的民眾歸附曹操，只是在他軍隊的威逼之下，並不是心悅誠服。如今，將軍如能命令猛將統領數萬大軍，與劉備齊心協力，一定能打敗曹軍。曹操失敗後，必然退回北方，這樣荊州與東吳的勢力就強大起來，可以形成鼎足三分的局勢。成敗的關鍵，就在於今天！」孫權聽後非常高興，就去與他的部屬們商議。

是時，曹操遺[1]權書曰：「近者奉辭伐罪，旌麾[2]南指，劉琮束手。今治水軍八十萬眾，方與將軍會獵於吳。」權以示臣下，莫不響震失色。長史張昭等曰：「曹公，豺虎也，挾天子以征四方，動以朝廷為辭；今日拒之，事更不順。且將軍大勢可以拒操者，長江也；今操得荊州，奄有其地，劉表治水軍，蒙衝鬥艦乃以千數，操悉浮以沿江，兼有步兵，水陸俱下，此為長江之險已與我共之矣，而勢力眾寡又不可論。愚謂大計不如迎之。」魯肅獨不言。權起更衣，肅追於宇下。

權知其意，執肅手曰：「卿欲何言？」肅曰：「向察眾人之議，專欲誤將軍，不足與圖大事。今肅可迎操耳，如將軍不可也。何以言之？今肅迎操，操當以肅還付鄉黨，品其名位，猶不失下曹從事[3]，乘犢車[4]，從吏卒，交遊士林，累官故不失州郡也。將軍迎操，欲安所歸乎？願早定大計，莫用眾人之議也！」權歎息曰：「諸人持議，甚失孤望。今卿廓開大計，正與孤同。」

注釋

1 遺：寄給。2 旌麾：軍旗，指曹操的大軍。3 下曹從事：下級官員。4 犢車：小牛拉的車。

譯文

這時，曹操寫信給孫權說：「最近，我奉天子之命，討伐有罪的叛逆，軍旗指向南方，劉琮降服。如今，我統領水軍八十萬人，將要與將軍在吳地一道打獵。」孫權把這封書信給部屬們看，他們無不驚惶失色。長史張昭等人說：「曹操是豺狼虎豹，挾持天子以征討四方，動不動就用朝廷的名義來發佈命令。今天我們如果進行抗拒，就更顯得名不正而言不順。況且將軍可以抵抗曹操的，是依靠長江天險。現在，曹操佔有荊州的土地，劉表所訓練的水軍，包括數以千計的蒙衝戰船，已由曹操接管，曹操讓全部船隻沿長江而下，再加上步兵，水陸並進。這樣，長江天險已由曹操與我們共有，而雙方勢力的眾寡又不能相提並論。因此，依我們的愚見，最好是迎接曹操，投降朝廷。」只有魯肅一言不發。孫權起身上廁所，魯肅追到房檐下，孫權知道魯肅的意思，握着魯肅的手說：「你想說甚麼？」魯肅說：「剛才，我觀察眾人的議論，只是想貽誤將軍，不足以與他們商議大事。現在，像我魯肅這樣的人可以迎降曹操，但將軍卻不可以。為甚麼這樣說呢？現在我迎接曹操，曹操一定會把我交給鄉里父老去評議，以確定名位，也還會做一個下曹從事，能乘坐牛車，有吏卒跟隨，與士大夫們結交，步步升官，也能當上州、郡的長官。可是將軍迎接曹操，打算到哪裏去安身呢？希望將軍能早定大計，不要聽那些人的意見。」孫權歎息說：「這些人的說法，太讓我失望了。如今，你闡明的策略，正與我想的一樣。」

賞析與點評

魯肅說：「將軍迎操，欲安所歸乎？」一句關鍵話，擲地有聲！孫權聯備抗操之策遂定。

時周瑜受使至番陽[1]，肅勸權召瑜還。瑜至，謂權曰：「操雖託名漢相，其實漢賊也。將軍以神武雄才，兼仗父兄之烈，割據江東，地方數千里，兵精足用，英雄樂業，當橫行天下，為漢家除殘去穢；況操自送死，而可迎之邪！請為將軍籌之：今北土未平，馬超、韓遂尚在關西，為操後患；而操舍鞍馬，仗舟楫，與吳、越爭衡，今又盛寒，馬無藁草；驅中國士眾遠涉江湖之間，不習水土，必生疾病。此數者用兵之患也，而操皆冒行之，將軍禽[2]操，宜在今日。瑜請得精兵數萬人，進住夏口，保為將軍破之！」權曰：「老賊欲廢漢自立久矣，徒忌二袁[3]、呂布、劉表與孤[4]耳；今數雄已滅，惟孤尚存。孤與老賊勢不兩立，君言當擊，甚與孤合，此天以君授孤也。」因拔刀斫前奏案曰：「諸將吏敢復有言當迎操者，與此案同！」乃罷會。

注釋

1 番陽：即鄱陽。2 禽：同「擒」。3 二袁：指袁紹、袁術。4 孤：孫權自稱。

譯文

當時，周瑜奉命鎮守鄱陽，魯肅勸孫權把他召回來。周瑜來到後，對孫權說：「曹操雖然名義上是漢朝的丞相，但實際上是漢朝的賊臣。將軍以神武英雄的才略，又憑藉父、兄的基業，割據江東，統治的地區有幾千里，精兵足夠使用，英雄樂於效力，應當橫行天下，為漢朝清除邪惡的賊臣。何況曹操自己前來送死，怎麼可以去迎降？請允許我為將軍分析：如今北方尚未完全平定，馬超、韓遂還駐兵函谷關以西，是曹操的後患。而曹操捨棄鞍馬，改用船艦，與生長在水鄉的江東人來決一勝負。現在正是嚴寒，戰馬缺乏草料。而且，驅使中原士兵遠道跋涉來到江湖地區，不服水土，必然會發生疾疫。這幾方面是用兵的大患，而曹操都貿然行事。將軍擒曹操的時機，正在今天。我請求率領精兵數萬人，進駐夏口，保證能為將軍擊破曹操。」孫權說：「曹操老賊早就想要廢掉漢朝皇帝，自己篡位了，只是顧忌袁紹、袁術、呂布、劉表與我孫權。現在，那幾個英雄都已被消滅，只剩下我還存在。我與老賊勢不兩立。你主張迎戰曹軍，正合我意，是上天把你授給了我！」孫權就勢拔出佩刀，砍向面前的奏案，說：「將領官吏們，有膽敢再說應當投降曹操的，就與這個奏案一樣！」於是散會。

是夜，瑜復見權曰：「諸人徒見操書言水步八十萬而各恐懾，不復料其虛實，便開此議[1]，甚無謂也。今以實校之，彼所將中國人不過十五六萬，且已久疲；所得表眾亦極七八萬耳，尚懷狐疑。夫以疲病之卒御狐疑之眾，眾數雖多，甚未足畏。瑜得精兵五萬，自足制之，願將軍勿慮！」權撫其背曰：「公瑾[2]，卿言至此，甚合孤心。子布、元表[3]諸人，各顧妻子，挾持私慮，深失所望；獨卿與子敬[4]與孤同耳，此天以卿二人贊孤也。五萬兵難卒合，已選三萬人，船糧戰具俱

辨。卿與子敬、程公便在前發，孤當續發人眾，多載資糧，為卿後援。卿能辨之者誠決，邂逅不如意[5]，便還就孤，孤當與孟德決之。」遂以周瑜、程普為左右督，將兵與備並力逆操；以魯肅為贊軍校尉，助畫方略。

注釋 1 此議：指向曹操投降的建議。2 公瑾：周瑜的字。3 子布、元表：為張昭、秦松的字。4 子敬：魯肅的字。5 邂逅不如意：喻戰事失利。

譯文 當天夜裏，周瑜又去見孫權，說：「眾人只看到曹操信中說有水、陸軍八十萬而各自驚恐，不再去分析其中的虛實，就提出向曹操投降的意見，太不像話。現在咱們據實計算一下，曹操所率領的中原部隊不過十五六萬人，而且長期征戰，早已疲憊；新接收的劉表的部隊，至多有七八萬人，仍然心懷猜疑。以疲憊的士卒，駕馭心懷猜疑的部眾，人數雖多，卻並沒有甚麼可怕的。我只要有五萬精兵，就足以制服敵軍，望將軍不要顧慮！」孫權拍着周瑜的背說：「周公瑾，你說到這個地步，非常合我的心意。張昭、秦松等人，各顧自己的妻子兒女，懷有私心，非常使我失望。只有你與魯肅和我的看法相同，這是上天派你們兩個人來輔佐我。五萬精兵一時難以集結，已挑選了三萬人，戰船、糧草及武器裝備都已備齊，你和魯肅、程普率兵先行，我當繼續調集人馬，多運輜重、糧草，作為你的後援。

你能戰勝曹軍，就當機立斷；如果戰事失利，就退到我這裏來，我當與曹操決一勝負。」於是，孫權任命周瑜、程普為左、右都督，率兵與劉備合力迎戰曹操；又任命魯肅為贊軍校尉，協助籌畫戰略。

賞析與點評

周瑜分析敵我形勢，實屬準確。小説故事往往誇大諸葛亮的過人才智。《三國演義》中，周瑜臨終前一句「既生瑜，何生亮」，蘊含着無窮的怨悔與妒忌，使周瑜狷狹形象深入人心，難以洗滌。事實上，周瑜的軍事才華和音律上的造藝，在歷史上均享有盛譽。而他俊朗的外貌，和美滿的婚姻，也讓人欽羡。以蘇軾《念奴嬌‧赤壁懷古》而論，詞中「遙想公瑾當年，小喬初嫁了，雄姿英發，羽扇綸巾，談笑間、檣櫓灰飛煙滅」，寫的正是周瑜年輕俊俏，氣概不凡，雍容儒雅，指揮若定的泱泱風度。與《三國演義》中的形象截然不同。

劉備在樊口，日遣邏吏於水次候望權軍。吏望見瑜船，馳往白備，備遣人慰勞之。瑜曰：「有軍任，不可得委署；儻能屈威，誠副其所望。」備乃乘單舸[1]往見瑜曰：「今拒曹公，深為得計。戰卒有幾？」瑜曰：「三萬人。」備曰：「恨少。」

瑜曰：「此自足用，豫州但觀瑜破之。」備欲呼魯肅等共會語，瑜曰：「受命不得妄委署[2]；若欲見子敬，可別過[3]之。」備深愧喜[4]。

注釋

1 單舸：小船。2 委署：暫委別人署任。3 過：拜訪。4 深愧喜：指愧呼魯肅之不合適，喜周瑜之整肅。

譯文

劉備駐軍樊口，每天派巡邏的士兵在江邊眺望孫權的軍隊。士兵看到周瑜的船隊，就立即乘馬回營報告劉備。劉備派人前去慰勞。周瑜對慰勞的人說：「我有軍事任務在身，不能委派別人代理，如果劉豫州能屈尊前來會面，實在符合我的願望。」劉備就乘一隻船去見周瑜，說：「現在抵抗曹操，實在是很明智的決定。不知有多少戰士？」周瑜說：「三萬人。」劉備說：「可惜太少了。」周瑜說：「這已足夠用，將軍且看我擊敗曹軍。」劉備想要召呼魯肅等來共同談話，周瑜說：「接受軍令，不得隨意委託人代理，如果您要見魯肅，可以另去拜訪他。」劉備慚愧呼魯肅的不合適，又喜周瑜治軍的嚴謹。

進，與操遇於赤壁。時操軍眾，已有疾疫。初一交戰，操軍不利，引次江北。瑜等在南岸，瑜部將黃蓋曰：「今寇眾我寡，難與持久。操軍方連船艦，首尾相接，可燒而走也。」乃取蒙衝鬥艦十艘，載燥荻、枯柴，灌油其中，裹以帷幕，上建旌旗，豫備走舸[1]，繫於其尾。先以書遺操，詐云欲降。時東南風急，蓋以十艦最著前，中江舉帆，餘船以次俱進。操軍吏士皆出營立觀，指言蓋降。去北軍二里餘，同時發火，火烈風猛，船往如箭，燒盡北船，延及岸上營落。頃之，煙炎張天，人馬燒溺死者甚眾。瑜等率輕銳繼其後，雷鼓大震，北軍大壞。操引軍從華容道步走，遇泥濘，道不通，天又大風，悉使羸兵負草填之，騎乃得過。羸兵為人馬所蹈藉，陷泥中，死者甚眾。劉備、周瑜水陸並進，追操至南郡。時操軍兼以饑疫，死者太半。操乃留征南將軍曹仁、橫野將軍徐晃守江陵，折衝將軍樂進守襄陽，引軍北還。

注釋

1 走舸：快船。

譯文

周瑜大軍繼續前進，在赤壁與曹操相遇。當時曹操的部隊中已發生疾疫。兩軍初次交戰，曹軍失利，退到長江北岸。周瑜等駐軍在長江南岸，周瑜部將黃蓋說：「如今敵眾我寡，難以長期相持。曹軍正把戰船連在一起，首尾相接，可以用火攻，擊敗曹軍。」於是，選取蒙衝戰船十艘，裝上乾荻和枯柴，在裏邊澆上油，外面裹上帷幕，上邊插上旌旗，預先備好快艇，繫在船尾。黃蓋先派人送信給曹操，謊稱打算投降。當時東南風正急，黃蓋將十艘戰船排在最前面，到江心時升起船帆，其餘的船在後依次前進。曹操軍中的官兵都走出營來站着觀看，指着船，說黃蓋來投降了。離曹軍還有二里多遠，那十艘船同時點火，火烈風猛，船像箭一樣向前飛駛，把曹軍戰船全部燒光，火勢還蔓延到曹軍設在陸地上的營寨。頃刻間，濃煙烈火，遮天蔽日，曹軍人馬燒死和淹死的不計其數。周瑜等率領輕裝的精銳戰士緊隨在後，鼓聲震天，奮勇向前，曹軍大敗。曹操率軍從華容道步行撤退，遇到泥濘，道路不通，天又颳起大風。曹操讓所有老弱殘兵背草鋪在路上，騎兵才勉強通過。老弱殘兵被人馬所踐踏，陷在泥中，死了很多。劉備、周瑜水陸並進，追趕曹操直到南郡。這時，曹軍又餓又病，死了一大半。曹操就留下征南將軍曹仁、橫野將軍徐晃鎮守江陵，折衝將軍樂進鎮守襄陽，自己率軍返回北方。

九、北魏漢化

本篇導讀——

公元三一六年，劉曜攻破長安，俘晉愍帝，晉室南遷，開始了長達二百七十三年的大分裂時代，直至五八九年隋滅陳，中國才復歸統一。這段漫長的歷史階段，南方基本上由單一政權所統治，即東晉和南朝的宋、齊、梁、陳。北方的形勢則極為複雜，先是經過長達百多年的攻戰，在四三九年由北魏拓跋燾滅北涼，結束了「五胡十六國」的混戰，佔領了北方全部。鮮卑族的北魏政權在三八六年建國。拓跋珪自立為代王後，鼓勵生產，「息眾務農」。三九八年，定都平城[1]，自稱皇帝。他擢用漢族士大夫，定官制，修律令，為北魏政權奠定了較為堅實的基礎。其後，年青的孝文帝嗣位（四七一—四九九年在位；初由馮太后執政，至四九四年親

1 平城，今山西大同。

政）。馮太后是漢人，已開始推行漢化，在四八五—四八六年間頒佈了「均田制」和「三長制」[2]，初步改變了鮮卑族的遊牧經濟結構。孝文帝親政後，為了進一步實行漢化政策，就藉口南下中原，統一中國，於四九四年遷都洛陽。遷都後，孝文帝全面漢化，下令禁用鮮卑語，禁穿胡服，禁止歸葬，改換漢姓，仿效南朝官制，重用漢族大姓並鼓勵胡漢通婚等一系列措施，標誌着胡、漢文化的大融合。自古及今，改革都面對很大的阻力，這次變革也不例外。有學者指出：「這是一次比較成功的變革，領導者事先充分的準備和得體的處置方式起到了很大的作用。」這個判斷可說是相當準確的，也可供今人借鑒。

《通鑒》卷一百三十八　齊紀四

齊武帝永明十一年／魏孝文帝太和十七年（公元四九三年）

魏主[1]以平城地寒，六月雨雪，風沙常起，將遷都洛陽；恐羣臣不從，乃議大

---

2 均田制、三長制，兩者均有助徵收租稅、管理戶籍。

舉伐齊，欲以脅眾。齋於明堂[2]左个[3]，使太常卿王諶筮[4]之，遇「革」。帝曰：「『湯、武革命，應乎天而順乎人。』吉孰大焉！」羣臣莫敢言。尚書任城王澄[5]曰：「陛下奕葉重光[6]，帝有中土；今出師以征未服，而得湯、武革命之象，未為全吉也。」帝厲聲曰：「繇[7]云：『大人虎變』，何言不吉？」澄曰：「陛下龍興已久，何得今乃虎變！」帝作色曰：「社稷我之社稷，任城欲沮眾邪！」澄曰：「社稷雖為陛下之有，臣為社稷之臣，安可知危而不言！」帝久之乃解，曰：「各言其志，夫亦何傷！」

注釋

1 魏主：指孝文帝拓跋宏。2 明堂：帝王施政、祭祀的地方。3 左个：東邊的大廳。4 筮（粵：逝；普：shì）：占卜。5 任城王澄：孝文帝叔父，封任城王，名拓跋澄。6 奕葉重光：比喻累世盛德，輝光相承。7 繇：繇辭。

譯文

魏孝文帝因為平城寒冷，六月都會下雪，又常有風沙，因此想要遷都洛陽；但擔心羣臣不願意，於是聲言要大舉伐齊，以此脅迫眾人。在明堂齋戒，讓太常卿王諶占卜，得出「革」卦。孝文帝說：「革卦就是『湯、武革命，順乎天命應乎人心。』這是大吉！」羣臣不敢說話。尚書任城王拓跋澄說：「陛下繼承了先世的光輝基業，在中原稱帝；如今出兵征伐還未臣服的敵寇，得到象徵湯、武革命的卦，這不算是全吉。」皇帝厲聲說：「繇辭說：『王者出處行動變化莫測，就如同虎身上的花紋一樣』，怎麼不吉啦？」拓跋澄答道：「陛下龍興已久，怎麼現在又出來虎變呢？」孝文帝怒道：「社稷是我的社稷，任城王是想阻止我發兵嗎？」拓跋澄說：「社稷雖為陛下所有，但臣為社稷之臣，怎麼能明知危險而不說話。」過了很久皇帝才平息怒氣，說：「不過是各自表明心意而已，也沒甚麼關係。」

既還宮，召澄入見，逆[1]謂之曰：「向者《革卦》，今當更與卿論之。明堂之忿，恐人人競言，沮[2]我大計，故以聲色怖[3]文武耳。想識朕意。」因屏人，謂澄曰：「今日之舉，誠為不易。但國家興自朔土[4]，徙居平城；此乃用武之地，非可文治。今將移風易俗，其道誠難，朕欲因此[5]遷宅中原，卿以為何如？」澄曰：「陛下欲卜宅中土，以經略四海，此周、漢之所以興隆也。」帝曰：「北人習常戀故，必將驚擾，奈何？」澄曰：「非常之事，故非常人之所及。陛下斷自聖心，彼亦何所能為！」帝曰：「任城，吾之子房[6]也！」

注釋

1 逆：迎接。2 沮：破壞。3 怖：震懾。4 朔土：北方。5 因此：以此次南征為藉口。6 子房：即張良，善謀多智。

譯文

孝文帝回宮後召拓跋澄入見，迎上前去對他說：「上次說的《革卦》，我現在和你再重新討論一下。明堂上我之所以發怒，是因為怕人人競相發言，破壞我的大計，所以故意疾言厲色，不過為了震懾百官罷了。想必你能了解我的心意。」又讓隨從退下，對拓跋澄說：「今日之事實在是不容易，但國家在北方興起，遷都到平城，此地是適合打仗的地方，不適合推行文治。如今要移風易俗，實在艱難，朕因此想遷都中原，你有甚麼看法？」拓跋澄說：「陛下想遷居中原，以經營天下，這本來就是周、漢兩朝之所以能夠興盛的原因。」孝文帝說：「北人風俗戀舊保守，知道之後必定驚擾，阻力重重，你有甚麼辦法？」拓跋澄說：「不平凡的事，本身就不是平凡的人可以辦得到的，陛下乾綱獨斷，反對的人又能做甚麼呢？」孝文帝說：「任城王真是我的張良。」

賞析與點評

平城地理位置偏於西北，遠離中原文化的中心。而孝文帝欲實行全面漢化，遂選擇了千年古都洛陽作為北魏的新都城。然而，鮮卑貴族對遷都甚為抗拒，迫使孝文帝以討伐南齊為藉口。任城王拓跋澄說：遷都乃「非常之事」，必須「斷自聖心」。表面上，孝文帝遷都與商鞅變法相似，實際上卻不可同日而言。孝文帝一方面仰慕中國的儒家文化；另一方面則擔心平城的自然條件欠佳，難有作為。商鞅則以中央集權作為變法的目標，以富國強兵為手段，厲行法治。兩者差異極大，難以等同。

六月，丙戌，命作河橋，欲以濟師。……（九月，）戊辰，魏主濟河[1]；庚午，至洛陽。……魏主自發平城至洛陽，霖雨不止。丙子，詔諸軍前發。丁丑，帝戎服，執鞭乘馬而出。羣臣稽顙[2]於馬前。帝曰：「廟算已定，大軍將進，諸公更欲何云？」尚書李沖等曰：「今者之舉[3]，天下所不願，唯陛下欲之。臣不知陛下獨行，竟何之也！臣等有其意而無其辭，敢以死請！」帝大怒曰：「吾方經營天下，期於混壹[4]，而卿等儒生，屢疑大計；斧鉞[5]有常，卿勿復言！」策馬將出，於是安定王休等並殷勤泣諫。帝乃諭羣臣曰：「今者興發[6]不小，動而無成，何以示後！朕世居幽朔[7]，欲南遷中土；苟不南伐，當遷都於此，王公以為何如？欲遷者左，不欲者右。」安定王休等相帥如右。南安王楨進曰：「『成大功者不謀於眾。』今陛下苟輟[8]南伐之謀，遷都洛邑，此臣等之願，蒼生之幸也。」羣臣皆呼萬歲。時舊人雖不願內徙[9]，而憚[10]於南伐，無敢言者；遂定遷都之計。

注釋

1濟河：渡過黃河。2稽顙：跪拜禮。3今者之舉：指南征。4混壹：一統山河。5斧鉞：大刑。6興發：勞師動眾。7幽朔：遙遠的北方。8輟：停止。9內徙：南遷。10憚：害怕。

譯文

六月丙戌，孝文帝下令建造黃河上的橋，準備出師時渡河用。……（九月）戊辰，孝文帝渡過黃河；庚午至洛陽。……孝文帝自平城出發到洛陽，雨一直連綿不止。丙子，下詔諸軍出發。丁丑，孝文帝穿上戎裝，執鞭乘馬出來。羣臣聚集在他的馬前磕頭攔阻。皇帝說：「朝廷的大計已定，大軍就要出發，諸公還想說甚麼？」尚書李沖等人說：「陛下現在的征伐，天下人都不願意，只合陛下自己的心意，臣不知陛下如此獨斷專行，究竟為甚麼？臣等不願陛下出征，但不知道該說甚麼來阻止陛下，只有以死相勸。」孝文帝大怒說：「我正在經營天下，希望能一統山河，而你們這些儒生，屢次質疑我的大計；斧鉞不饒人，你們就不必再說了。」策馬將行，這時安定王拓跋休等都懇切地哭諫皇帝放棄出征。孝文帝於是對羣臣說：「如今勞師動眾，如果不取得成果，怎麼做後人的榜樣？朕世代居住在遙遠的北方，想要南遷到中原；如果不南征，就遷都於此，各位王公以為如何？同意遷都的站在左面，不願意的站到右面。」安定王拓跋休等人一起站到了右面。南安王拓跋楨上奏說：「『建立大功勳的人不徵求大家的意見。』如今陛下如果能停止南征，遷都洛陽，那麼這是臣等的心願，也是百姓之幸。」羣臣高呼萬歲。當時雖然老一輩人都不願遷都，但相比之下更害怕南征，所以沒有敢出來反對的；於是孝文帝就定下遷都之策。

李沖言於上曰：「陛下將定鼎[1]洛邑，宗廟宮室，非可馬上遊行以待之。願陛下暫還代都，俟羣臣經營畢功，然後備文物、鳴和鸞[2]而臨之。」帝曰：「朕將巡省州郡，至鄴小停，春首即還，未宜歸北。」乃遣任城王澄還平城，諭留司百官以遷都之事，曰：「今日真所謂革也。王其勉之！」帝以羣臣意多異同，謂衛尉卿、鎮南將軍于烈曰：「卿意如何？」烈曰：「陛下聖略淵遠，非愚淺所測。若隱心[3]而言，樂遷之與戀舊，適中半耳。」帝曰：「卿既不唱異，即是肯同，深感不言之益。」使還鎮平城，曰：「留臺[4]庶政，一以相委。」

注釋　1 定鼎：遷都。2 備文物、鳴和鸞：準備好車駕及典章文物。3 隱心：誠心。4 臺：指平城。

譯文　李沖進言：「陛下將定都洛邑，則新都的宗廟宮室，並非立刻可以建成。希望陛下暫回平城，待羣臣將都城營造完畢，再具儀仗車駕，迎候陛下駕臨。」孝文帝說：「朕要去巡省州郡，在鄴城稍作停留，明年初春就會回來，不宜北返了。」於是派遣任城王拓跋澄回到平城，將遷都之事告知留下的百官，說：「今日是真正的『革』了。任城王要好好努力！」孝文帝知道羣臣意見不一，問衞尉卿、鎮南將軍于烈說：「你覺得遷都之事如何？」于烈答道：「陛下英明的謀略看得深遠，不是愚笨和淺陋之輩可以揣測得到的。如果誠心來說，願意遷都和懷戀舊地，各佔一半吧。」皇帝說：「你既不提出反對，也就是贊同，我深深感念你不說出反對的話的好處。」派他還鎮平城，說：「舊都的一切政務，全都委託給你了。」

冬，十月，戊寅朔，魏主如金墉城[1]，徵穆亮，使與尚書李沖、將作大匠[2]董爾經營洛都。乙未，魏解嚴[3]，設壇於滑臺城東，告行廟[4]以遷都之意。大赦。起滑臺宮。任城王澄至平城，眾始聞遷都，莫不驚駭。澄援引古今，徐以曉之，眾乃開伏[5]。澄還報於滑臺，魏主喜曰：「非任城，朕事不成。」

注釋

1 金墉城：洛陽城西北角的小城。2 將作大匠：掌公共工程。3 解嚴：解除戒嚴令。

4 行廟：隨天子出征而設立的宗廟。5 開伏：改變初衷而表示同意。

譯文

冬季，十月初一，戊寅，孝文帝到金墉城，徵用穆亮，讓他與尚書李沖、將作大匠董爾營造洛都。乙未，孝文帝在滑臺城東設祭壇，將遷都之意稟報行廟，大赦天下。修建滑臺宮。任城王拓跋澄回到平城，百官才聽說遷都的事，無不大驚失色。拓跋澄引古論今，慢慢開導大家，眾人也就漸漸明白過來，接受了這件事。拓跋澄回報，孝文帝大喜，說：「沒有任城王，朕遷都之事不會成功。」

癸卯，魏主如鄴城。王肅[1]見魏主於鄴，陳伐齊之策。魏主與之言，不覺促席移晷。自是器遇日隆，親舊貴臣莫能間也。魏主或屏左右與肅語，至夜分不罷，自謂君臣相得之晚。尋除輔國將軍、大將軍長史。時魏主方議興禮樂，變華風，凡威儀文物，多肅所定。乙巳，魏主遣安定王休帥從官迎家於平城。

注釋

1 王肅：字恭懿，琅邪人，肅贍學多識，才辭美茂，為南齊祕書丞。太和十七年，北歸北魏。又，三國時期亦有大儒王肅，字子雍，與鄭玄齊名。

譯文

癸卯，孝文帝到鄴城。王肅在鄴城覲見，陳奏伐齊之策。孝文帝和他談話，不自覺促席相就，忘記了時間。從此越來越器重他，禮遇也越來越隆重，親舊貴臣誰也不能讓君臣之間有隔閡。孝文帝有時摒退左右和他談話，到夜半還不停，自稱君臣相見恨晚。很快任命王肅為輔國將軍、大將軍長史。其時孝文帝正在準備興禮樂，變華風，所有典章文物，大多為王肅制定。乙巳，孝文帝派安定王拓跋休帶領官員到平城，將皇室成員接來洛陽。

賞析與點評

東晉南朝始終是華夏文化的正宗，故孝文帝得一「贍學多識」的王肅，遂喜形於色，因為漢化得以落實。通過大規模的移植漢文化，為胡漢民族交融奠下堅實的基礎。

《通鑒》卷一百三十九　齊紀五

齊明帝建武元年／魏孝文帝太和十八年（公元四九四年）

（十月，）戊申，魏主親告太廟，使高陽王雍、于烈奉遷神主於洛陽；辛亥，發平城。……（十一月，）魏主至洛陽，欲澄清流品[1]，以尚書崔亮兼吏部郎。……魏主欲變易舊風，（十二月，）壬寅，詔禁士民胡服。國人多不悅。

注釋

1 澄清流品：按照門第的高低將士人分成不同等級。

譯文

（十月戊申，）孝文帝親自告祭太廟，派高陽王拓跋雍和于烈負責將祖宗牌位護送到洛陽。辛亥，自平城出發遷都洛陽。……（十一月，）孝文帝到洛陽，想要效法南朝的門閥品第，用尚書崔亮兼吏部郎。……孝文帝想改變鮮卑族的舊風俗，（十二月）壬寅，下詔禁止士民穿胡服。國人大多不願意。

《通鑑》卷一百四十　齊紀六

齊明帝建武二年／北魏孝文帝太和十九年（公元四九五年）

（夏，五月，）魏主欲變北俗[1]，引見羣臣，謂曰：「卿等欲朕遠追商、周，為欲不及漢、晉邪？」咸陽王禧對曰：「羣臣願陛下度越前王耳。」帝曰：「然則當變風易俗，當因循守故邪？」對曰：「願聖政日新。」帝曰：「為止於一身，為欲傳之子孫邪？」對曰：「願傳之百世！」帝曰：「然則必當改作，卿等不得違也。」對曰：「上令下從，其誰敢違！」帝曰：「夫『名不正，言不順，則禮樂不可興』。今欲斷諸北語[2]，一從正音。其年三十已上，習性已久，容不可猝[3]革。三十以下，見在朝廷之人，語音不聽仍舊；若有故為，當加降黜。各宜深戒！王公卿士以為然不？」對曰：「實如聖旨。」帝曰：「朕嘗與李沖論此，沖曰：『四方之語，竟知誰是；帝者言之，即為正矣。』沖之此言，其罪當死！」因顧沖曰：「卿負社稷，當令御史牽下！」沖免冠頓首謝。又責留守之官曰：「昨望見婦女猶服夾領小袖[4]，卿等何為不遵前詔！」皆謝罪。帝曰：「朕言非是，卿等當庭爭。如何入則順旨，退則不從乎！」六月，己亥，下詔：「不得為北俗之語於朝廷。違者免所居官！」

注釋　1 北俗：胡族的風俗習慣。2 北語：指鮮卑語。3 猝：忽然。4 夾領小袖：形容鮮卑服裝。

譯文　（夏季，五月，）孝文帝想改變鮮卑人的風俗，於是引見羣臣，問道：「各位想要朕遠比商、周之善政，還是想要朕連漢、晉都不如？」咸陽王拓跋禧奏對道：「羣臣願陛下超越前王。」孝文帝說：「那麼我們應當移風易俗呢？還是因循守舊呢？」

羣臣答道：「願陛下的施政不斷日新月異。」孝文帝問：「朝廷基業是要止於一身呢？還是想要傳之子孫呢？」羣臣答道：「願傳之百世。」孝文帝說：「那麼一定要加以變革，各位不可以不遵行朝廷頒佈的法令制度。」羣臣答道：「朝廷頒佈政令，臣下服從遵行，沒有人敢抗命的。」孝文帝說：「古語說『名不正，言不順，禮樂制度也建立不了』。如今我想禁止說鮮卑語，改說漢語。三十歲以上的，已經習慣了，可以不必立刻改變。三十以下、現在朝廷為官的，不許再說鮮卑語；有人還故意說鮮卑語的，就降職免官。各位請深以為戒。王公卿士們以為如何？」羣臣答道：「陛下說的有理。」孝文帝說：「朕曾與李沖討論過此事，李沖說：『四方都有土語，誰知道哪種才是正確的呢？陛下用哪種語言，那種就是正音。』李沖此言，應該處死。」回顧李沖說：「你辜負了社稷，應當令御史牽下治罪。」李沖脫帽，磕頭謝罪。孝文帝又責備留守官說：「昨天我看見有的婦人仍然穿着夾領小袖的鮮卑服裝，你們為甚麼不遵行我之前的詔書？」官員們一起謝罪。孝文帝說：「我說的不對，你們應當面指出，但怎麼能當面惟命是從，轉了身就不肯遵行呢？」六月己亥下詔：「朝廷之上不許說鮮卑語，違者免官！」

賞析與點評

變風易俗、聖政日新、傳之百世，是遷都和漢化的綱領、目標。孝文帝進行全面漢化，是從最根本的語言、服飾、姓氏、喪葬等方面開始，可見漢化的徹底和全面。

魏有司奏：「廣川王妃[1]葬於代都，未審[2]以新尊從舊卑，以舊卑就新尊？」魏主曰：「代人遷洛者，宜悉葬邙山。其先有夫死於代者，聽妻還葬；夫死於洛者，不得還代就妻。其餘州之人，自聽從便。」丙辰，詔：「遷洛之民死，葬河南，不得還北。」於是代人遷洛者悉為河南洛陽人。

注釋

1 廣川王妃：拓跋諧的王妃。2 未審：不清楚。

譯文

魏有司上奏說：「廣川王妃葬在平城，現在廣川王落葬，不清楚應該將廣川王葬回平城呢，還是將王妃移到洛陽和王爺一起下葬？」孝文帝說：「代人遷到洛陽的，死後一律葬在洛陽北面的邙山。如果有丈夫先死葬在平城的，可以准許妻子還葬；丈夫死於洛陽的，不得還葬就妻。其餘各州的人，可以自行決定。」丙辰詔：

「遷居洛陽的鮮卑人死後，葬河南，不得還北。」於是代人遷到洛陽的，全部為河南洛陽人。

隋唐五代

引論四

西晉八王之亂後，中國經歷了近三百年的分裂和割據，才在隋朝重歸統一。隋唐政權由關隴政治集團建立，政治力量沿襲於北魏。歷史發展有一定的趨勢，但當中亦不免出現迂迴曲折和反覆的狀況。孝文帝的漢化政策有助於中華民族的大融和，卻也為日後的邊鎮動亂埋下了伏線。由於留於代北的鮮卑貴族，生活環境沒有多少變化，故對遷都和漢化均甚為抗拒，終於在公元五二四年爆發了六鎮之亂。六鎮是指懷朔鎮、武川鎮、撫冥鎮、柔玄鎮、沃野鎮、懷荒鎮六個北魏邊鎮。在孝文帝漢化政策之後，政治力量集中於新都洛陽，這些邊鎮軍人的社會階級急速下降，地位「役同廝養」，引起了六鎮軍民的普遍不滿。叛亂中，影響北魏後期政局的爾朱榮、高歡和宇文泰相繼出現、成長，並導致北魏的分裂和滅亡。

先是，爾朱榮派兵鎮壓了叛亂，把六鎮義軍據為己有，又提拔了高歡、宇文泰、侯景等人。五二八年，胡太后毒死了北魏孝明帝，爾朱榮藉口為孝明帝報仇，帶兵直奔洛陽。途中，爾朱榮遣派親信進洛陽，將長樂王元子攸接到河陽，立為北魏孝莊帝。大軍進入洛陽後，爾朱榮殺掉胡太后及其新立的幼帝。五三〇年，孝莊帝乘爾朱榮進京，在明光殿內手刃了這個權臣。爾朱兆等得知消息後，便調兵攻打洛陽，並將孝莊帝押到晉陽殺掉。不久，爾朱兆也回到了晉陽，派爾朱世隆等留守洛陽。他們在洛陽無惡不作，激起了極大的民憤。五三一年，高歡率眾進據河北冀縣，籠絡當地漢族世族，煽動反爾朱氏情緒，勢力陡增。高歡於是脱離爾朱氏，立渤海太守元朗為帝。高歡又擊敗爾朱氏在洛陽的軍隊，並連廢節閔帝元恭、廢帝元朗，另立元修為孝武帝，獨攬大權。他在五三三年進兵晉陽，消滅了爾朱氏的勢力。五三四年，由高歡擁立的孝武帝逃奔關中，依附宇文泰。高歡遂另立元善見為帝，遷都鄴，史稱東魏。孝武帝到關中後不久被殺。五三五年，宇文泰另立元寶炬為帝，都長安，史稱西魏。東、西魏政權其實僅是高氏和宇文氏的傀儡，其後遂被高氏的北齊、宇文氏的北周所取代。

北齊在地理和人物上，都承襲了洛陽政府的遺傳，無論是經學和律法方面，均曾作出重要的貢獻。而北周在建立之前，宇文泰已急速推行漢化政策。他重用蘇綽、盧辯等漢人，為北周創立了一套新的政治體制，為後來隋、唐所繼承。而隋、唐二代的君主，均出身於此集團之中。隋文帝楊堅是漢太尉十四世孫，父為西魏隨國公、北周柱國、大司空楊忠。唐高祖李淵則是涼武昭王暠七世孫，祖父李虎、父李昞均封唐國公。李淵七歲喪父，也襲封為唐國公。由此可見，隋唐的統治者均為關隴集團的核心人物，是南北朝時期胡漢文化交融的直接繼承者。

隋唐五代（五八一—九五九年）合共約三百八十年之久，與魏晉南北朝相近。這段時期，以安史之亂（七五五—七六三年）為分水嶺。前期國力整體呈上升趨勢。其中，隋文帝不但在五八九年滅掉南方的陳朝，結束了數百年來的分裂局面。他更勵精圖治，強化法律，加強生產，成功締造了一個極為富庶的帝國。吳競《貞觀政要》曾載唐太宗對黃門侍郎王珪說：「開皇十四年大旱，隋文帝不許賑給，而令百姓就食山東。比至末年，天下儲積可供五十年。煬帝恃其富饒，侈心無厭，卒亡天下。但使倉廩之積足以備凶年，其餘何用哉！」也有學者指出，「隋室國祚雖短，然其國計之富足，每為治史者所豔稱。自漢以來，丁口之蕃息，倉廩府庫之盛，莫如隋。」[1] 到了李唐時期，太宗、高宗、武后、玄宗相繼，政治上長期保持穩定局面，對外戰爭亦多能取勝，因此，到了開元年間（七一三—七四一年），杜甫在《憶昔》詩中說：「憶昔開元全盛日，小邑猶藏萬家室。稻米流脂粟米白，公私倉廩俱豐實。九州道路無豺虎，遠行不勞吉日出。齊紈魯縞車班班，男耕女桑不相失。」詩中反映盛唐一片欣欣向榮的繁華氣象。

後段則政治日趨衰敗，內則宦官擅政，外則藩鎮割據，形勢岌岌可危。最後隨着朱溫篡唐，終於形成了五代十國的大分裂。先是，玄宗晚年沉湎享樂，荒殆政事，任用口蜜腹劍的李林甫和楊貴妃的堂兄楊釗（賜名國忠）為宰相，政治腐敗。安祿山以討好楊貴妃起家，後竟至

1 錢穆《國史大綱》第三七六頁。

身兼范陽、平盧、河東三鎮節度使，兵盛權重，野心膨脹。他見朝政日衰，以為形勢可乘，便以誅殺楊國忠為名，率領十五萬大軍直撲長安，令兩京淪陷，八年間征戰不斷。肅宗即位靈武，擔負討平叛軍的重任。由於得到郭子儀、李光弼等名將的協助，順利收復長安。後來安祿山及繼任者史思明雖被殺，但是朝廷仍無法將其餘黨殲滅，唯有採取安撫政策以盡快結束戰事。這便是唐代藩鎮割據的起源。此外，在安史之亂時，肅宗、代宗均任用宦官掌握禁軍（神策軍），令得宦官勢力崛起，導致唐代後期不斷發生弒君易儲的嚴重禍患。

政治的衰敗和紛亂，也再次引起外族政權的覬覦。安祿山得以擁有強大兵力的背後原因，是契丹的崛起。六六〇年，居於遼河流域的契丹脫離唐朝自立，並隨即形成對中國東北邊境的威脅。到了唐末，契丹迭剌部首領耶律阿保機崛起，並於九〇七年即可汗位。他首先平定了契丹內部的反抗勢力，繼而征服奚、室韋、黠嘎斯等部落。九一六年，耶律阿保機正式稱帝，國號契丹。他任用韓延徽、韓知古、康默記等漢人進行了一系列的政治改革。九二六年阿保機病逝，由述律后攝政，次子耶律德光在九二七年繼位。九三六年，後唐明宗的女婿沙陀人石敬瑭叛變，以割讓燕雲十六州為條件，向契丹屈膝求援。耶律德光協助石敬瑭登上帝位，建立後晉。自此以後，燕雲地區一直為外族佔據，直到明初徐達、湯和攻取元大都，才重新控制這個地區，前後竟達四百三十三年之久。

五代即後梁、後唐、後晉、後漢、後周五個迭替的朝代。其政權共歷五十三年，當中也曾出現個一位英明的君主——周世宗柴榮。他是周太祖郭威的養子，於九五四年繼位。歐陽修稱讚他「器貌英奇，善騎射，略通書史黃老，性沉重寡言」[2] 即位後，立即率兵攻打北漢。是時將領多驕泰庸弱，望敵有逃者。在高平之戰，右軍主將樊愛能望賊而遁，造成東廂騎軍大亂，大軍投降。戰後，周世宗將樊愛能、何徽等七十餘名將校斬首，以正軍法。其後更改革禁軍，裁汰冗弱，令軍威大振，首先擊敗後蜀，佔領了秦、鳳、成、階四州；又創建水軍，從南唐奪取了淮南十四州。九五九年三月，柴榮親率部隊，試圖收復燕雲十六州。當他攻奪了瀛、莫二州，再連陷益津關、瓦橋關和高陽等三關，兵鋒直指幽州時，病倒於軍中，只好撤退，最後在七月逝世，由七歲的兒子繼位。次年正月，鎮、定二州稱契丹入侵，殿前都檢點趙匡胤奉命率兵前往抗敵，師次陳橋驛時發生兵變，趙氏黃袍加身，取代了後周政權，建國號曰「宋」。

2《新五代史》卷十二。

十、世民弒兄

本篇導讀——

隋文帝楊堅統一天下後，改革刑律，整頓戶籍，在中央實行三省六部制，地方實行州縣二級制，使中國呈現了一片強盛的氣象，史稱「開皇之治」。但不幸繼承人選不當，使隋朝步上了秦朝「二世即亡」的後塵。文帝先是立長子楊勇為太子。楊勇雖然個性寬厚，但性喜奢華，行為不夠檢點，失愛於獨孤皇后。皇后被擅矯飾的晉王楊廣蒙蔽，不斷向文帝進言，最終，文帝廢掉楊勇立楊廣為嗣，隋煬帝這位歷史上罕見的暴君遂得以登場。煬帝具備過人的才智，允文允武，在即位後剛愎自用，成為一個窮奢極侈的君主。《史記．殷本紀》載「帝紂資辨捷疾，聞見甚敏；材力過人，手格猛獸；知足以距諫，言足以飾非；矜人臣以能，高天下以聲，以為皆出己之下。」與煬帝十分相似。兩個暴君的結局也是相似的——被武力推翻，身死名敗。唐高祖李淵本是隋朝統治階層的核心成員，與皇家且係姻親（隋文帝皇后獨孤伽羅係北周重臣獨孤信七女，其長姐為北周明敬皇后，四姐即李淵之母，後被追封為唐元貞皇后）。當隋末農民起事爆發，煬帝逗留在江都的時候，他擔任太原留守，並在六一七年底進佔長安，擁立代王侑做傀儡皇帝，遙尊煬帝為太上皇。次年六月，煬帝被親信宇文化及殺死，李淵便正式稱帝，建國號唐，開始蕩平隋末羣雄的艱巨工作。他首先平定薛仁杲、李軌，併力東向。在次子李世民的幫助下，李淵逐步擊敗了李密、王世充、竇建德、劉武周等，數年之間，終於削平羣雄。

繼承人大戰，在李家同樣上演。太子建成協助李淵治理國家事務，為抗衡世民覬覦儲君之位，建成不但主動請求出討劉黑闥，以提升軍事地位，又加強了東宮衞士的力量，更刻意奉承高祖的寵妃為內援。因此，世民雖有較顯赫的軍功，也無法動搖建成的太子之位。當局勢日趨穩定後，建成開始計劃剪除世民的威脅，以驅逐、收買、離間等手段來解散世民的部屬，讓他的力量日趨孤立。最後，世民孤注一擲，策動了軍事政變，率領親信手下埋伏於玄武門，趁建成入朝之際，親手射殺了儲君，而部下尉遲敬德則追殺了世民三弟元吉。事變之後，尉遲敬德帶兵入宮，迫使高祖交出權力，並處死了建成和元吉共十個兒子，史稱「玄武門之變」。值得慶倖的是，殺死兄弟登上皇位的李世民，跟表叔楊廣在政治上的表現截然不同，堪稱名君。

《通鑑》卷一百九十　唐紀六

唐高祖武德五年（公元六二二年）

（冬季，十一月。）上之起兵晉陽也，皆秦王世民之謀，上謂世民曰：「若事成，則天下皆汝所致，當以汝為太子。」世民拜且辭。及為唐王，將佐亦請以世民為世子，上將立之，世民固辭而止。太子建成，性寬簡，喜酒色遊畋[1]；齊王元吉，多過失；皆無寵於上。世民功名日盛，上常有意以代建成，建成內不自安，乃與元吉協謀，共傾世民，各引樹黨友。

注釋

1 畋（粵：田；普：tián）：打獵。

譯文

（冬季，十一月。）唐高祖在晉陽起兵，都是秦王李世民的計謀，高祖對李世民說：「如果事業成功，那麼天下都是你帶來的，該立你為太子。」李世民拜謝並推辭。待到高祖成為唐王，將領們也請求以李世民為世子，高祖準備立他，李世民堅決推辭才作罷。太子李建成性情鬆緩惰慢，喜歡飲酒，貪戀女色，愛打獵；齊王李元吉，常有過錯，均不受高祖寵愛。李世民功勳名望日增，高祖常常有意讓他取代李建成為太子，李建成心中不安，於是與李元吉共同謀劃，一起排擠李世民，他們各自交結建立自己的黨羽。

上晚年多內寵，小王且二十人，其母競交結諸長子以自固。建成與元吉曲意事諸妃嬪，諂諛賂遺，無所不至，以求媚於上。或言蒸[1]於張婕妤、尹德妃，宮禁深祕，莫能明也[2]。是時，東宮、王公、妃主之家及後宮親戚橫[3]長安中，恣為非法，有司不敢詰。世民居承乾殿，元吉居武德殿後院，與上臺、東宮晝夜通行，無復禁限。太子、二王出入上臺，皆乘馬、攜弓刀雜物，相遇如家人禮。太子令、秦、齊王教與詔敕並行，有司莫知所從，唯據得之先後為定。世民獨不奉事諸妃嬪，諸妃嬪爭譽建成、元吉而短世民。

注釋

1 蒸：私通，特指男性與女性長輩私通。2「宮禁」句：按：這些流言毫無根據。

3 橫：橫行，喻不守法。

譯文

高祖晚年寵幸的妃嬪很多，有近二十位小王子，他們的母親爭相交結各位年長的王子來鞏固自己的地位。李建成和李元吉都曲意侍奉各位妃嬪，奉承獻媚、賄賂、饋贈，無所不用，以求得皇上的寵愛。也有流言蜚語說他們與張婕妤、尹德妃私通，宮禁幽深神祕，此事無從證實。當時，太子東宮、各王公、妃主之家以及後宮妃嬪的親屬，在長安橫行霸道，為非作歹，而主管部門却不敢追究。李世民住在承乾殿，李元吉住在武德殿後院，他們的住處與皇帝寢宮、太子東宮之間日夜通行，不再有所限制。太子與秦、齊二王出入皇帝寢宮，均乘馬、携帶刀弓雜物，彼此相遇只按家人行禮。太子所下達的令，秦、齊二王所下達的教和皇帝的詔敕並行，有關部門不知所從，只有按照收到的先後為準。唯有李世民不去討好諸位妃嬪，諸妃嬪爭相稱讚李建成、李元吉而詆譭李世民。

世民每侍宴宮中，對諸妃嬪，思太穆皇后[1]早終，不得見上有天下，或歔欷流涕，上顧之不樂。諸妃嬪因密共譖世民曰：「海內幸無事，陛下春秋高，唯宜相娛樂，而秦王每獨涕泣，正是憎疾妾等，陛下萬歲[2]後，妾母子必不為秦王所容，無子遺矣！」因相與泣，且曰：「皇太子仁孝，陛下以妾母子屬之，必能保全。」上為之愴然。由是無易[3]太子意，待世民浸疏，而建成、元吉日親矣。

注釋
1 太穆皇后：竇氏，北周上柱國竇毅之女。2 萬歲：委婉地指逝世，一般用於皇帝。3 易：更換。

譯文
李世民每次在宮中侍奉高祖宴飲，面對諸位妃嬪，想起母親太穆皇后死得早，沒能看到高祖擁有天下，有時不免歎氣流淚，高祖看到後很不高興。各位妃嬪趁機暗中一同詆譭李世民道：「天下幸好平安無事，陛下年壽已高，只適合娛樂娛樂，而秦王總是一個人流淚，這實際上是憎恨我們，陛下作古後，我們母子必定不為秦王所容，會被殺得一個不留！」因此相互對着流淚，並且說：「皇太子仁愛孝順，陛下將我們母子託付給太子，必然能獲得保全。」高祖也為此很傷感。從此高祖打消了改立太子的念頭，對李世民逐漸疏遠，而對李建成、李元吉卻日益親密了。

賞析與點評
秦王世民在唐初樹立了不少戰功，而太子建成則較仁厚，以輔助高祖為主。因此，對於繼任人選，李淵曾經有所動搖。但是，出身隋朝貴族的李淵，對隋文帝易儲而造成的危害也不能視若無睹。因此，隨着李唐政權的鞏固，軍事活動漸趨平靜，世民的優勢便日益減退。同時，建成作為兄長，在處理與世民的關係上，主要是以削弱其實力為手段，似乎不會出現大的亂子。他更獲得後宮妃嬪一致支持，故高祖最終確定建成為繼任人。所以，世民在射殺建成而奪取政權後，必然要對其奪嫡的合法性作出解釋。在太宗的直接干預下，房玄齡、許敬宗等精心纂改了《高祖實錄》，李淵反覆無常、懦弱、好色的卑劣性格便躍於紙上；而建成、元吉的心胸狷狹、喜酒色和兇殘的形象也深入民心。（《通鑒》卷一百九十七，「貞觀十七年七月」條）要通過這些經過篡改的材料來了解唐初的歷史，真是有點「瞎子摸象」的味道。

太子中允王珪、洗馬魏徵說太子曰：「秦王功蓋天下，中外歸心；殿下但以年長位居東宮，無大功以鎮服海內。今劉黑闥散亡之餘，眾不滿萬，資糧匱乏，以大軍臨之，勢如拉朽，殿下宜自擊之以取功名，因結納山東豪傑，庶可自安。」太子乃請行於上，上許之。甲申，詔太子建成將兵討黑闥，其陝東道大行臺及山東道行軍元帥、河南、河北諸州並受建成處分，得以便宜從事。

譯文

太子中允王珪、太子洗馬魏徵勸太子說：「秦王功蓋天下，內外歸心；而殿下不過是因為年長才被立為太子，沒有大功可以鎮服天下。現在劉黑闥的兵力分散逃亡之後，剩下不足一萬人，又缺乏糧食物資，如果用大軍進逼，勢如摧枯拉朽，殿下應當親自去攻打以獲得功勞名望，趁機結交山東的豪傑，也許就可以保住自己的地位了。」太子於是向高祖請求帶兵出征，高祖答應了他的請求。甲申，高祖下詔命太子李建成帶兵討伐劉黑闥，陝東道大行臺及山東道行軍元帥、河南、河北各州均受建成處置，他有權隨機行事。

癸卯，……劉黑闥擁兵而南，自相州以北州縣皆附之，唯魏州總管田留安勒兵拒守。黑闥攻之，不下，引兵南拔元城，復還攻之。

譯文

癸卯，……劉黑闥召集兵馬向南進發，自相州以北的唐朝州縣均歸附了劉黑闥，唯有魏州總管田留安帶兵堅守抵抗。劉黑闥攻不下魏州，便帶軍向南攻取了元城，又回軍攻打魏州。

甲子，田留安擊劉黑闥，破之，獲其莘州刺史孟柱，降將卒六千人。是時，

山東豪傑多殺長吏以應黑闥，上下相猜，人益離怨；留安待吏民獨坦然無疑，白事者無問親疏，皆聽直入臥內，每謂吏民曰：「吾與爾曹俱為國禦賊，固宜同心協力，必欲棄順從逆者，但自斬吾首去。」吏民皆相戒曰：「田公推至誠以待人，當共竭死力報之，必不可負。」……以功進封道國公。

譯文

甲子，田留安攻打劉黑闥，打敗了他，並抓獲劉黑闥的莘州刺史孟柱，劉黑闥六千名將領士兵投降了田留安。當時，山東地區的豪傑紛紛殺死本地長官響應劉黑闥，因此上下互相猜疑，百姓也日益離心離德；只有田留安對待下屬、百姓坦然無疑，有人報告事情，無論親疏都聽任他們直接到寢室，還常常對下屬、百姓說：「我和各位都是為國家抵抗來敵，自然應當同心協力，如果有人一定要棄順從逆，只管自己來砍了我的頭拿走。」下屬、百姓都相互提醒道：「田公以至誠之心待人，我們應當共同盡心竭力報答他，一定不要辜負他的信任。」……田留安因功進爵封為道國公。

劉黑闥攻魏州未下，太子建成、齊王元吉大軍至昌樂，黑闥引兵拒之，再陳[1]，皆不戰而罷。魏徵言於太子曰：「前破黑闥，其將帥皆懸名處死，妻子係虜；故齊王之來，雖有詔書赦其黨與之罪，皆莫之信。今宜悉解其囚俘，慰諭遣之，則可坐視離散矣！」太子從之。黑闥食盡，眾多亡，或縛其渠帥以降。黑闥恐城中兵出，與大軍表裏擊之，遂夜遁。至館陶，永濟橋未成，不得度。壬申，太子、齊王以大軍至，黑闥使王小胡背水而陳，自視作橋成，即過橋西，眾遂大潰，捨仗來降。大軍度橋追黑闥，度者才千餘騎，橋壞，由是黑闥得與數百騎亡去。

注釋

1 陳：同「陣」。

譯文

劉黑闥沒有攻下魏州，太子李建成、齊王李元吉的大軍到達昌樂，劉黑闥帶兵來抵抗，兩次列陣，都沒有打就停了下來。魏徵對太子說：「以前打敗劉黑闥，他的將帥都預先寫上名字處以死罪，妻兒被俘虜，因此齊王前來，雖然有詔書赦免劉黑闥黨羽的罪過，但他們都不相信。如今應當全部放掉那些被囚禁和俘虜的人，加以安慰曉諭再放他們走，這樣就可以眼看着劉黑闥的勢力分崩離析了！」太子聽從了他的意見。劉黑闥糧食吃光了，部下紛紛逃跑，有些綁了自己的頭領投降了唐軍。劉黑闥恐怕魏州城裏的守軍出來，與唐大軍裏外夾擊，便於夜晚逃跑。跑到館陶，永濟橋還未建好，不能過河。壬申，太子、齊王率大軍到館陶，劉黑闥讓王小胡背靠河水列陣，自己看着橋搭好，立即過橋到了西岸，於是他的兵馬迅速崩潰，士兵放下兵器前來投降。唐大軍過橋追擊，才過了一千多騎兵，橋樑毀壞，劉黑闥因此得以和幾百名騎兵逃走。

唐高祖武德六年（公元六二三年）

春，正月，己卯，劉黑闥所署饒州刺史諸葛德威執黑闥，舉城降。時太子遣騎將劉弘基追黑闥，黑闥為官軍所迫，奔走不得休息，至饒陽，從者才百餘人，餒甚。德威出迎，延黑闥入城，黑闥不可；德威涕泣固請，黑闥乃從之。至城旁市中憩止[1]，德威饋之食[2]；食未畢，德威勒兵執之，送詣太子，並其弟十善斬於洺州。黑闥臨刑歎曰：「我幸在家鋤菜，為高雅賢輩所誤至此！」……丙寅，徐圓朗窮蹙，與數騎棄城走，為野人所殺，其地悉平。

注釋

1 憩止：休息。2 饋之食：送上食物。

譯文

春季，正月己卯，劉黑闥任命的饒州刺史諸葛德威捉住劉黑闥，舉城降唐。當時太子李建成派騎兵將領劉弘基追擊劉黑闥，劉黑闥被唐軍追趕，日夜奔逃無法休息，到達饒陽，隨行的才一百多人，十分飢餓。諸葛德威出城迎接劉黑闥，請他進城，劉黑闥不進城，諸葛德威流淚反覆請求，於是劉黑闥答應了他的邀請。到城旁邊的市場中休息，諸葛德威送給他們食物，還沒吃完，諸葛德威便帶兵把劉黑闥抓了起來，送到李建成處，劉黑闥和他的弟弟劉十善一起在洺州被斬首。劉黑闥在臨刑前歎息道：「我有幸在家種菜，却被高雅賢這些人害得落到如此下場！」……丙寅，徐圓朗因形勢窘迫，放棄城池和幾名騎兵逃走，被鄉村百姓殺死，他佔據的地區全部平定。

《通鑑》卷一百九十一　唐紀七

唐高祖武德七年（公元六二四年）

（夏，六月，）壬戌，慶州都督楊文幹反。初，齊王元吉勸太子建成除秦王世

民，曰：「當為兄手刃之！」世民從上幸元吉第，元吉伏護軍宇文寶於寢內，欲刺世民；建成性頗仁厚，遽[1]止之。元吉慍曰：「為兄計耳，於我何有！」

注釋

1 遽：急忙。

譯文

（夏季六月）壬戌，慶州都督楊文幹反叛朝廷。當初，齊王元吉曾經勸太子建成除掉秦王世民，他說：「我定當為兄長親手殺掉他！」世民跟高祖李淵駕臨元吉府第，元吉派護軍宇文寶埋伏在臥室裏，想趁機刺殺世民；建成為人仁厚，急忙阻止了他。元吉發怒，說：「這都是為兄長打算罷了，又關我甚麼事呢！」

賞析與點評

這次行刺計劃，可能屬子虛烏有。因元吉如犯下弒兄之罪，無論如何也必然受到追究。此外，既然刺客埋伏在臥室內，又沒有實行，外人又哪裏會知悉呢！這個記錄，其實是用來證明元吉兇暴，早懷弒兄的意圖，來為世民開脫的。以下許多相似的記錄大約也是相同性質的。有人說：「謊言說多了，便成為事實。」我們對不準確的歷史記錄應有所警惕。

建成擅募長安及四方驍勇二千餘人為東宮衛士，分屯左、右長林，號長林兵。又密使右虞候率可達志[1]從燕王李藝發幽州突騎三百，置東宮諸坊，欲以補東宮長上，為人所告。上召建成責之，流可達志於嶲州[2]。

注釋　1 可達志：可達是複姓，名志。2 嶲（粵：西；普：xī）州：四川西昌地區。

譯文　太子李建成擅自招募了長安和各地的驍勇之士二千餘人為東宮衛士，分別駐守在左、右長林門，稱為長林兵。又祕密地派了右虞候率可達志從燕王李藝那裏徵發的幽州三百精鋭騎兵，安置在東宮諸坊，想將這些騎兵補充東宮長上，被人告發。高祖責備李建成，將可達志流放到嶲州。

楊文幹嘗宿衛東宮，建成與之親厚，私使募壯士送長安。上將幸仁智宮[1]，命建成居守，世民、元吉皆從。建成使元吉就圖世民，曰：「安危之計，決在今歲！」又使郎將爾朱煥、校尉橋公山以甲遺文幹。二人至豳州，上變，告太子使文幹舉兵，使表裏相應；又有寧州人杜鳳舉[2]亦詣宮言狀。上怒，託他事，手詔召建成，令詣行在。建成懼，不敢赴。太子舍人徐師謩勸之據城舉兵；詹事主簿趙弘智勸之貶損車服，屏從者，詣上謝罪，建成乃詣仁智宮。未至六十里，悉留其官屬於毛鴻賓堡，以十餘騎往見上，叩頭謝罪，奮身自擲，幾至於絕。上怒不解，是夜，置之幕下，飼以麥飯，使殿中監陳福防守，遣司農卿宇文穎馳召文幹。穎至慶州，以情告之，文幹遂舉兵反。上遣左武衛將軍錢九隴與靈州都督楊師道擊之。

注釋

1 仁智宮：離宮，位於陝西中部的銅川市。2 杜鳳舉：據《舊唐書》卷二一〇載，杜鳳舉在貞觀十五年任鄯州刺史。

譯文

楊文幹曾經擔任東宮侍衛，李建成和他關係親厚，悄悄地派他招募壯士送到長安。高祖將往仁智宮，命李建成留守長安，李世民、李元吉隨駕。李建成讓李元吉圖謀除去李世民，說：「安危之計，就決定在今年了！」又派郎將爾朱煥、校尉橋公山將鎧甲送給楊文幹。二人到了豳州，就向皇帝稟報了太子的圖謀，告發太子派楊文幹起兵，和太子內外呼應；又有寧州人杜鳳舉也到仁智宮舉報太子的事。高祖大怒，藉口別的事，下手詔召見李建成，讓他到仁智宮來。李建成害怕，不敢去。太子舍人徐師謩勸他乾脆佔據長安城起兵；詹事主簿趙弘智則勸他不用車馬，貶損服飾，不帶隨從，單獨進見皇帝謝罪；於是李建成趕去仁智宮。

還沒走到六十里，太子就將官屬全部留在毛鴻賓堡，只帶了十餘人騎馬去見皇帝，向皇帝叩頭請罪，拚命磕頭表自責之意，幾乎要沒命了。高祖怒氣不消，當夜，將太子安頓在幕下，供應粗糙的麥飯，派殿中監陳福防守，又派司農卿宇文穎馳召楊文幹。宇文穎到了慶州，將太子的情況告訴了他，楊文幹就起兵造反。高祖派左武衞將軍錢九隴與靈州都督楊師道迎戰。

甲子，上召秦王世民謀之，世民曰：「文幹豎子，敢為狂逆，計府僚已應擒戮；若不爾，正應遣一將討之耳。」上曰：「不然。文幹事連建成，恐應之者眾。汝宜自行，還，立汝為太子。吾不能效隋文帝自誅其子，當封建成為蜀王。蜀兵脆弱，他日苟能事汝，汝宜全之；不能事汝，汝取之易耳！」

譯文

甲子，高祖召秦王李世民商議楊文幹叛亂之事，李世民說：「楊文幹這小子，竟然敢犯下這樣狂妄謀逆的事，想來他手下的屬員應當已經將他捉拿或是殺死了；如果不是這樣，那麼朝廷就應該派一員將領討伐他。」高祖說：「不是這樣的。楊文幹的事牽連着建成，恐怕響應的人很多。你應該自己出征討伐，得勝回朝，我就立你做太子。我不能效法隋文帝誅殺其子，到時候封建成為蜀王。蜀兵脆弱不善征戰，這樣的話，將來他要是能夠忠心事你為主，你就應當保全他；如果他做不到忠心事你為主，你也容易制服他。」

世民既行，元吉與妃嬪更迭為建成請，封德彝復為之營解於外，上意遂變，復遣建成還京師居守。惟責以兄弟不睦，歸罪於太子中允王珪、左衛率韋挺、天策兵曹參軍杜淹，並流於巂州。

譯文

李世民出征以後，李元吉與後宮妃嬪都相繼為李建成求情，封德彝又在外面營救他，高祖的想法就改變了，重新派李建成返回長安留守。只是責備他與兄弟不和，歸罪於太子中允王珪、左衛率韋挺、天策兵曹參軍杜淹，將他們流放到巂州。

賞析與點評

楊文幹是太子建成的親信，曾為太子私募東宮衞士。當太子派將士以鎧甲送交文幹，兩名手下卻在中途突然上告「太子使文幹舉兵」，實在很可疑。加上寧州人杜鳳舉到仁智宮告發此事。事件讓建成陷於極危險之境地。如今看來，整件事情必定有人在幕後操控，而事件的受益人秦王世民，嫌疑當然最大。首先，送一批鎧甲給楊文幹，便代表建成要發動政變、自立為王，實在難以讓人相信。同時，杜鳳舉為何知悉此事，何以會挺身舉報，也無從了解。只是杜氏在貞觀中擔任鄯州刺史，足見他很有可能是世民的人。至於事件過後，高祖「責以兄弟不睦」，除了把建成親信手下王珪和韋挺處分外，也將杜淹流放到巂州，就更奇怪了。杜淹是杜如晦的叔父，當時是天策兵曹參軍，屬世民的核心成員。所以，有學者估計杜淹是世民策動此次事件的關鍵人物。

上校獵城南，太子、秦、齊王皆從，上命三子馳射角勝。建成有胡馬，肥壯而喜蹶，以授世民曰：「此馬甚駿，能超數丈澗。弟善騎，試乘之。」世民乘以逐鹿，馬蹶，世民躍立於數步之外，馬起，復乘之，如是者三，顧謂宇文士及曰：「彼欲以此見殺，死生有命，庸何傷乎？」建成聞之，因令妃嬪譖之於上曰：「秦王自言，我有天命，方為天下主，豈有浪死！」上大怒，先召建成、元吉，然後召世民入，責之曰：「天子自有天命，非智力可求；汝求之一何急邪！」世民免冠頓首，請下法司案驗。上怒不解，會有司奏突厥入寇，上乃改容，勞勉世民，命

之冠帶，與謀突厥。閏月，己未，詔世民、元吉將兵出豳州以禦突厥，上餞之於蘭池。上每有寇盜，輒命世民討之，事平之後，猜嫌益甚。

譯文

高祖到城南打獵，太子李建成、秦王李世民、齊王李元吉都跟隨在旁，高祖下令三人比賽騎射以決勝負。李建成有匹胡馬，肥壯但喜歡將人甩下來，李建成將這匹馬交給李世民說：「這馬很神駿，能躍過數丈寬的水溝。二弟善騎，試着騎騎看。」李世民騎馬逐鹿，馬顛覆人，李世民一躍而起，躍出幾步遠站穩，等馬安靜下來，再騎上去，這樣好幾次，李世民回頭對宇文士及說：「他們想用這種方法來殺我，可是死生有命，又怎麼能傷害到我呢？」李建成聽說了，就讓妃嬪對高祖說李世民的壞話：「秦王自己說，我有天命，將來要成為天下之主，怎麼會就這樣白白死去？」高祖大怒，先召見李建成、李元吉，然後召李世民進見，責備他說：「天子自有天命，不是靠智慧和勇武就可以求來的；你也未免太着急了吧！」李世民摘去帽子磕頭謝罪，自請將此事交付法司調查。高祖仍然怒氣不止，正在此時有司上奏突厥入侵，高祖這才換了臉色，安慰勉勵李世民，讓他重新戴好帽子，和他商量突厥的事。閏月己未，下詔讓李世民、李元吉帶兵出豳州抵禦突厥，高祖在蘭池為他們餞行。每每有戰事，高祖就讓李世民出征，事平之後，對李世民的猜忌就更加厲害。

唐高祖武德九年（公元六二六年）

夏，六月丁巳，太白經天。秦王世民既與太子建成、齊王元吉有隙，以洛陽形勝之地，恐一朝有變，欲出保之，乃以行臺工部尚書溫大雅[1]鎮洛陽，遣秦府車騎將軍榮陽張亮將左右王保等千餘人之洛陽，陰結納山東豪傑以俟變，多出金帛，恣其所用。元吉告亮謀不軌，下吏考驗；亮終無言，乃釋之，使還洛陽。

注釋

1 溫大雅：世民親信，曾撰《大唐創業起居注》三卷，記錄了高祖太原起兵前後的歷史。

譯文

夏季六月丁巳，太白星出現了。秦王李世民因為和太子李建成、齊王李元吉已經有了嫌隙，想到洛陽地形險要，擔心將來有一天發生變故，所以想鎮守洛陽以求自保，於是就以行臺工部尚書溫大雅去鎮守洛陽，派秦府車騎將軍榮陽張亮率左右王保等千餘人到洛陽去，暗中結納山東豪傑以作準備，取出大量財物，由他們任意使用。李元吉告發張亮圖謀不軌，於是抓了他交付法司審訊，張亮最終甚麼也不說，只得釋放他，讓他返回洛陽。

建成夜召世民，飲酒而鴆之，世民暴心痛，吐血數升，淮安王神通扶之還西宮。上幸西宮，問世民疾，敕建成曰：「秦王素不能飲，自今無得復夜飲！」因謂世民曰：「首建大謀，削平海內，皆汝之功。吾欲立汝為嗣，汝固辭；且建成年長，為嗣日久，吾不忍奪也。觀汝兄弟似不相容，同處京邑，必有紛競，當遣汝還行臺，居洛陽，自陝以東皆王之。仍命汝建天子旌旗，如漢梁孝王故事。」世民涕泣，辭以不欲遠離膝下。上曰：「天下一家，東、西兩都，道路甚邇。吾思汝即往，毋煩悲也。」將行，建成、元吉相與謀曰：「秦王若至洛陽，有土地甲兵，不可復制；不如留之長安，則一匹夫耳，取之易矣。」乃密令數人上封事，言「秦王左右聞往洛陽，無不喜躍，觀其志趣，恐不復來」。又遣近幸之臣以利害說上。上意遂移，事復中止。

譯文　李建成夜召李世民，請他飲酒並藉機在酒中下毒，酒後，李世民忽然心痛，吐血數升，淮安王李神通扶他回西宮。高祖到西宮探望李世民，問了他病情，下詔書給李建成說：「秦王向來不能飲酒，以後再不要夜飲了。」對李世民說：「首倡起兵的大事，平定海內，都是你的功勞。我想立你為太子，你堅持不肯；況且建成年長，又做了很長時間太子，我不忍心廢黜他的儲位。看你們兄弟似乎互不相容，一起待在京邑長安必定會有紛爭，我派你回行臺，駐於洛陽，陝州以東都奉你號令。讓你建天子旌旗，如漢梁孝王舊例。」李世民流淚哭泣，推說不願遠離高祖膝下。高祖說：「天下一家，西京和東都離得很近，我想念你了就去看你，不必為此難過。」秦王快要出發，李建成、李元吉商議：「秦王如果到了洛陽，有土地有軍隊，就無法再控制了；不如把他留在長安，那樣他不過是個尋常人，制服他也容易。」於是他們祕密地讓幾個人密奏皇帝，說「秦王左右聽說往洛陽，無不歡喜雀躍，看來他們的野心很大，恐怕一去之後就不會再回來」。又派皇帝親近寵信的大臣以利害關係勸說高祖。高祖的想法改變，秦王去洛陽的事就被中止了。

賞析與點評

學者對「建成夜召世民，飲酒而鴆之」一事，多持懷疑態度。因為兩人的衝突已很激烈，世民不可能不作防範。而鴆這種毒物，只需小量便足以致命。世民酒後仍能保命，所飲的便不是鳩了。

建成、元吉與後宮日夜譖訴世民於上，上信之，將罪世民。陳叔達諫曰：「秦王有大功於天下，不可黜也。且性剛烈，若加挫抑，恐不勝憂憤，或有不測之疾，陛下悔之何及！」上乃止。元吉密請殺秦王，上曰：「彼有定天下之功，罪狀未著，何以為辭！」元吉曰：「秦王初平東都，顧望不還，散錢帛以樹私恩，又違敕命，非反而何？但應速殺，何患無辭？」上不應。

譯文

李建成、李元吉和後宮嬪妃日夜在高祖面前講李世民的壞話，高祖漸漸相信了，準備治李世民的罪。陳叔達勸諫說：「秦王有大功於天下，不可廢黜。而且他性情剛烈，如果加以壓抑挫折，恐怕他承受不了這樣的憤怒憂傷，可能會出意外，到那時陛下就後悔莫及了。」高祖也就不再追究。李元吉祕密地向高祖奏請殺秦王，高祖說：「秦王有定天下之功，罪狀並未顯現，用甚麼理由殺他呢？」李元吉說：「秦王剛剛平定東都的時候，遷延觀望不回長安，廣施財物收買人心，又違抗父皇的詔命，這不是造反又是甚麼？就應該立刻處死，哪還用得着擔心沒有理由？」高祖不肯答應。

秦府僚屬皆憂懼不知所出。行臺考功郎中房玄齡謂比部郎中長孫無忌曰：「今嫌隙已成，一旦禍機竊發，豈惟府朝塗地[1]，乃實社稷之憂；莫若勸王行周公之事以安家國。存亡之機，間不容髮，正在今日！」無忌曰：「吾懷此久矣，不敢發口；今吾子所言，正合吾心，謹當白之。」乃入言世民。世民召玄齡謀之，玄齡曰：「大王功蓋天地，當承大業；今日憂危，乃天贊也，願大王勿疑！」乃與府屬杜如晦共勸世民誅建成、元吉。

注釋

1 府朝塗地：意指王府中人都會被殺。

譯文

秦王府官員都擔心害怕，不知如何是好。行臺考功郎中房玄齡對比部郎中長孫無忌說：「如今秦王和太子的嫌隙已成，一旦事情發作起來，不止是王府的人都會被殺，實在也是國家的禍患。不如勸秦王效法周公誅管、蔡之事以安定皇室和國家。如今正是存亡之際，間不容髮，機會就在今日了。」長孫無忌說：「我早就有這樣的想法了，只是不敢說出來；如今你所說的話正合我的心意，我一定去和秦王說。」於是他就向秦王進言。李世民召房玄齡共同商議，房玄齡說：「大王功蓋天地，應當繼承大業。如今局勢危急，正是上天幫助我們，希望您不要猶豫。」就和府屬杜如晦共同勸李世民誅李建成、李元吉。

建成、元吉以秦府多驍將，欲誘之使為己用，密以金銀器一車贈左二副護軍尉遲[1]敬德，並以書招之曰：「願迂長者之眷，以敦布衣之交。」敬德辭曰：「敬德，蓬戶甕牖[2]之人，遭隋末亂離，久淪逆地，罪不容誅。秦王賜以更生之恩，今又策名藩邸，唯當殺身以為報；於殿下無功，不敢謬當重賜。若私交殿下，乃是貳心，徇利忘忠，殿下亦何所用！」建成怒，遂與之絕。……既而元吉使壯士夜刺敬德，敬德知之，洞開重門，安臥不動，刺客屢至其庭，終不敢入。元吉乃譖敬德於上，下詔獄訊治，將殺之。世民固請，得免。又譖左一馬軍總管程知節，出為康州刺史。知節謂世民曰：「大王股肱羽翼[3]盡矣，身何能久！知節以死不去，願早決計。」又以金帛誘右二護軍段志玄，志玄不從。建成謂元吉曰：「秦府智略之士，可憚者獨房玄齡、杜如晦耳。」皆譖之於上而逐之。

注釋

1 尉（粵：屈；普：yù）遲：複姓。2 蓬戶甕牖：以蓬草做門戶，用破甕做窗戶。3 股肱羽翼：比喻左右輔助得力的人。

譯文

李建成、李元吉認為秦府有很多驍勇善戰的將領，想要收買過來以為己用，於是就私下裏將一車金銀器送給左二副護軍尉遲敬德，並且寫信以招攬：「我希望得到你的顧念，建立起我們之間誠懇的布衣友誼。」尉遲敬德辭謝道：「敬德出身貧苦，遭逢隋末亂世，一直淪落在叛逆的境地，罪不容誅。秦王賜予我重生的恩德，如今又成為秦王府的屬下，只能殺身以報秦王的知遇之恩。敬德沒有為殿下立過甚麼功勞，不敢謬當厚賜。如果私下和殿下結交，就是有貳心的臣子，為了追求利益把忠心拋到腦後，這樣的人對殿下又有甚麼用呢？」李建成發怒，不再和他結交。……不久李元吉派壯士夜裏行刺尉遲敬德，尉遲敬德知道了，將重重門戶都大開着，安臥不動，刺客數次到他的庭院裏，但終究還是不敢進去。李元吉就在高祖面前誣陷尉遲敬德，皇帝將尉遲敬德下詔獄審訊拷打，想要處死他。李世民一直為他求情，尉遲敬德得以倖免。李元吉又誣陷左一馬軍總管程知節，高祖將他外放為康州刺史。程知節對李世民說：「大王左右得力的人都被調走，您自己的安全就不能長久了。知節寧死不去，希望您早早定計。」太子他們又用財貨引誘右二護軍段志玄，段志玄不肯。李建成對李元吉說：「秦府有謀略之士，可忌憚的只有房玄齡、杜如晦而已。」在高祖面前說他們的壞話，讓高祖把他們趕走。

世民腹心唯長孫無忌尚在府中，與其舅雍州治中高士廉、右候車騎將軍三水侯君集及尉遲敬德等，日夜勸世民誅建成、元吉。世民猶豫未決，問於靈州大都督李靖，靖辭；問於行軍總管李世勣，世勣辭；世民由是重二人。

譯文

李世民心腹只有長孫無忌還在府中，和他的舅舅雍州治中高士廉、右候車騎將軍三水侯君集及尉遲敬德等人，日夜勸說李世民誅殺李建成、李元吉。李世民猶豫未決，向靈州大都督李靖詢問，李靖不答；又問行軍總管李世勣，李世勣也不答；李世民因此器重二人。

會突厥郁射設將數萬騎屯河南，入塞，圍烏城，建成薦元吉代世民督諸軍北征；上從之，命元吉督右武衛大將軍李藝、天紀將軍張瑾等救烏城。元吉請尉遲

敬德、程知節、段志玄及秦府右三統軍秦叔寶等與之偕行，簡閱秦王帳下精銳之士以益元吉軍。率更丞王晊密告世民曰：「太子語齊王：『今汝得秦王驍將精兵，擁數萬之眾，吾與秦王餞汝於昆明池，使壯士拉殺之於幕下，奏云暴卒，主上宜無不信。吾當使人進說，令授吾國事。敬德等既入汝手，宜悉坑之，孰敢不服！』」世民以晊言告長孫無忌等，無忌等勸世民先事圖之。世民歎曰：「骨肉相殘，古今大惡。吾誠知禍在朝夕，欲俟其發，然後以義討之，不亦可乎！」敬德曰：「人情誰不愛其死！今眾人以死奉王，乃天授也。禍機垂發，而王猶晏然不以為憂，大王縱自輕，如宗廟社稷何！大王不用敬德之言，敬德將竄身草澤，不能留居大王左右，交手受戮也！」無忌曰：「不從敬德之言，事今敗矣。敬德等必不為王有，無忌亦當相隨而去，不能復事大王矣！」世民曰：「吾所言亦未可全棄，公更圖之。」敬德曰：「王今處事有疑，非智也；臨難不決，非勇也。且大王素所畜養勇士八百餘人，在外者今已入宮，擐甲執兵[1]，事勢已成，大王安得已乎！」

注釋　1 擐甲執兵：穿上甲冑，手執武器。

譯文　正好突厥郁射設率領數萬騎兵屯駐黃河以南，侵入邊關，包圍了烏城，李建成推薦李元吉代替李世民率軍北征；高祖答應了，讓李元吉帶領右武衛大將軍李藝、天紀將軍張瑾等救援烏城。李元吉請求尉遲敬德、程知節、段志玄及秦府右三統軍秦叔寶等人和他共同出征，挑選秦王帳下精銳之士編入李元吉軍中。率更丞王晊密告李世民：「太子對齊王說：『如今你得到秦王手下的驍將精兵，率領數萬之眾，我和秦王在昆明池為你餞行，你派壯士在幕下拉殺世民，上奏說他猝死，陛下一定會相信。我會讓人進言，請陛下將國事交給我。敬德等人既然到了你手中，你就全部處死他們，還有誰敢不服？』」李世民將王晊的話告訴了長孫無忌等人，長孫無忌等勸李世民先發制人。李世民歎息道：「骨肉相殘，是自古以來最大的惡行。我也知道早晚會有禍事，但一直想等他們先動了手，然後再用有負道義的罪名討伐他們，這樣不行麼？」尉遲敬德說：「人之情誰不愛惜生命？如今眾人甘心冒着生命危險奉大王和太子一爭高低，這是上天賜予大王的機會。禍患隨時都會發生，而大王還安然不以為憂，大王即使不把自己的生命看得那麼重要，那國家宗廟怎麼辦？如果大王不聽敬德的話，敬德就將藏身於民間，不能再留在大王身邊，合着雙手等着別人來殺我。」長孫無忌說：「不聽敬德的話，必定敗事。敬德等不會再跟隨大王，無忌也會隨之離開，不能再侍奉大王了。」李世民說：「我所說的也並不是全無道理，各位再好好考慮一下。」尉遲敬德說：「大王如今處事猶疑，這是不智；大難臨頭做不了決斷，這是不勇。何況大王向來蓄養的八百多勇士，在外面的也都已經入宮，穿上盔甲，手執兵器，對峙之勢已成，大王想要就此罷休是絕無可能的。」

世民訪之府僚，皆曰：「齊王凶戾，終不肯事其兄。比聞護軍薛實嘗謂齊王曰：『大王之名，合之成「唐」字，大王終主唐祀。』齊王喜曰：『但除秦王，取東宮如反掌耳。』彼與太子謀亂未成，已有取太子之心。亂心無厭，何所不為！若使二人得志，恐天下非復唐有。以大王之賢，取二人如拾地芥耳，奈何徇匹夫之節，忘社稷之計乎？」世民猶未決，眾曰：「大王以舜為何如人？」曰：「聖人也。」眾曰：「使舜浚井不出，則為井中之泥；塗廩不下，則為廩上之灰，安能澤被天下，法施後世乎！是以小杖則受，大杖則走，蓋所存者大故也。」世民命卜之，幕僚張公謹自外來，取龜投地，曰：「卜以決疑；今事在不疑，尚何卜乎！卜而不吉，庸得已乎？」於是定計。

譯文　李世民向手下詢問，都說：「齊王兇暴，終究是不肯侍奉太子的。近來聽說護軍薛實曾經對齊王說：『大王之名，合之成唐字，大王最終還是要主持大唐祭祀的。』

齊王大喜說：『只要除掉了秦王，再除東宮易如反掌。』他和太子共謀還未成功，已經有了奪取儲位的心思。他的為亂之心沒有滿足停息的時候，甚麼事做不出來？如果太子和齊王得志，恐怕唐室未必能保有天下。以大王的賢明，收拾此二人如揀拾草芥一樣容易，怎麼能像尋常人那樣拘泥小節，而忘記了社稷大計呢？」李世民猶豫未決，眾人說：「大王認為舜是甚麼樣的人？」李世民說：「是聖人。」眾人說：「如果舜挖井的時候沒能逃出來，就成為井中之泥；粉刷倉庫的時候沒能下來，就成為倉庫上面的灰塵，怎麼還能澤被天下，法施後世呢？因此所謂小杖則受，大杖則走，是因為還有更加重要的事需要大王去做啊。」李世民讓人占卜一下這樣做是否順利，幕僚張公謹從外面進來，拿起占卜用的龜甲扔到地上，說：「占卜是有疑問的時候用來作決定的，如今的事根本沒有猶疑的餘地，還占卜甚麼呢？如果占卜得到的是不吉的結果，難道可以就此罷休麼？」於是秦王作了決定。

世民令無忌密召房玄齡等，曰：「敕旨不聽復事王；今若私謁，必坐死，不敢奉教。」世民怒，謂敬德曰：「玄齡、如晦豈叛我邪？」取所佩刀授敬德曰：「公往觀之，若無來心，可斷其首以來。」敬德往，與無忌共諭之曰：「王已決計，公

宜速入共謀之。吾屬四人，不可羣行道中。」乃令玄齡、如晦著道士服，與無忌俱入，敬德自他道亦至。

譯文

李世民派長孫無忌密召房玄齡等人，他們說：「詔書說不讓我們再侍奉秦王，如今要是私下謁見，一定會被處死，所以不敢奉大王的命令。」李世民發怒，對尉遲敬德說：「玄齡、如晦難道也要背叛我麼？」取所佩刀交給尉遲敬德說：「你去看一看，如果他們真的沒有來見我的意思，就砍下他們的首級來見我。」尉遲敬德和長孫無忌一起前去見房玄齡等人，告訴他們說：「大王已經決定要動手了，各位應該盡快入府商議。我們四人不能一起走在路上。」讓房玄齡、杜如晦穿着道士的衣服，和長孫無忌一起進入秦王府，尉遲敬德則從另一路返回。

己未，太白復經天。傅奕密奏：「太白見秦分，秦王當有天下。」上以其狀授世民。於是世民密奏建成、元吉淫亂後宮，且曰：「臣於兄弟無絲毫負，今欲殺臣，似為世充、建德報仇。臣今枉死，永違君親，魂歸地下，實恥見諸賊！」上省之，愕然，報曰：「明當鞫問[1]，汝宜早參[2]。」

注釋

1 鞫問：審訊。2 早參：早上上朝。

譯文

己未，太白星又出現了。傅奕密奏：「太白在秦地上空出現，秦王將會得天下。」高祖把這件事告訴了李世民。於是李世民密奏李建成、李元吉淫亂後宮，並且說：「兒臣於兄弟之間並沒有絲毫做得不對的地方，如今他們想要殺死兒臣，好像是為王世充、竇建德報仇一樣。兒臣要是枉死，永別陛下和親人，魂歸地下，也羞於見到經我手除滅的諸賊。」高祖有所醒悟，很吃驚，答覆道：「明天我會審問此事，你要早點進見。」

賞析與點評

李世民所言李建成「欲殺臣，似為世充、建德報仇」，真是「欲加之罪，何患無辭」，太欠公允了。

庚申，世民帥長孫無忌等入，伏兵於玄武門。張婕妤竊知世民表意，馳語建成。建成召元吉謀之，元吉曰：「宜勒宮府兵，託疾不朝，以觀形勢。」建成曰：「兵備已嚴，當與弟入參，自問消息。」乃俱入，趣玄武門。上時已召裴寂、蕭

瑀、陳叔達等，欲按其事。

譯文

庚申，李世民率長孫無忌等人進宮，在玄武門埋伏好士兵。張婕妤私下裏得知李世民的意圖，派人馳告李建成。李建成召李元吉商議，李元吉說：「應該率領宮府兵，稱病不朝，看看形勢再說。」李建成說：「我們的兵備已經很嚴密了，還是應該和你一同入朝，親自去探聽一下消息。」於是二人一起入宮，往玄武門。高祖當時已經召裴寂、蕭瑀、陳叔達等人入宮，想要查問其事。

建成、元吉至臨湖殿，覺變，即跋馬東歸宮府。世民從而呼之，元吉張弓射世民，再三不彀[1]，世民射建成，殺之。尉遲敬德將七騎[2]繼至，左右射元吉墜馬。世民馬逸入林下，為木枝所絓[3]，墜不能起。元吉遽至，奪弓將扼之，敬德躍馬叱之。元吉步欲趣武德殿，敬德追射，殺之。翊衛車騎將軍馮翊[4]馮立聞建成死，歎曰：「豈有生受其恩，而死逃其難乎！」乃與副護軍薛萬徹、屈咥直府左車騎萬年謝叔方帥東宮、齊府精兵二千馳趣玄武門。張公謹多力，獨閉關以拒之，不得入。雲麾將軍敬君弘掌宿衛後，屯玄武門，挺身出戰，所親止之曰：「事未可知，且徐觀變，俟兵集，成列而戰，未晚也。」君弘不從，與中郎將呂世衡大呼而進，皆死之。……守門兵與萬徹等力戰良久，萬徹鼓噪欲攻秦府，將士大懼；尉遲敬德持建成、元吉首示之，宮府兵遂潰，萬徹與數十騎亡入終南山。馮立既殺敬君弘，謂其徒曰：「亦足以少報太子矣！」遂解兵，逃於野。

注釋

1 不彀：未能把弓拉滿。2 七騎：原文為七十騎，疑誤。3 絓：通「掛」，勾掛着。4 馮翊：郡名，又稱同州，在陝西大荔縣。

譯文

李建成、李元吉走到臨湖殿的時候，察覺有變故，立即撥轉馬頭向東，想回到東宮。李世民跟在後面叫住他們，李元吉張弓射李世民，驚慌之下怎麼也拉不開弓，李世民射中李建成，殺死了他。尉遲敬德帶領七騎相繼趕到，左右射中李元吉，掉下馬來。李世民的馬跑到林子裏，被樹枝掛住，墜馬不能起身。李元吉突然趕到，奪下弓想要掐死李世民，尉遲敬德騎馬趕到呵斥李元吉。李元吉步行逃往武德殿，尉遲敬德追上去射殺了他。翊衞車騎將軍馮翊郡人馮立聽說李建成的死訊，歎息道：「豈有活着的時候受他的恩典，死了就逃離災難的呢？」於是就和副護軍薛萬徹、屈咥直府左車騎萬年謝叔方率領東宮、齊府二千精兵騎馬趕往玄武門。張公謹力氣很大，獨力關上宮門阻擋東宮、齊府兵，使他們不能進來。雲麾將軍敬君弘掌管宿衛，駐紮在玄武門，挺身和馮立作戰，他親近的手下阻止他說：「局勢未定，暫且先旁觀，等軍隊都到了以後，列成兵陣再出戰也不晚。」敬君弘不聽，與中郎將呂世衡大喊着出戰，都戰死了。……守門衛兵和薛萬徹等人力戰很久，薛萬徹鼓噪着要攻打秦王府，秦府將士大為驚懼。這時尉遲敬德手持李建成、李元吉的首級展示，東宮和齊府的軍隊就潰散了，薛萬徹帶數十騎逃入終南山。馮立殺了敬君弘，對手下說：「這樣也足以報答太子了！」於是解散軍隊，逃亡民間。

上方泛舟海池，世民使尉遲敬德入宿衛，敬德擐甲持矛，直至上所。上大驚，問曰：「今日亂者誰邪？卿來此何為？」對曰：「秦王以太子、齊王作亂，舉兵誅之，恐驚動陛下，遣臣宿衛。」上謂裴寂等曰：「不圖今日乃見此事，當如之何？」蕭瑀、陳叔達曰：「建成、元吉本不預義謀，又無功於天下，疾秦王功高望重，共為姦謀。今秦王已討而誅之，秦王功蓋宇宙，率土歸心，陛下若處以元良[1]，委之國務，無復事矣。」上曰：「善！此吾之夙心也。」時宿衛及秦府兵與二宮左右戰猶未已，敬德請降手敕，令諸軍並受秦王處分，上從之。天策府司

馬宇文士及自東上閤門出宣敕，眾然後定。上又使黃門侍郎裴矩至東宮曉諭諸將卒，皆罷散。上乃召世民，撫之曰：「近日以來，幾有投杼之惑[2]。」李世民跪而吮上乳，號慟久之。

注釋

1 元良：太子之位。2 投杼之惑：比喻謠言眾多，動搖了對最親近者的信心。

譯文

當時高祖正泛舟海池，李世民派尉遲敬德入宮守衛，尉遲敬德穿着盔甲，手執長矛，徑直來到高祖所在的地方。高祖大驚，問：「今日作亂的是誰？你來這裏做甚麼？」尉遲敬德答道：「秦王因為太子、齊王叛亂，起兵誅殺了他們，秦王擔心驚動陛下，所以派臣宿衛。」高祖對裴寂等人說：「想不到今日會看到這樣的事，現在應該怎麼做呢？」蕭瑀、陳叔達說：「建成、元吉本來沒有參與起兵之事，又沒有大功於天下，忌憚秦王功高望重，所以共同陰謀殺害秦王，如今秦王既然已經討伐誅殺了二人，加上秦王功蓋宇宙，天下歸心，如果陛下立他為太子，將政務交託給他，自然太平無事。」高祖說：「好！這正是我一直以來的想法。」當時宮廷宿衛、秦府兵和東宮以及齊府的將士仍在激戰不已，尉遲敬德請高祖降下手敕，下令諸軍都由秦王統領，高祖答應了。天策府司馬宇文士及從東上閤門出宣詔書，然後局勢漸漸平息下來。高祖又派黃門侍郎裴矩到東宮曉諭將士，將他們罷兵解散。高祖於是召見李世民，安慰他說：「近來幾乎因為相信流言而錯疑了你。」李世民跪下來抱住高祖，放聲痛哭了很久。

建成子安陸王承道、河東王承德、武安王承訓、汝南王承明、鉅鹿王承義，元吉子梁郡王承業、漁陽王承鸞、普安王承獎、江夏王承裕、義陽王承度，皆坐誅，仍絕屬籍。

譯文

李建成的兒子安陸王李承道、河東王李承德、武安王李承訓、汝南王李承明、鉅鹿王李承義，李元吉子梁郡王李承業、漁陽王李承鸞、普安王李承獎、江夏王李承裕、義陽王李承度，都因為受到牽連而被殺，被革除宗室的身份。

賞析與點評

高祖面對尉遲敬德「擐甲持矛」的脅迫，兩個兒子和十個孫子也同日被殺，情何以堪！又世民殺掉十個姪兒時，究竟有何感想？大局已定，真的還要斬草除根嗎？

初，建成許元吉以正位之後，立為太弟，故元吉為之盡死。諸將欲盡誅建成、元吉左右百餘人，籍沒其家，尉遲敬德固爭曰：「罪在二凶，既伏其誅；若及支黨，非所以求安也！」乃止。是日，下詔赦天下。凶逆之罪，止於建成、元吉，自餘黨與，一無所問。國家庶事，皆取秦王處分。

譯文

當初，李建成答應李元吉在自己即位以後，將他立為皇太弟，所以李元吉為李建成盡死效力。各位將領準備將李建成和李元吉的一百多名親信全部誅除，將他們的家產沒入官府，尉遲敬德再三爭辯說：「罪過都在兩個元兇身上，他們已經受到死刑的處罰了。倘若還要牽連他們的黨羽，就不是謀求安定的做法了！」於是各位將領停止追殺下去。當天，高祖頒詔赦免天下罪囚，叛逆的罪名只加給李建成和李元吉二人，對其餘的黨羽，一概不加追究。國家的各項政務，全部聽候秦王處置。

辛酉，馮立、謝叔方皆自出；薛萬徹亡匿，世民屢使諭之，乃出。世民曰：「此皆忠於所事，義士也。」釋之。

譯文　辛酉，馮立和謝叔方都自動出來。薛萬徹逃亡躲避起來以後，李世民多次讓人曉示他，他也出來了。李世民說：「這些人都能夠忠於自己所事奉的人，是義士啊！」於是都免除他們的罪。

癸亥，立世民為皇太子。又詔：「自今軍國庶事，無大小悉委太子處決，然後聞奏。」

譯文　癸亥，高祖將李世民立為皇太子，還頒佈詔書說：「從今天起，軍隊和國家的各項事務，無論大小，全部交付太子處置決定，然後再報告朕。」

臣光曰：立嫡以長，禮之正也。然高祖所以有天下，皆太宗之功；隱太子[1]以庸劣居其右，地嫌勢逼，必不相容。嚮使高祖有文王之明，隱太子有泰伯之賢，太宗有子臧之節[2]，則亂何自而生矣！既不能然，太宗始欲俟其先發，然後應之，

如此，則事非獲已，猶為愈也。既而為羣下所迫，遂至蹀（喋）血禁門，推刃同氣，貽譏千古，惜哉！夫創業垂統之君，子孫之所儀刑[3]也，彼中、明、肅、代之傳繼，得非有所指擬以為口實乎！

注釋　1 隱太子：建成。2 子臧之節：子臧賢能，曹國人想擁立他為君，取代無德的曹王，子臧拒絕並離開曹國。3 儀刑：楷模。

譯文　臣司馬光認為：立嫡長是禮法的正道。但是高祖之所以擁有天下都倚仗了太宗的功勳；李建成天資平庸，即使身在儲位，也是居於尷尬的境地，又被秦王的功勞名望所籠罩，必定互不相容。如果高祖有周文王那樣的英明，隱太子有泰伯那樣的賢德，太宗有子臧那樣的節操，叛亂怎麼還會發生呢？既然不能像這樣，那麼太宗開始的時候想等對手先行動手，然後應敵，這樣的話還可以說是迫不得已。結果秦王被羣下所迫，終於喋血玄武門，手刃兄弟，引起後世人的嘲笑，多麼可惜啊！開創基業的君主是子孫後代效仿的楷模，後來中宗、玄宗、肅宗、代宗傳承之際的情形，不是都以玄武門之變做藉口麼？

（戊辰。）初，洗馬魏徵常勸太子建成早除秦王，及建成敗，世民召徵謂曰：「汝何為離間我兄弟！」眾為之危懼，徵舉止自若，對曰：「先太子早從徵言，必無今日之禍。」世民素重其才，改容禮之，引為詹事主簿。亦召王珪、韋挺於巂州，皆以為諫議大夫。

譯文

（戊辰。）當初，太子洗馬魏徵經常勸說太子李建成及早除去秦王，李建成事敗以後，李世民便傳召魏徵說：「你為甚麼挑撥我們兄弟的關係呢？」大家都為他擔驚受怕，魏徵卻舉止如常地回答說：「如果已故的太子早些聽從我的進言，肯定不會有今天的禍事。」李世民素來器重他的才能，便改變了原來的態度，對他以禮相待，引薦他擔任了詹事主薄。李世民還將王珪和韋挺從巂州召回，讓他們擔任了諫議大夫。

（秋，七月，壬辰。）太子建成、齊王元吉之黨散亡在民間，雖更赦令，猶不自安，徼幸者爭告捕以邀賞。諫議大夫王珪以啓太子。丙子，太子下令：「六月四日已前事連東宮及齊王，……並不得相告言，違者反坐。」

譯文

（秋季，七月，壬辰。）太子李建成和齊王李元吉的黨羽流散逃亡到民間，雖然連續頒佈赦令，仍然感到內心不安，希圖僥倖獲利的人爭着告發捕捉他們，以此邀功請賞。諫議大夫王珪將這種情況告訴了太子李世民。丙子，太子頒佈命令：「六月四日以前與東宮和齊王有牽連的人，……一概不允許相互告發，對違反規定的人以誣告治。」

丁酉，遣諫議大夫魏徵宣慰山東，聽以便宜從事。徵至磁州，遇州縣錮送前太子千牛李志安、齊王護軍李思行詣京師，徵曰：「吾受命之日，前宮、齊府左右，皆赦不問；今復送思行等，則誰不自疑！雖遣使者，人誰信之！吾不可以顧身嫌，不為國慮。且既蒙國士之遇，敢不以國士報之乎！」遂皆解縱之。太子聞之，甚喜。

譯文

丁酉，朝廷派遣諫議大夫魏徵安撫山東，允許他見機行事。魏徵來到磁州，遇到州縣枷送原來的太子千牛李志安、齊王護軍李思行前往京城。魏徵說：「我奉命出使的時候，對原來的東宮與齊王府的屬官，已經一概赦免，不予追究。現在又押送李思行等人，那麼誰不對赦令產生懷疑呢！雖然朝廷為此派遣了使者，又有誰會相信他呢！我不能夠因顧慮自身遭受嫌疑，便不為國家考慮。何況我既然被加以國士之禮遇，怎麼敢不以國士的本色來報答太子呢！」於是，他將李志安等人一律釋放。太子李世民得知消息以後甚為高興。

賞析與點評

世民雖射殺了建成，但對其部下不但不再追究，更選拔了一些較為能幹的人員，如魏徵、王珪、韋挺、薛萬徹等，加以重用。這一點倒不是一般君主能夠做到的。

十一、劉晏改革

本篇導讀——

李唐政權在前半階段算得上國勢鼎盛，國威遠播。唐太宗雖然得位不正，卻在政治上有較佳的表現，大概與其能夠任賢納諫有關。魏徵的犯顏直諫是歷史上罕見的。有這種堅毅不拔的臣子在身旁拾遺補缺，太宗在位時的整體表現獲得後世的肯定。其後，武曌[1]雖是中國歷史上唯一的女皇帝[2]，但仍能維持初唐的國力於不墮。久歷憂患的玄宗繼位後勵精圖治，整頓戶口，糾正奢華，改良制度，革新政治，史稱「開元之治」。隨着玄宗年歲日長，逐漸喪失了昔日積極進取的精神。公元七四三年改元天寶，政治上重用李林甫和楊國忠，邊務上倚重安祿山，終於

1 音照。

2 按：晚年被迫退位後，唐中宗上尊號「則天大聖皇帝」。

因安祿山和楊國忠爭寵，導致「安史之亂」的爆發。是時承平日久，民不知戰，河北州縣，望風瓦解，大唐聲威戛然而止。隨着玄宗出奔，首都淪陷，肅宗在靈武即位。幸得郭子儀等忠誠的將領協助，肅宗、代宗平定了大亂，結束戰事。老子說：「大軍之後，必有凶年。」唐朝在大亂之後，內憂外患接踵而至的情況下，尚能久延殘喘近一百五十年，其中故然由於部分節度史仍忠於唐室，使朝廷仍控制着半壁江山；其次，亦與當時出現的一位理財專家——劉晏——有非常密切的關係。在安史亂後，劉晏主管財政工作，在唐朝收入頓減、支出急增的惡劣狀況下勉力維持，終於建立起一套較為健全的漕運、鹽政制度，穩定了已經幾乎崩潰的財政收入。不幸的是，劉晏被政敵楊炎構陷而遭唐德宗殺害。這種精明能幹、為國盡忠的官員被誣陷致死，在中國歷史上並不罕見，讓人慨歎和惋惜！

《通鑑》卷二百二十六　唐紀四十二

唐德宗建中元年（公元七八〇年）

春，正月。……初，左僕射劉晏為吏部尚書，楊炎為侍郎，不相悅。元載之死[1]，晏有力焉。及上即位，晏久典利權，眾頗疾之，多上言轉運使可罷；又有風言晏嘗密表勸代宗立獨孤妃為皇后者。楊炎為宰相，欲為元載報仇，因為上流涕言：「晏與黎幹、劉忠翼同謀，臣為宰相不能討，罪當萬死。」崔祐甫言：「茲事曖昧，陛下已曠然[2]大赦，不當復究尋虛語。」炎乃建言：「尚書省，國政之本，比置諸使，分奪其權，今宜復舊。」上從之。甲子，詔天下錢穀皆歸金部、倉部，罷晏轉運、租庸、青苗、鹽鐵等使。

注釋

1 元載之死：元載曾助唐德宗成為皇太子，後因貪賄罪在代宗大曆十二年被賜死。

2 曠然：斷然。

譯文

春天正月。……當初，左僕射劉晏擔任吏部尚書，楊炎擔任侍郎，兩不悦服。元載被殺，劉晏起了很大的作用。及至德宗即位以後，劉晏長期執掌財利的權柄，眾人頗為妒忌他，多上言稱轉運使一職應當罷去，又有流言說劉晏曾經祕密上表勸說代宗冊立獨孤妃為皇后。楊炎出任宰相以後，打算為元載報仇，因而在德宗面前流着眼淚說：「劉晏與黎幹和劉忠翼同謀，我作為宰相，不能聲討他，真是罪該萬死。」崔祐甫説：「這件事並未搞清楚，既然陛下已經斷然實行了大赦，就不應該再來追究這些不實之辭。」於是楊炎又提出建議：「尚書省是國家大政的根本，近來設置諸使職，侵奪了尚書省的權力，現在應當恢復舊制。」德宗聽從了楊炎的建議。甲子，詔令全國錢穀都要交給尚書省的金部、倉部管理，免除了劉晏轉運、租庸、青苗、鹽鐵等使職。

上用楊炎之言，託以奏事不實，（二月）己酉，貶劉晏為忠州刺史。

譯文　德宗採納楊炎的主意，藉口上奏的事情與實際不符，（二月）己酉日，將劉晏貶為忠州刺史。

（三月，）楊炎罷度支、轉運使，命金部、倉部代之。既而省職久廢，耳目不相接，莫能振舉，天下錢穀無所總領。癸巳，復以諫議大夫韓洄為戶部侍郎、判度支，以金部郎中萬年杜佑權江、淮水陸轉運使，皆如舊制。

譯文

（三月，）楊炎罷除了度支、轉運使，命金部、倉部來代替。不久，由於尚書省各部門的職任久已荒廢，部門之間不通聲氣，未能把事辦好，無法將全國的錢糧統一掌管起來，癸巳，德宗再次任命諫議大夫韓洄為戶部侍郎、判度支，任命金部郎中萬年人杜佑暫時代理江、淮水陸轉運使，都和原來的制度一樣。

（七月，）荊南節度使庾準希楊炎指，奏忠州刺史劉晏與朱泚[1]書求營救，辭多怨望，又奏召補州兵，欲拒朝命，炎證成之[2]；上密遣中使[3]就忠州縊殺之，己丑，乃下詔賜死。天下冤之。

注釋

1 朱泚（粵：此；普：cǐ）：人名。2 炎證成之：指楊炎誣告劉晏，坐實其罪。3 中使：宦官。

譯文

荊南節度使庾準逢迎楊炎的意思，奏稱忠州刺史劉晏給朱泚寫信請求營救，講了許多怨恨的話，又奏稱劉晏徵召補充忠州的士兵，打算抗拒朝廷的命令。楊炎又坐實其罪。德宗便祕密派遣宦官到忠州將劉晏縊殺，到己丑（二十七日），才下詔賜劉晏自裁，全國人都認為劉晏冤枉。

賞析與點評

帝王行事，必須光明正大，而德宗卻以私怨殺死有功勳的大臣。

初，安、史之亂，數年間，天下戶口什亡八九，州縣多為藩鎮所據，貢賦不入，朝廷府庫耗竭，中國多故，戎狄每歲犯邊，所在宿重兵，仰給縣官，所費不貲，皆倚辦於晏。晏初為轉運使，獨領陝東諸道，陝西皆度支領之，末年兼領，未幾而罷。

譯文

當初，安祿山、史思明發動叛亂，數年之間，全國戶口散失了十之八九，州縣多被藩鎮佔據，賦稅不再上繳朝廷，朝廷的庫存消耗殆盡。唐朝變故頻仍，戎狄每年侵犯邊境，在戰事所到之處，駐紮重兵，依靠縣官供給給養，所消耗的費用極多，全靠劉晏辦理。劉晏最初擔任轉運使時，只主管陝東各道，陝西各道全由度支主管。到了後期，劉晏兼管度支，但不久便被罷官。

晏有精力、多機智，變通有無，曲盡其妙。常以厚直[1]募善走者，置遞[2]相望，覘報[3]四方物價，雖遠方，不數日皆達使司，食貨輕重之權，悉制在掌握，國家獲利而天下無甚貴甚賤之憂。常以為：「辦集眾務，在於得人，故必擇通敏、精悍、廉勤之士而用之；至於句檢簿書，出納錢穀，必委之士類；吏惟書符牒，不得輕出一言。」常言：「士陷贓賄，則淪棄於時，名重於利，故士多清修；吏雖潔廉，終無顯榮，利重於名，故吏多貪污。」然惟晏能行之，他人效者終莫能逮。其屬官雖居數千里外，奉教令如在目前，起居語言，無敢欺紿。當時權貴，或以親故屬之者，晏亦應之，使俸給多少，遷次緩速，皆如其志，然無得親職事。其場院要劇之官[4]，必盡一時之選。故晏沒之後，掌財賦有聲者，多晏之故吏也。

注釋

1 直：報酬。2 遞：驛站。3 覘報：調查和呈報。4 場院要劇之官：交場、船場、巡院等繁劇緊要的崗位。

譯文

劉晏精力充沛，機智過人，善於靈活地處理多變的事情，辦得恰到好處。他常以優厚的待遇招募善於奔走的人，並設置了前後相望的驛站，以探測和上報各地物價。雖偏遠之地，不出幾天，也都能報到轉運使司來。他把錢糧方面孰輕孰重的權變，全部控制在手中，朝廷因此獲利，而民間也沒有物價暴漲暴跌的憂慮。他常主張：「要想辦理好各項事務，關鍵在於用人得當。所以，必須選擇通達敏捷、精明強幹、廉潔勤勉的人，對他們加以任用。至於考核簿籍文書，支付錢糧等項工作，是一定要委派讀書人去做的；而吏人只能書寫公文，不應隨便講話。」他又常說：「讀書人陷於貪贓受賄，就會被時世所拋棄，因此看待名聲重於財利，所以讀書人大多清廉自修；吏人即使廉潔自守，最終還是不能顯貴榮華，因此看待財利重於名聲，所以吏人大多貪贓受賄。」然而，只有劉晏才能實行這些主張，別人效法劉晏，到頭來還是趕不上劉晏。劉晏的屬官即使身在數千里以外，奉行劉晏的教令還是和在劉晏面前一樣，講話辦事，都不敢欺騙說謊。當時，有些權貴人物將親朋故舊囑託給劉晏，劉晏也應承他們，領取薪俸的多少，升遷官階的快慢，都符合他們的意願，但是劉晏從不讓他們親理職事。他所管轄的交場、船場、巡院等繁劇緊要的崗位，必定選用得力人員。所以，在劉晏去世之後，掌管財賦的有名人物，多數是劉晏舊日的屬下。

晏又以為戶口滋多，則賦稅自廣，故其理財以養民為先。諸道各置知院官，每旬月，具州縣雨雪豐歉之狀白使司，豐則貴糴[1]，歉則賤糶[2]，或以穀易雜貨供官用，及於豐處賣之。知院官始見不稔之端，先申[3]至，某月須如千[4]蠲免，某月須如干救助，及期，晏不俟州縣申請，即奏行之，應民之急，未嘗失時，不待其困弊、流亡、餓殍，然後賑之也。由是民得安其居業，戶口蕃息。晏始為轉運使，時天下見戶不過二百萬，其季年乃三百餘萬；在晏所統則增，非晏所統則不增也。其初財賦歲入不過四百萬緡，季年乃千餘萬緡。

注釋　1 糴（粵：笛；普：dí）：買米。2 糶（粵：跳；普：tiào）：賣米。3 先申：預先申報。4 如千：若干。

譯文　劉晏還認為：戶口增加，賦稅徵收自然增加。所以劉晏理財，以關心民間疾苦為先務。各道分別設置了巡院的知院官，每過十天、一月，必須陳述所在州縣的雨雪豐歉狀況，上報轉運使司。如果豐收，就以高價買入；如果歉收，就以低價賣出。有時還將穀物換成雜貨，供給官用，或者將雜貨在豐收之地出賣。知院官開始見到年景不豐的苗頭，就要先行申明到某月需要蠲免若干賦稅，到某月需要救濟資助若干物資，到了預定之期，劉晏不待州縣申請，便上奏實施，解決百姓的急難，從來不曾錯過時機。他並不等到百姓疲困流亡，飢餓而死以後，才去賑濟百姓。由此，百姓得以安居樂業，戶口繁衍起來。劉晏開始擔任轉運使時，全國的戶口不過二百萬，到他任職的後期，全國戶口發展到三百餘萬。屬於劉晏統轄區，戶口便增加；不是劉晏統轄的範圍，戶口就不增加。在劉晏任職的初期，財賦每年收入不過四百萬緡，到他任職的後期，每年收入達到一千餘萬緡。

賞析與點評

政在養民，故劉晏理財，主張以養民為先，以應民之所需。劉晏對災荒能夠做到洞燭先機，急民所急，真是古今治民之官的楷模。

晏專用榷鹽法[1]充軍國之用。時自許、汝、鄭、鄧之西，皆食河東池鹽[2]，度支主之；汴、滑、唐、蔡之東，皆食海鹽，晏主之。晏以為官多則民擾，故但於出鹽之鄉置鹽官，收鹽戶所煮之鹽轉鬻[3]於商人，任其所之，自餘州縣不復置官。其江嶺間去鹽鄉遠者，轉官鹽於彼貯之。或商絕鹽貴，則減價鬻之，謂之常平鹽，官獲其利而民不乏鹽。其始江、淮鹽利不過四十萬緡，季年乃六百餘萬緡，由是國用充足而民不困弊。其河東鹽利，不過八十萬緡，而價復貴於海鹽。

注釋

1 榷鹽法：食鹽專賣。2 池鹽：鹽池在山西運城縣。3 粥（粵：育；普：yù）：出售。

譯文

劉晏採用鹽產專營法來充實軍需國用。當時，自許、汝、鄭、鄧一帶的西面，都食用河東的池鹽，由度支主管其事；自汴、滑、唐、蔡一帶的東面，都是食用海鹽，由劉晏主管其事。劉晏認為，官吏多了，百姓就會受到騷擾，所以他只在產鹽地設置鹽官，收購鹽戶所煮成的食鹽，轉賣給商人，聽憑商人自行買賣，在產鹽地以外的州縣不再設置鹽官。對於長江五嶺間距離產鹽地遙遠的地方，便將官鹽轉運到那裏貯存。有時鹽商斷絕，鹽價上漲，便降低鹽價出賣，號稱常平鹽，官方得到了鹽產專營的利益，而百姓也不缺少食鹽。在劉晏任職的初期，長江、淮河地區的鹽利不過四十萬緡，到他任職的後期，卻達到了六百餘萬緡，由此，國家的經費充足起來，而百姓也不疲困不堪。至於河東的鹽利，只有八十萬緡，而價格也比海鹽更高。

先是，運關東穀入長安者，以河流湍悍，率一斛得八斗至者，則為成勞，受優賞。晏以為江、汴、河、渭，水力不同，各隨便宜，造運船，教漕卒，江船達揚州，汴船達河陰，河船達渭口，渭船達太倉，其間緣水置倉，轉相受給。自是每歲運穀或至百餘萬斛，無斗升沉覆者。船十艘為一綱，使軍將領之，十運無失，授優勞，官其人。數運之後，無不斑白者。晏於揚子置十場造船，每艘給錢千緡。或言「所用實不及半，虛費太多。」晏曰：「不然，論大計者固不可惜小費，凡事必為永久之慮。今始置船場，執事者至多，當先使之私用無窘，則官物堅牢矣。若遽與之屑屑校計錙銖，安能久行乎！異日必有患吾所給多而減之者；減半以下猶可也，過此則不能運矣。」其後五十年，有司果減其半。及咸通中，有司計費以給之，無復羨餘[1]，船益脆薄易壞，漕運遂廢矣。

注釋

1 羨餘：餘利。

譯文

在劉晏任職之前，將關東的穀物運送到長安，因為河流湍急兇險，大抵一斛穀物能運到八斗，便算成功，會受到優厚的獎賞。劉晏認為長江、汴水、黃河、渭水的水流緩急各不相同，依據各處的不同特點，因利乘便，分別製造運送穀物的船隻，訓練漕運的士卒，長江的船隻運抵揚州，汴水的船隻運抵河陰，黃河的船隻運抵渭水流入黃河的河口，渭水的船隻運抵太倉，各地段之間都在水邊設置糧倉，由上一段轉送給下一段。自此，每年運送穀物有時能夠達到一百多萬斛，沒有一斗一升在水中沉沒。劉晏將十艘船編為一組，叫一綱，讓軍將帶領，運送十次未發生閃失，便給予優厚的慰勞，讓此人做官。屢次運送以後，運送者便沒有不是頭髮花白的了。劉晏在揚子設置十處船場造船，每製船一艘，給錢一千緡。有人說，「造一艘船的費用實際還用不了一半，白白浪費的錢財太多了。」劉晏說：「不是這樣。辦大事，當然不可吝惜小費用，辦一切事情都要有長遠的考慮。現在船場才開始設置，辦事的人很多，應該首先讓這些人的私人用度不受困窘，他們為官家製造的物件就會堅固牢靠了。如果急於同這些人不厭煩細地計較分文，怎麼能夠長久地實行下去呢！他日一定會有嫌我所付給的工錢多便減少工錢的人，減少費用在半數以下還是可以的，超過此數，漕運就不能維持了。」此後五十年，有關部門果然將工錢減去一半。及至咸通（八六〇—八七四年）年間，有關部門計算費用支給工錢，造船者不再有餘利可圖，造出的船隻愈發單薄脆弱，容易毀壞，漕運於是廢止了。

晏為人勤力，事無閒劇，必於一日中決之，不使留宿，後來言財利者皆莫能及之。

譯文　劉晏是個勤勉力行的人，無論事務清閒抑或繁劇，都一定要在當天決斷完畢，不讓事情過夜，後來講論財利的官員沒有能夠趕得上他的。

賞析與點評

劉晏被殺，家人被牽連流放共十多人，天下冤之。後來劉晏的舊部推明其功，認為劉晏的貢獻不下於管仲和蕭何，又自覺地將他的功勞詳細記錄下來。俗語說：「公道自在人心。」真正對國家有貢獻的人，人民是不會忘記的。

十二、割棄幽燕

本篇導讀——

五代十國是晚唐藩鎮割據的延續，這個困局一直到北宋初期才成功解決。由於中國實際上處於分崩離析的局面，遂讓契丹有可乘之機，不斷威脅中原政權。到了公元九二三年，沙陀人李克用之子李存勗殲滅了朱溫建立的後梁政權，遂建立後唐。九二六年，李存勗的義兄李嗣源在帶兵平定魏博的叛軍時，竟受到叛軍擁戴。嗣源無法辯解，只好聽從其女婿石敬瑭的建議，攻陷汴京，然後再進兵洛陽，李存勗在抵抗時被殺。歐陽修《新五代史》曾評論因「沉溺逸樂、寵信伶官」而致亡國的李存勗，說明「憂勞可以興國，逸豫可以亡身」的道理。其後，李嗣源即帝位，革除了莊宗的一些弊政，是為唐明宗（九二六—九三三年在位）。明宗逝世後，李從厚繼位。他擬加強對節度使的控制，導致鳳翔節度使潞王李從珂起兵，攻入洛陽，李從厚出走，後被殺，謚為閔皇帝。李從珂自立為皇帝，即後唐末帝。後唐末帝對石敬瑭猜疑頗大，石敬瑭亦疑心重重，二人矛盾日益尖銳。九二六年，契丹主耶律阿保機病逝，由述律后攝政，次子耶律德光在九二七年繼位。九三六年，石敬瑭尋求契丹的支持，自稱兒皇帝，提出以割讓燕雲十六州和輸送歲幣為條件，向契丹屈膝求援。耶律德光於是親率數萬大軍南下，終於協助石敬瑭登上帝位，國號晉。自此以後，燕雲地區一直為外族佔據。石敬瑭為謀一己私利，不惜做出出賣國土的卑劣行徑，真是個喪權辱國的「千古罪人」。

《通鑑》卷二百七十九　後唐紀八

後唐潞王清泰二年（公元九三五年）

（六月，）契丹寇應州。河東節度使、北面總管石敬瑭既還鎮，陰為自全之計。……時敬瑭二子為內使，曹太后則晉國長公主之母也，敬瑭賂太后左右，令伺帝之密謀，事無巨細皆知之。敬瑭多於賓客前自稱羸瘠[1]不堪為帥，冀朝廷不之忌。

注釋

1 羸瘠：體弱多病。

譯文

（六月，）契丹侵擾應州。河東節度使、北面總管石敬瑭返歸鎮所後，暗中謀劃如何保全自己。……當時，石敬瑭的兩個兒子任內使，曹太后則是石敬瑭之妻晉國長公主的母親，石敬瑭賄賂太后的左右，讓他們暗中偵查末帝的密謀，不論事情大小，他都能知道。石敬瑭常常在賓客面前自稱病弱不能領兵為帥，希圖朝廷不猜忌他。

時契丹屢寇北邊，禁軍多在幽、并，敬瑭與趙德鈞求益兵運糧，朝夕相繼。……時水旱民饑，敬瑭遣使督趣嚴急，山東之民流散，亂始兆矣。

譯文

當時，契丹族頻繁侵擾北部邊界，守衛的禁軍大多設防在幽州和并州，石敬瑭與趙德鈞都請求朝廷增兵運糧，日夜相繼不斷……當時水災、旱災使得百姓飢餓，石敬瑭派人督催繳納非常嚴厲緊急，崤山以東的百姓流離失散，開始露出了動亂的兆頭。

（秋，七月，乙巳，）以武寧節度使張敬達為北面行營副總管，將兵屯代州，以分石敬瑭之權。

譯文　（秋天，七月乙巳，）朝廷任用武寧節度使張敬達為北面行營副總管，領兵屯駐代州，用來分散石敬瑭的權力。

《通鑑》卷二百八十　後晉紀一

後唐潞王清泰三年／後晉高祖天福元年（公元九三六年）

（春，正月，癸丑，）唐主[1]以千春節置酒，晉國長公主上壽畢，辭歸晉陽。帝醉，曰：「何不且留，遽歸，欲與石郎反邪！」石敬瑭聞之，益懼。

注釋　1 唐主：李從珂，謚號為末帝。

譯文　（春季，正月，癸丑，）後唐末帝在自己的生日千春節置酒設宴，晉國長公主上壽祝賀完畢，告辭回晉陽。當時末帝已經醉了，說道：「為甚麼不多留些時候，急忙回去想幫助石郎造反哪！」石敬瑭聽說後，更加害怕。

三月，石敬瑭盡收其貨[1]之在洛陽及諸道者歸晉陽，託言以助軍費，人皆知其有異志。唐主夜與近臣從容語曰：「石郎於朕至親，無可疑者；但流言不釋，萬一失歡，何以解之？」皆不對。

注釋　1 貨：財產。

譯文　石敬瑭把他在洛陽及諸道的財貨全部收攏送回晉陽，託詞說是幫助軍費，人們都知道他是心懷異志。唐主在夜間同近臣從容平淡地說：「石郎是朕的至親，沒有甚麼可猜疑的；但是流言總是不斷，萬一和他失掉和好，怎麼辦為好？」眾臣都不回答。

（夏，四月。）初，石敬瑭欲嘗[1]唐主之意，累表自陳羸疾，乞解兵柄，移他鎮；帝與執政議從其請，移鎮鄆[2]州。房暠、李崧、呂琦等皆力諫，以為不可，帝猶豫久之。

注釋　1 嘗：試探。2 鄆（粵：運；普：yùn）州：地名，在今山東省西北部。

譯文　（夏天四月。）過去，石敬瑭想試探末帝的意圖，多次上表陳訴身體羸弱，請求解除他的兵權，調遷到別的鎮所；末帝與執政大臣商議後答應了他的請求，把他移鎮鄆州。房暠、李崧、呂琦等人都極力諫勸，認為不能這樣做，末帝猶疑了很長時間。

五月，庚寅夜，李崧請急在外，薛文遇獨直，帝與之議河東事，文遇曰：「諺有之：『當道築室，三年不成。』茲事斷自聖志；羣臣各為身謀，安肯盡言！以臣觀之，河東移亦反，不移亦反，在旦暮耳，不若先事圖之。」……辛卯，以敬瑭為天平節度使，以馬軍都指揮使、河陽節度使宋審虔為河東節度使。制出，兩班聞呼敬瑭名，相顧失色。

譯文

五月，庚寅夜間，李崧因有急事請假在外，薛文遇獨自承值夜班，唐主同他議論河東的事情，薛文遇說：「俗諺說：『在道路當中蓋房，三年也蓋不成』，這種事情只能由主上的意志進行決斷。羣臣各為自身利害作打算，怎麼肯甚麼話都說！以臣看來，河東的事，移鎮也反，不移也要反，只是時間早晚而已，不如走在前頭，先把他解決了。」……辛卯，任命石敬瑭為天平節度使，任用馬軍都指揮使、河陽節度使宋審虔為河東節度使。制令一出，文武兩班聽到呼叫石敬瑭的名字，相顧失色。

甲午，（末帝）以建雄節度使張敬達為西北蕃漢馬步都部署，趣敬瑭之鄆州。敬瑭疑懼，謀於將佐曰：「吾之再來河東也，主上面許終身不除代；今忽有是命，得非如今年千春節與公主所言乎？我不興亂，朝廷發之，安能束手死於道路乎！今且發表稱疾以觀其意，若其寬我，我當事之；若加兵於我，我則改圖耳。」……節度判官華陰趙瑩勸敬瑭赴鄆州；……都押牙劉知遠曰：「明公久將兵，得士卒心；今據形勝之地，士馬精強，若稱兵傳檄，帝業可成，奈何以一紙制書自投虎口乎！」掌書記洛陽桑維翰曰：「主上初即位，明公入朝，主上豈不知蛟龍不可縱

之深淵邪？然卒以河東復授公，此乃天意假公以利器。……今主上以反逆見待，此非首謝可免，但力為自全之計。契丹素與明宗約為兄弟，今部落近在雲、應，公誠能推心屈節事之，萬一有急，朝呼夕至，何患無成。」敬瑭意遂決。

譯文

甲午，末帝任用建雄節度使張敬達為西北蕃漢馬步都部署，催促石敬瑭速赴鄆州。石敬瑭很是疑懼，便和他的將佐計議說：「我第二次來河東時，主上曾當面答應我終身不再派別人來替換我；現在又忽然有了這樣的命令，莫不是像今年千春節時，主上同公主所講的那樣嗎？我如果不造反，朝廷要先發制人，怎麼能束手被擒，死於道路之間呢！現在我要上表說有病，來觀察朝廷對我的意向，如果他對我寬容，我就臣事他；如果他對我用兵，那我就要另作打算了。」……節度判官華陰人趙瑩勸石敬瑭去鄆州赴任；……都押牙劉知遠說：「明公您長期統率兵將，很能受到士兵的擁護；現在正佔據着有利的地勢，將士和馬步軍隊都很精銳強悍，如果起兵，傳發檄文宣示各道，可以完成統一國家的帝王大業，怎麼能只為一道朝廷制令便自投虎口呢！」掌書記洛陽人桑維翰說：「主上當初即位時，明公您入京朝賀，主上豈能不懂得蛟龍不可縱之歸淵的道理？然而到底還是把河東再次交給您，這正是天意要借一把快刀給您。……現在主上把您當作叛逆看待，這就不是僅僅靠表示低頭服從所能取得寬免的，只能努力為保全自己想辦法了。契丹向來同明宗協約做兄弟之邦，現在，他們的部落近在雲州、應州，您如果真能推心置腹地曲意討好他們，萬一有了急變之事，早上叫他晚上就能來到，還擔心甚麼事不能辦成嗎？」石敬瑭於是下了造反的決心。

賞析與點評

桑維翰開始引導石敬瑭投靠契丹。

戊戌，昭義節度使皇甫立奏敬瑭反。敬瑭表：「帝養子，不應承祀，請傳位許王。」帝手裂其表抵地，以詔答之曰：「卿於鄂王固非疏遠，衞州之事，天下皆知；許王之言，何人肯信！」壬寅，制削奪敬瑭官爵。乙巳，以張敬達兼太原四面排陳[1]使，河陽節度使張彥琪為馬步軍都指揮使，以安國節度使安審琦為馬軍都指揮使，以保義節度使相里金為步軍都指揮使，以右監門上將軍武廷翰為壕寨使。丙午，以張敬達為太原四面兵馬都部署，以義武節度使楊光遠為副部署。丁未，又以張敬達知太原行府事，以前彰武節度使高行周為太原四面招撫、排陳等使。

注釋

1 陳：同「陣」。

譯文

戊戌，昭義節度使皇甫立奏報石敬瑭叛亂。石敬瑭上表稱：「皇帝是養子，不應該繼位，請把皇位傳給許王李從益。」末帝把石敬瑭的表章撕碎扔在地上，用詔書回答他說：「你同鄂王李從厚本來並不疏遠，衞州的事情，天下人都知道；許王的話，誰肯聽他！」壬寅，末帝下制令，削奪了石敬瑭的官爵。乙巳，末帝任用張敬達兼太原四面排陣使，河陽節度使張彥琪為馬步軍都指揮使，任用安國節度使安審琦為馬軍都指揮使，任用保義節度使相里金為步軍都指揮使，任用右監門上將軍武廷翰為壕寨使。丙午，任命張敬達為太原四面兵馬都部署，任命義武節度使楊光遠為副部署。丁未，又任命張敬達主持太原行府事，任命前彰武節度使高行周為太原四面招撫、排陣等使。

張敬達將兵三萬營於晉安鄉，戊申，敬達奏西北先鋒馬軍都指揮使安審信叛奔晉陽。審信，金全之弟子也，敬瑭與之有舊。

譯文

張敬達統兵三萬在晉安鄉安營紮寨，戊申，張敬達奏報西北先鋒馬軍都指揮使安審信叛奔晉陽，安審信是安金全的姪子，與石敬瑭舊有往來。

石敬瑭之子右衛上將軍重殷、皇城副使重裔聞敬瑭舉兵，匿於民間井中。弟沂州都指揮使敬德殺其妻女而逃，尋捕得，死獄中，從弟彰聖都指揮使敬威自殺。秋，七月，戊子，獲重殷、重裔，誅之，並族所匿之家。

譯文

石敬瑭的兒子右衛上將軍石重殷、皇城副使石重裔聽說石敬瑭起兵造反，躲藏在民間井中。石敬瑭的弟弟沂州都指揮使石敬德殺了自己的妻子、女兒而後逃走，不久，被捕獲，死於獄中。叔伯弟弟彰聖都指揮使石敬威自殺。秋季，七月，戊子，抓獲了石重殷和石重裔，誅殺了他們，並把藏匿他們的人家全族殺害。

賞析與點評

一人叛國，禍及家人，豈可不三思而行。

石敬瑭遣間使求救於契丹，令桑維翰草表稱臣於契丹主，且請以父禮事之，約事捷之日，割盧龍一道及雁門關以北諸州與之。劉知遠諫曰：「稱臣可矣，以父事之太過。厚以金帛賂之，自足致其兵，不必許以土田，恐異日大為中國之患，悔之無及。」敬瑭不從。表至契丹，契丹主大喜，白其母曰：「兒比夢石郎遣使來，今果然，此天意也。」乃為復書，許俟仲秋傾國赴援。

譯文

石敬瑭派使者從僻路求救於契丹，讓桑維翰草寫表章向契丹主稱臣，並且請求用對待父親的禮節來侍奉他，約定事情成功之日，劃割盧龍一道及雁門關以北諸州給契丹。劉知遠勸諫他說：「稱臣就可以了，用父親的禮節對待他就太過分了。用豐厚的金銀財寶賄賂他，自然就足以促使他發兵，不必許諾割給他土田，恐怕那樣以後要成中國的大患，後悔就來不及了。」石敬瑭不聽。表章送到契丹，契丹國主耶律德光非常高興，告訴他的母親述律太后說：「孩兒最近夢見石郎派遣使者來，現在果然來了，這真是天意啊。」便給石敬瑭寫了回信，答應等到仲秋時節，發動全國人馬來支援他。

賞析與點評

文天祥說：「讀聖賢書，所為何事？」桑維翰與劉知遠雖同是石敬瑭親信，文臣識見，竟遠遠及不上武人。劉知遠認為石敬瑭去做兒皇帝實屬太過分。至於割地一事，恐怕他日將會成為「中國之患」。這些質疑其實是提醒石敬瑭的，可惜他利慾熏心，一意孤行。

（八月，）癸亥，應州言契丹三千騎攻城。

譯文　（八月）癸亥，應州奏報：契丹三千騎兵進攻州城。

張敬達築長圍以攻晉陽。石敬瑭以劉知遠為馬步都指揮使，安重榮、張萬迪降兵皆隸焉。知遠用法無私，撫之如一，由是人無貳心。敬瑭親乘城，坐臥矢石下，知遠曰：「觀敬達輩高壘深塹，欲為持久之計，無他奇策，不足慮也。願明公四出間使，經略外事。守城至易，知遠獨能辦之。」敬瑭執知遠手，撫其背而

賞之。

譯文　張敬達設置了很長的包圍工事來攻打晉陽。石敬瑭任用劉知遠為馬步都指揮使，把安重榮、張萬迪的降兵都隸屬於他。劉知遠以法辦事，沒有私弊，對軍民撫恤一視同仁，因此人都沒有二心。石敬瑭親自登城視察部屬兵卒，坐臥在敵人的矢石投射之下。劉知遠説：「察看張敬達這些人築設高壘深溝，想作持久打算，他們沒有其他好辦法，是不足為慮的。請您向各方派出走僻路的使者，經辦對外事務。守城的事很容易，我知遠一個人就能獨力辦理。」石敬瑭拉着劉知遠的手，撫拍他的肩背而稱讚他。

戊寅，以成德節度使董溫琪為東北面副招討使，以佐盧龍節度使趙德鈞。

譯文　戊寅，後唐朝廷任用成德節度使董溫琪為東北面副招討使，用以幫助盧龍節度使趙德鈞。

唐主使端明殿學士呂琦至河東行營犒軍，楊光遠謂琦曰：「願附奏陛下，幸寬宵旰。賊若無援，旦夕當平；若引契丹，當縱之令入，可一戰破也。」帝甚悅。帝聞契丹許石敬瑭以仲秋赴援，屢督張敬達急攻晉陽，不能下。每有營構，多值風雨，長圍復為水潦所壞，竟不能合。晉陽城中日窘，糧儲寖乏。

譯文

後唐主派出端明殿學士呂琦到河東行營犒勞軍隊，楊光遠對呂琦說：「請你附帶奏告陛下，請主上稍微減少晝夜操勞。賊兵如果沒有援兵，用不了幾天就可以平定；如果他勾結契丹來犯，自當放他進來，一次戰鬥就能把他打敗。」末帝聞奏很是高興。末帝聽說契丹答應石敬瑭在仲秋時節發兵來支援他，幾次督促張敬達緊急攻打晉陽，但不能攻下。每當有所營建構築工事，往往遇到風雨天氣，很長的包圍工事又被水浸所破壞，竟然不能合攏。晉陽城中日益窘迫，糧食儲備日漸缺乏。

九月，契丹主將五萬騎，號三十萬，自揚武谷而南，旌旗不絕五十餘里。代州刺史張朗、忻州刺史丁審琦嬰城自守，虜騎過城下，亦不誘脅。

譯文　九月，契丹主耶律德光統領五萬騎兵，號稱三十萬，從代州揚武谷向南進發，旌旗連綿不斷達五十餘里。代州刺史張朗、忻州刺史丁審琦繞城自守，敵人騎兵經過城下時，也不誘降挾脅他。

辛丑，契丹主至晉陽，陳於汾北之虎北口。先遣人謂敬瑭曰：「吾欲今日即破賊可乎？」敬瑭遣人馳告曰：「南軍甚厚，不可輕，請俟明日議戰未晚也。」使者未至，契丹已與唐騎將高行周、符彥卿合戰，敬瑭乃遣劉知遠出兵助之。張敬達、楊光遠、安審琦以步兵陳於城西北山下，契丹遣輕騎三千，不被甲，直犯其陳。唐兵見其羸，爭逐之，至汾曲，契丹涉水而去。唐兵循岸而進，契丹伏兵自東北起，衝唐兵斷而為二，步兵在北者多為契丹所殺，騎兵在南者引歸晉安寨。契丹縱兵乘之，唐兵大敗，步兵死者近萬人，騎兵獨全。敬達等收餘眾保晉安，契丹亦引兵歸虎北口。敬瑭得唐降兵千餘人，劉知遠勸敬瑭盡殺之。

譯文　辛丑，契丹主到達晉陽，把兵馬佈列在汾北的虎北口。先派人對石敬瑭說：「我打算今天攻打賊兵，行不行？」石敬瑭派人馳奔告訴他們說：「南軍力量很雄厚，不可以輕視，請等到明天議論好如何開戰也不晚。」使者還未到達契丹軍營，契丹兵已經同後唐騎將高行周、符彥卿打了起來，石敬瑭便派劉知遠出兵幫助他們。張敬達、楊光遠、安審琦用步兵列陣在城西北山下，契丹派輕騎兵三千人，不披鎧甲，直奔唐兵陣列。唐兵看到契丹兵單薄，爭相驅趕，到了汾水之曲，契丹兵涉水而去。唐兵沿着河岸向北進取，契丹伏兵從東北湧起，衝擊唐兵，把唐兵截為兩段，在北面的步兵大多被契丹所殺，在南面的騎兵引退回到晉安營寨。契丹放開兵馬乘亂攻擊，唐兵大敗，步兵死亡近萬人，騎兵卻保全了。張敬達等收集餘眾退保晉安，契丹也率領其兵返回虎北口。石敬瑭俘獲後唐降兵一千餘人，劉知遠勸石敬瑭把他們都殺了。

是夕，敬瑭出北門，見契丹主。契丹主執敬瑭手，恨相見之晚。敬瑭問曰：「皇帝遠來，士馬疲倦，遽與唐戰而大勝，何也？」契丹主曰：「始吾自北來，謂唐必斷雁門諸路，伏兵險要，則吾不可得進矣。使人偵視，皆無之，吾是以長驅深入，知大事必濟也。兵既相接，我氣方銳，彼氣方沮，若不乘此急擊之，曠日持久，則勝負未可知矣。此吾所以亟戰而勝，不可以勞逸常理論也。」敬瑭甚歎伏。

譯文

這天晚上，石敬瑭出北門，會見契丹主。契丹主握住石敬瑭的手，只恨相見晚了。石敬瑭問道：「皇帝遠道而來，兵馬疲倦，急切同唐兵作戰而取得大勝，這是甚麼原因？」契丹主說：「開始我從北面過來，以為唐兵必然要切斷雁門的各條道路，埋伏兵眾在險要之地，那樣我就不能順利前進了。我使人偵察，發現斷路和伏險都沒有，這樣，我才得以長驅深入，知道大事必然成功了。兵馬相接以後，我方氣勢正鋭盛，彼方氣勢正沮喪，如果不乘此時急速攻擊他，曠日持久，那誰勝誰負就不可預料了。這就是我之所以速戰而勝的道理，不能用誰勞誰逸的通常道理來衡量了。」石敬瑭很是歎服。

壬寅，敬瑭引兵會契丹圍晉安寨，置營於晉安之南，長百餘里，厚五十里，多設鈴索吠犬，人跬步不能過。敬達等士卒猶五萬人，馬萬匹，四顧無所之。甲辰，敬達遣使告敗於唐，自是聲問不復通。唐主大懼，遣彰聖都指揮使符彥饒將洛陽步騎兵屯河陽，詔天雄節度使兼中書令范延光將魏州兵二萬由青山趣榆次，盧龍節度使、東北面招討使兼中書令北平王趙德鈞將幽州兵出契丹軍後，耀州防禦使潘環糾合西路戍兵，由晉、絳兩乳嶺出慈、隰，共救晉安寨。契丹主移帳於柳林，遊騎過石會關，不見唐兵。

譯文

壬寅，石敬瑭率領兵馬會合契丹兵馬包圍了晉安寨，在晉安的南面設置營地，長一百多里，寬五十里，密佈帶鈴索的吠犬，人們連半步也不能過去。此時張敬達等的士兵尚有五萬人，馬有萬匹，四面張顧，不知往哪裏去好。甲辰，張敬達派出使者向後唐朝廷報告打了敗仗，此後便沒有再通音訊了。唐主極為恐懼，派遣彰聖都指揮使符彥饒統領洛陽步兵、騎兵屯紮在河陽，末帝下詔命令天雄節度使兼中書令范延光統領魏州兵兩萬從邢州青山奔赴榆次，盧龍節度使、東北面招討使兼中書令北平王趙德鈞統領幽州兵從契丹軍陣之後出擊，耀州防禦使潘環糾合西路守戍的兵士從晉州、降州間的兩乳嶺出兵向慈州、隰州共同營救晉安寨。契丹主把軍帳移到柳林，流動的騎兵過了石會關，還沒有遇到唐兵。

丁未，唐主下詔親征。……己酉，遣劉延朗監侍衛步軍都指揮使符彥饒軍赴潞州，為大軍後援。諸軍自鳳翔推戴以來，驕悍不為用，彥饒恐其為亂，不敢束之以法。

譯文

丁未，後唐主下詔書，宣佈親征。……己酉，遣派劉延朗監督侍衞步軍都指揮使符彥饒的部隊開赴潞州，為前線晉安寨的大軍去做後援。諸路軍隊自從鳳翔推戴李從珂以來，日益驕悍不聽指揮，符彥饒害怕他們作亂，不敢用法紀來約束他們。

帝至河陽，心憚北行，召宰相、樞密使議進取方略，盧文紀希[1]帝旨，言：「國家根本，太半在河南。胡兵倏來忽往，不能久留；晉安大寨甚固，況已發三道兵救之。河陽天下津要，車駕宜留此鎮撫南北，且遣近臣往督戰，苟不能解圍，進亦未晚。」張延朗欲因事令趙延壽得解樞務，因曰：「文紀言是也。」帝訪於餘人，無敢異言者。澤州刺史劉遂，凝之子也[2]，潛自通於石敬瑭，表稱車駕不可逾太行。帝議近臣可使北行者，張延朗與翰林學士須昌和凝等皆曰：「趙延壽父德鈞以盧龍兵來赴難，宜遣延壽會之。」庚戌，遣樞密使、忠武節度使、隨駕諸軍都部署、兼侍中趙延壽將兵二萬如[3]潞州。

注釋

1希：迎合。2「劉遂」句：或作「澤州刺史劉遂凝，鄩之子也」。3如：前往。

譯文

末帝到了河陽，心裏害怕北行，召集宰相、樞密使討論進取的方略，盧文紀迎合末帝的意旨，說：「國家的根本，大半在黃河之南。契丹胡兵忽來忽走，不能久留；晉安的大寨非常堅固，況且已經派出范延光、趙德鈞、潘環三起兵馬去救援。河陽是天下的津渡要路，主上的車駕應該留在這裏鎮守，安撫南方和北方。可以暫且遣派近臣前去督戰，如果不能解圍，再向前進發也不晚。」張延朗想借個因由來使趙延壽解除樞要機務，便說：「文紀的意見是對的。」末帝詢訪其餘人，沒有人敢講別的意見。澤州刺史劉遂，是劉凝的兒子，暗中和石敬瑭有來往，上表言稱：「車駕不可越過太行山。」於是，末帝便同他們商議近臣中可以派去北邊的人。張延朗與翰林學士須昌人和凝等人都說：「趙延壽的父親趙德鈞帶着盧龍兵馬來勤王赴難，應該派趙延壽去與他會合。」庚戌，派遣樞密使、忠武節度使、隨駕諸軍都部署、兼侍中趙延壽統兵二萬人開赴潞州。辛亥，末帝至懷州。

帝憂沮形於神色，但日夕酣飲悲歌。羣臣或勸其北行，則曰：「卿勿言，石郎使我心膽墮地！」

譯文　末帝的憂愁沮喪表現在神色之上，從早到晚只是酣飲悲歌，羣臣有人勸他北行赴陣，便說：「你不要談這個了，石郎已經使我的心膽掉落地上了！」

冬，十月，壬戌，詔大括天下將吏及民間馬；又發民為兵，每七戶出征夫一人，自備鎧仗，謂之「義軍」，期以十一月俱集，命陳州刺史郎萬金教以戰陳，用張延朗之謀也。凡得馬二千餘匹，征夫五千人，實無益於用，而民間大擾。

譯文　冬天，十月壬戌，下詔搜集天下將吏以及民間的馬，又發動百姓當兵，每七戶出一個征夫，自己準備鎧甲兵器，稱作「義軍」，定期在十一月全部集中，命令陳州刺史郎萬金教授戰陣技能，這是採用張延朗的謀劃。結果只得到馬二千餘匹，征夫五千人，實在沒有多大用處，但民間卻因此受到很大騷擾。

初，趙德鈞陰蓄異志，欲因亂取中原，……（十一月，辛卯，）趙延壽遇趙德

鈞於西湯，悉以兵屬德鈞。唐主遣呂琦賜德鈞敕告，且犒軍。德鈞志在併范延光軍，逗留不進，詔書屢趣[1]之，德鈞乃引兵北屯團柏谷口。

注釋

1 趣：催促。

譯文

起初，趙德鈞暗中懷有異志，想要趁亂奪取中原政權，……（十一月，辛卯，）趙延壽在西湯遇到趙德鈞，把所統兵馬全部歸屬於趙德鈞。末帝派呂琦賜給趙德鈞敕告，並且犒賞了軍隊。趙德鈞的意圖是要兼併范延光的軍隊，逗留不肯前進，朝廷屢次下達詔書催促他，趙德鈞便引領部隊向北屯紮在團柏谷口。

契丹主謂石敬瑭曰：「吾三千里赴難，必有成功。觀汝器貌識量，真中原之主也。吾欲立汝為天子。」敬瑭辭讓者數四，將吏復勸進，乃許之。契丹主作冊書，命敬瑭為大晉皇帝，自解衣冠授之，築壇於柳林，是日，即皇帝位。割幽、薊、瀛、莫、涿、檀、順、新、嬀、儒、武、雲、應、寰、朔、蔚十六州以與契丹，仍許歲輸帛三十萬匹。己亥，制改長興七年[1]為天福元年，大赦；敕命法制，皆遵明宗之舊。以節度判官趙瑩為翰林學士承旨、戶部侍郎、知河東軍府事，掌書記桑維翰為翰林學士、禮部侍郎、權知樞密使事，觀察判官薛融為侍御史知雜事，節度推官白水竇貞固為翰林學士，軍城都巡檢使劉知遠為侍衛馬軍都指揮使，客將景延廣為步軍都指揮使。延廣，陝州人也。立晉國長公主為皇后。

注釋

1 長興七年：長興是唐明宗年號，共有四年。石敬瑭不用潞王年號，就像明成祖改明建文四年為洪武三十五年。

譯文

契丹主對石敬瑭說：「我從三千里以外來幫助你解決危難，必然會成功。觀察你的器宇容貌和見識氣量，真的是個中原的國主啊。我想扶立你做天子。」石敬瑭推辭遜讓了好幾次，將吏又反覆勸他進大位，於是便答應了。契丹主製作冊封的文書，命令石敬瑭為大晉皇帝，自己解下衣服冠冕親授給他，在柳林搭築壇臺，就在這一天，即了皇帝之位。並割讓了幽、薊、瀛、莫、涿、檀、順、新、媯、儒、武、雲、應、寰、朔、蔚十六個州給契丹，仍然答應每年運輸帛三十萬匹給他們。己亥，後晉高祖皇帝石敬瑭下制令，改長興七年為天福元年，實行大赦；敕命各種法制都遵守明宗時的舊規。任用節度判官趙瑩為翰林學士承旨、戶部侍郎、知河東軍府事，掌書記桑維翰為翰林學士、禮部侍郎、權知樞密使事，觀察判官薛融為侍御史知雜事，節度推官白水人竇貞固為翰林學士，軍城都巡檢使劉知遠為侍衛馬軍都指揮使，客將景延廣為步軍都指揮使。景延廣是陜州人。立晉國長公主為皇后。

閏（十一）月，趙延壽獻契丹主所賜詔及甲馬弓劍，詐云德鈞遣使致書於契丹主，為唐結好，說令引兵歸國；其實別為密書，厚以金帛賂契丹主，云：「若立己為帝，請即以見兵南平洛陽，與契丹為兄弟之國；仍許石氏常鎮河東。」契丹主自以深入敵境，晉安未下，德鈞兵尚強，范延光在其東，又恐山北諸州邀其歸路，欲許德鈞之請。

譯文

閏十一月，趙延壽奉獻出契丹主所賜的詔書以及鎧甲、馬匹、弓矢、刀劍，詐稱趙德鈞遣派的使者致信給契丹主，為後唐求結和好，勸說契丹讓他們引兵歸國；其實又另具祕密書信，用豐厚的金寶財帛賄賂契丹主，並說：「如果立自己為中國皇帝，請求就用現有兵馬向南平定洛陽，與契丹約為兄弟之國；仍然允許石敬瑭常鎮河東。」契丹主自以為深入敵境，晉安沒有攻下，趙德鈞兵力尚強，范延光在他的東面，又怕太行山以北諸州遮斷他的歸路，想要答應趙德鈞的請求。

帝聞之，大懼，亟使桑維翰見契丹主，說之曰：「大國舉義兵以救孤危，一戰而唐兵瓦解，退守一柵，食盡力窮。趙北平父子不忠不信，畏大國之強，且素蓄異志，按兵觀變，非以死徇國之人，何足可畏，而信其誕妄之辭，貪豪末之利，棄垂成之功乎！且使晉得天下，將竭中國之財以奉大國，豈此小利之比乎！」契丹主曰：「爾見捕鼠者乎，不備之，猶或齧傷其手，況大敵乎！」對曰：「今大國已扼其喉，安能齧人乎！」契丹主曰：「吾非有渝前約也，但兵家權謀不得不爾。」對曰：「皇家以信義救人之急，四海之人俱屬耳目，奈何二三其命，使大義不終！臣竊為皇帝不取也。」跪於帳前，自旦至暮，涕泣爭之。契丹主乃從之，指帳前石謂德鈞使者曰：「我已許石郎，此石爛，可改矣。」

譯文

後晉帝聽說，很是害怕，趕緊派桑維翰去見契丹主耶律德光，勸他說：「您大國發動義兵來救援孤危，一次戰鬥就使唐兵瓦解，退守到一柵之後，食糧用盡，力量窮竭。趙德鈞父子不忠於唐，不信於契丹，只是畏懼大國之強盛，而且素懷異志，按兵不動，以窺測變化，並非以死殉國的人，有甚麼可怕的。您怎麼能因而相信他的妄誕之詞，貪取毫末小利，丟棄將要完成的功業呢？而且如果讓晉國得了天下，將要竭盡中國之財以奉獻給大國，哪裏是這些小利可比的！」契丹主說：

「你看見捕鼠的人嗎，不防備牠，還可能咬傷了手，何況是大敵啊！」回答說：「現在大國已經卡住牠的喉嚨，豈能再咬人啊！」契丹主說：「我不是要改變以前的約定，只是用兵的權謀不能不這樣。」回答說：「皇帝用信義救人急難，四海人的耳目都注意到了這件事，怎麼能忽而這樣、忽而那樣，以致使得大義不能貫徹始終，臣私下認為皇帝不能這樣做啊！」於是，跪在帳前，從早到晚，哭泣流涕地爭辯不止。契丹主便依從了他，指着帳前的石頭對趙德鈞的使者說：「我已經許諾了石郎，除非這塊石頭爛了，才能改變。」

晉安寨被圍數月，高行周、符彥卿數引騎兵出戰，眾寡不敵，皆無功，芻糧俱竭，削柹淘糞以飼馬，馬相啗，尾鬣皆禿，死則將士分食之，援兵竟不至。……（閏十一月）甲子，高行周、符彥卿未至，光遠乘其無備，斬敬達首，帥諸將上表降於契丹。……帝以晉安已降，遣使諭諸州。

譯文

晉安寨被圍了幾個月，高行周、符彥卿多次率領騎兵出戰，由於寡不敵眾，都不能成功。糧食和草料都用完了，只好削木屑淘馬糞中草筋來餵馬，馬互相撕咬，尾巴和頸鬃都禿了，死了就由將士分而食之，援兵竟還不來。……（閏十一月）甲子，高行周、符彥卿尚未到達，楊光遠乘着張敬達沒有防備，斬了他的頭，率領諸將上表向契丹投降。……後晉高祖石敬瑭因為晉安已經投降，派使者諭告諸州。

（己巳，）洛陽聞北軍敗，眾心大震，居人四出，逃竄山谷。門者請禁之，河南尹雍王重美曰：「國家多難，未能為百姓主，又禁其求生，徒增惡名耳；不若聽其自便，事寧自還。」乃出令任從所適，眾心差安。

譯文

（己巳，）洛陽聽說北方軍事大敗的消息，民眾心裏大受震動，居住城中的百姓四面出走，逃竄到山谷。把守城門的軍士禁止百姓出走，河南尹雍王李重美說：「國家多難，不能當好百姓的主管，又禁止他們去求生，只能增加惡名；不如聽其自便，事情安定了自然會歸還。」於是下令任憑他們出走，民心稍見安寧。

趙德鈞、趙延壽南奔潞州，唐敗兵稍稍從之，其將時賽帥盧龍輕騎東還漁陽。帝先遣昭義節度使高行周還具食，至城下，見德鈞父子在城上，行周曰：「僕與大王鄉曲，敢不忠告！城中無斗粟可守，不若速迎車駕。」甲戌，帝與契丹主至潞州，德鈞父子迎謁於高河，契丹主慰諭之，父子拜帝於馬首，進曰：「別後安否？」帝不顧，亦不與之言。契丹主問德鈞曰：「汝在幽州所置銀鞍契丹直何在？」德鈞指示之，契丹主命盡殺之於西郊，凡三千人。遂瑣德鈞、延壽，送歸其國。

譯文

趙德鈞、趙延壽向南逃奔到潞州，後唐敗兵稍微跟着他們，其將領時賽率領盧龍的輕騎兵向東回到漁陽。後晉高祖先派遣昭義節度使高行周回到潞州準備糧秣，到達城下，見趙德鈞父子在城上，高行周說：「我和你是同鄉，怎能不向你進言忠告！城中沒有一斗粟米可守，不如趕快迎接晉帝車駕。」甲戌（十九日），後晉高祖與契丹主到達潞州，趙德鈞父子在高河迎接並謁見，契丹主好言安慰他們，趙氏父子在馬前拜見後晉高祖，又走近後晉高祖身邊說：「分別以後安好嗎？」後晉高祖不看他們，也不同他們交談。契丹主問趙德鈞說：「你在幽州所設置的銀鞍契丹兵現在哪裏？」趙德鈞指給他看，契丹主下令在西郊把這些人都殺了，共有三千人。於是，便拘拿了趙德鈞、趙延壽，押送到契丹國。

德鈞見述律太后，悉以所齎寶貨並籍其田宅獻之，太后問曰：「汝近者何為往太原？」德鈞曰：「奉唐主之命。」太后指天曰：「汝從吾兒求為天子，何妄語邪！」又自指其心曰：「此不可欺也。」又曰：「吾兒將行，吾戒之云：趙大王若引兵北向渝關，亟須引歸，太原不可救也。汝欲為天子，何不先擊退吾兒，徐圖亦未晚。汝為人臣，既負其主，不能擊敵，又欲乘亂邀利，所為如此，何面目復求生乎？」德鈞俛首不能對。又問：「器玩在此，田宅何在？」德鈞曰：「在幽州。」太后曰：「幽州今屬誰？」曰：「屬太后。」太后曰：「然則又何獻焉？」德鈞益慚。自是鬱鬱不多食，逾年而卒。

譯文

趙德鈞謁見契丹主的母親述律太后，把所有帶來的寶貨及沒收得來的田宅都獻出來作貢物，太后問道：「你最近為甚麼到太原去？」趙德鈞說：「是奉唐主之命。」太后指着天說道：「你向我兒請求扶你當天子，為甚麼說瞎話！」又指指自己的心說：「這裏是不能欺騙的。」又說：「我兒將要出行時，我告誡他說：趙大王如果率領兵馬向渝關北進時，就趕緊帶領部眾回來，太原不必去救他。你想當天子，為甚麼不先把我兒擊退，再慢慢謀取也不晚。你作為人臣，既辜負自己的君主，不能攻擊敵人，又想乘着危亂之時謀求自己的利益，你幹出來這樣的事，還有甚麼面目來求生存呢?」趙德鈞低着頭不能回答。太后又問他:「你所獻的器物玩好在這裏,但你所獻的田宅在哪裏?」趙德鈞說:「在幽州。」太后說:「幽州現在是屬於誰的?」回答說:「屬於太后。」太后說:「那你還獻甚麼啊!」趙德鈞更加羞慚。從此心情鬱鬱吃不下東西,一年之後便死了。

賞析與點評

賣國求榮的勾當,也不單只有石敬瑭一人幹過。五代政治的腐敗,道德的淪喪,令人慨歎!

帝將發上黨,契丹主舉酒屬帝曰:「余遠來徇義,今大事已成,我若南向,河南之人必大驚駭;汝宜自引漢兵南下,人必不甚懼。我令太相溫將五千騎衛送汝至河梁,欲與之渡河者多少隨意。余且留此,俟汝音聞,有急則下山救汝;若洛陽既定,吾即北返矣。」與帝執手相泣,久之不能別,解白貂裘以衣帝,贈良馬二十四,戰馬千二百匹,曰:「世世子孫勿相忘。」又曰:「劉知遠、趙瑩、桑維翰皆創業功臣,無大故,勿棄也。」

譯文

後晉高祖將要進軍上黨，契丹主舉着酒杯對他說：「我遠道而來履行協議，現在大事已經完成，我如果再向南進軍，黃河以南的人必然大為驚駭；你應該自己率領漢兵南下，人心定不會太恐懼，我命令太相溫帶領五千騎兵保衞護送你到河陽橋，你想要多少人隨你渡河由你決定。我暫時留在這裏，等你的消息，有緊急情況，我便下山去援救你；如果你能把洛陽安定下來，我就返回北面去。」於是與後晉高祖執手相泣，久久不能作別，脫下自己的白貂裘給後晉高祖穿上，又贈送了好馬二十匹，戰馬一千二百匹，說：「世世代代子孫不要相忘。」又說：「劉知遠、趙瑩、桑維翰都是創業的功臣，沒有大的過失，不要丟棄他們。」

（己卯，）唐主命馬軍都指揮使宋審虔、步軍都指揮使符彥饒、河陽節度使張彥琪、宣徽南院使劉延朗將千餘騎至白馬阪行戰地，有五十餘騎奔於北軍。諸將謂審虔曰：「何地不可戰，誰肯立於此？」[1]乃還。庚辰，唐主又與四將議復向河陽，而將校皆已飛狀迎帝。帝慮唐主西奔，遣契丹千騎扼澠池。辛巳，唐主與曹太后、劉皇后，雍王重美及宋審虔等攜傳國寶登玄武樓自焚。

注釋

1「何地」句：古注：言人心已離。

譯文

己卯，後唐末帝命令馬軍都指揮使宋審虔、步軍都指揮使符彥饒、河陽節度使張彥琪、宣徽南院使劉延朗帶領千餘騎兵到達白司馬阪準備進行戰鬥的地方，有五十多騎兵投奔到北方的後晉軍隊。諸將對宋審虔說：「那個地方不能戰鬥，誰還肯停留在這裏？」便帶兵回來了。庚辰，後唐末帝又同這四名將校商討再向河陽進攻，而此時將校都已經馳送降書給晉高祖。石敬瑭擔心末帝向西逃奔，派遣契丹一千騎兵扼阻在澠池。辛巳，後唐末帝與曹太后、劉皇后、雍王李重美及宋審虔等攜帶着傳國寶璽登上宣武樓自焚。

是日晚，帝入洛陽，止於舊第。唐兵皆解甲待罪，帝慰而釋之。帝命劉知遠部署京城，知遠分漢軍使還營，館契丹於天宮寺，城中肅然，無敢犯令。士民避亂竄匿者，數日皆還復業。[1]

注釋

1「士民」句：古注：史言劉知遠之才略。

譯文

這天晚上，後晉高祖石敬瑭進入洛陽，住在自己的舊府第。後唐的兵都解脫鎧甲等待問罪，石敬瑭安慰大家，並加以釋放。後晉高祖命令劉知遠部署京城的治安，劉知遠分派漢軍讓他們回到自己的營地，把契丹兵安置在天宮寺，城中秩序非常平靜，沒有人敢違背命令。士民避亂逃竄躲藏的人，沒有幾天都回來恢復了舊業。

附錄

一、參考書目

司馬光：《資治通鑑》，中華書局香港分局，一九七一年版。
司馬光：《稽古錄》，吉書時校點，北京師範大學，一九八八年版。
沈志華等：《白話資治通鑑》，中華書局，一九九三年版。
黃錦鋐主編：《白話資治通鑑》，嶽麓書社，一九九四年版。
周國林等主編：《白話資治通鑑》，嶽麓書社，二〇〇五年版。
瀧川龜太郎：《史記會注考證》，藝文印書館，一九七二年版。
范祖禹：《唐鑑》，上海古籍出版社，一九八四年版。
胡寅：《讀史管見》，嶽麓書社，二〇一一年版。
王應麟：《通鑑答問》，中華書局，二〇一二年版。
馮夢龍：《綱鑑統一》，江蘇古籍出版社，一九九三年版。
王夫之：《讀通鑑論》，嶽麓書社，一九八六年版。
尤侗：《看鑑偶評》，中華書局，二〇〇六年版。
柏楊：《柏楊曰——讀通鑑．論歷史》，中國友誼出版社，一九九九年版。

李之亮：《司馬溫公集編年箋注》，巴蜀書社，二〇〇九年版。
顧棟高：《司馬光年譜》，中華書局，二〇〇六年版。
宋衍申：《司馬光傳》，北京出版社，一九九〇年版。
張煦侯：《通鑒學》，安徽人民出版社，一九八一年版。
柴德賡：《資治通鑒介紹》，求實出版社，一九八一年版。
陳垣：《通鑒胡注表微》，收於劉乃和編校《陳垣卷》，河北教育出版社，一九九六年版。
岑仲勉：《通鑒隋唐紀比事質疑》，中華書局，二〇〇四年版。
嚴耕望：《錢賓四先生與我》，臺灣商務印書館，二〇〇八年版。
王盛恩：《宋代官方史學研究》，人民出版社，二〇〇八年版。
馬端臨：《文獻通考》，中華書局，一九八六年版。
張高評：《左傳導讀》，文史哲出版社，一九八二年版。
吳澤主編：《中國史學史論集（二）》，上海人民出版社，一九八〇年版。
陳光崇：《中國史學史論叢》，遼寧人民出版社，一九八四年版。
陳光崇：《通鑒新論》，遼寧教育出版社，一九九九年版。
金毓黻：《中國史學史》，商務印書館香港分館，一九六四年版。
瞿蛻園選注：《通鑒選》，古典文學出版社，一九五七年版。

施丁：《〈資治通鑑〉選評》，上海古籍出版社，二〇〇三年版。
劉后濱、李曉菊主編：《〈資治通鑑〉二十講》，中國人民大學出版社，二〇一〇年版。
陳磊譯注：《資治通鑑》，中華經典藏書，中華書局，二〇一一年版。
李慶譯注：《資治通鑑選譯》，鳳凰出版社，二〇一一年版。
張習孔等：《中國歷史大事編年》，北京出版社，一九九一年版。
譚其驤主編：《簡明中國歷史地圖集》，中國地圖出版社，一九九六年版。
繆鳳林：《中國通史要略》，香港古文書局，一九六六年版。
錢穆：《國史大綱》，商務印書館，二〇〇二年版。
傅樂成：《中國通史》，臺北大中國圖書公司，一九八二年版。
傅樂成：《漢唐史論集》，聯經出版事業公司，一九九五年版。
張豈之主編：《中國歷史》，全六冊，五南圖書公司，二〇〇二年版。
李山：《李山講春秋五霸》，江西人民出版社，二〇一一年版。
韓復智等：《秦漢史》（增訂本），里仁書局，二〇〇七年版。
Cho-Yun Hsu, China: *A New Cultural History*,Columbia University Press, 2012.
http://www.xigutang.com/lishi/zztj/jianjie.html（習古堂國學網）

二、名句索引

三畫

四畫

五至六畫

以疲病之卒御狐疑之眾，眾數雖多，甚未足畏。 二四七

失之毫氂，差以千里。 一七三

吏潔於上，俗移於下。 二三二

收天下兵聚咸陽，銷以為鍾鐻、金人十二。 〇六一

有敢偶語《詩》、《書》棄市；以古非今者族；吏見知不舉，與同罪。……有欲學法令者，以吏為師。 〇六九

七畫

兵以計為本，故多算勝少算。戰不必勝，不苟接刃；攻不必取，不苟勞眾。 一八〇

兵勢，國之大事，當為後法。 一八五

坐得致敵之術，以逸擊勞，取勝之道也。 一六九

八畫

非常之事，故非常人之所及。 二五六

非劉氏而王，天下共擊之。 〇九九

九畫

十畫

十一畫

十二至十三畫

十四畫及以上